四川文物精品 青铜器

国家文物出境鉴定四川站
四川大学博物馆 编

巴蜀书社

编委会
Editorial Committee

主　　任	王　琼	王　毅	霍　巍	
委　　员	（按姓氏笔画排列）			
	王　方	韦　荃	朱亚蓉	朱章义
	任　舸	江章华	孙　华	李　蓓
	何振华	张　苹	陈　剑	陈卫东
	周　健	周　静	郎俊彦	段小聪
	段炳刚	贺晓东	唐　飞	谢　丹
	谢志成	蔡　清	颜劲松	濮　新

主　　编	王　琼	霍　巍		
副 主 编	贺晓东			
执行主编	张　苹	郎俊彦		

学术顾问	孙　华	江章华		
论文撰稿	施劲松	陈德安	许　杰	孙　华
条目撰稿	马伯垚	金弘翔	庞　政	郎俊彦
	刘　婵	刘振宇	黄家祥	王天佑
	钟　治	周克林	冷文娜	李　媛
	刘　毓	王　波	唐　翔	李万涛

文物摄影	江　聪	代　强	刘　毓	黄云松
	补　琦	李绪成	李　升	刘振宇
艺术摄影	张　北	胡晓流	余林峰	

整体设计	张　苹		
封面设计	张　苹	潘　献	
设计制作	康　燕		
艺术顾问	林雪红		

序

Preface

四川省文化和旅游厅　王　琼

四川地处我国内陆西部腹地，地势整体呈西高东低的态势，四周山地环绕，中部平原与丘陵间河流纵横。伟大的先民们在这片富饶的大地上创造了绚烂多彩的文明，使四川成为了长江上游的古代文明中心、南方丝绸之路的起点和重要通道，是多元一体中华文明的重要起源地。

考古研究表明，早在旧石器时代就有古人类在四川盆地周边山地和盆中丘陵地区生息活动，现已发现了"资阳人"、富林遗址、回龙湾遗址、烟云洞遗址等旧石器时代遗存。新石器时代考古遗存更加丰富，在岷江上游、川西平原、大渡河中上游、安宁河流域、川北山地、川南等广大区域发现遗址上百处。商周时期，四川地区有以三星堆遗址、金沙遗址、十二桥遗址、商业街船棺葬、新都马家大墓为代表的蜀文化，以昭化宝轮院墓群、罗家坝遗址、城坝遗址为代表的巴文化，以及岷江上游、安宁河流域等各少数民族先民创造的古文化，至此四川地区秦汉以前文化发展序列基本明晰。这些文化既有浓郁的地域特色，又受到秦、楚、中原、西北等地文化的影响，呈现多元并存、相互融合的态势。

汉唐以来，四川地区逐步融入中原文化。经贸发达，文化繁荣，对外交流频繁，四川逐渐成为全国重要的经济中心、道教的重要发源地和早期佛教传入中国的重要区域，出土了大量陶俑、南朝佛教造像等典型文物。至北宋咸平四年（1001年），益州路、梓州路、利州路、夔州路，总称"川峡四路"，简称"四川路"，四川由此得名并沿用至今。元明清时期，战乱导致的移民潮，给四川带来了多元文化。近代保路运动、红军长征、解放战争、三线工业建设等一系列重大历史事件，在四川遗留了大量与战争、革命、三线建设等有关的珍贵文物。

物华天宝，人杰地灵，古老的巴蜀大地荟萃了各时代极具地域特色的文物精华。自1914年西南地区最早的博物馆——华西协合大学博物馆（四川大学博物馆前身）建立至今，四川省已有各类博物馆292家，国有馆藏文物108万多件（套），其中珍贵文物15万多件（套），总数位居全国第七。为了全面展示四川国有馆藏珍贵文物和近年科学考古发掘新成果，我们邀请国内外著名专家学者组成核心团队，从中遴选出在巴蜀大地文化发展史上具有重要价值、具有代表性的精品文物，撰写相关研究文章，编成《四川文物精品》丛书，按文物类型分类，将陆续出版。

希望通过本丛书的出版，不仅能为广大的文博爱好者展示四川文物收藏与研究的概貌，也能为研究者提供更多的新资料和研究的多视角，为进一步提升巴蜀文化影响力、传播力，推动建设文化强省，增强文化自信，贡献文博人的力量。

目录
Contents

凡例 /3

导论：区域文明与沟通的意义：四川地区的青铜器与青铜文明 / 施劲松 4

图版目录 /14

上编 图版 /19

商与西周时期（约公元前 1600～公元前 771 年）/20

春秋战国时期（约公元前 770～公元前 221 年）/104

秦汉时期（约公元前 221～公元 220 年）/182

下编 研究论文 /215

四川商代和西周时期的青铜器 / 陈德安 216

三星堆文明的青铜铸造技术 / 许杰 245

四川东周秦汉时期的铜器——以巴蜀文化时期铜器为中心 / 孙华 273

附录：巴蜀印章出土统计表 / 黄家祥 293

后记 /297

凡例
Editorial Format

一、本书分为图版和研究论文两大部分。图版部分收录了 2020 年 11 月中旬以前四川省出土的青铜器 337 件，力求反映四川地区古代青铜器和青铜文化的整体面貌。重庆市直辖前出土、现藏于四川省国有文博单位的青铜器予以收录；研究论文部分收录论文 3 篇，大致反映了四川青铜器研究的一些领域和方向，文章仅代表研究者的个人观点。

二、本书收录的青铜器以考古发掘出土器物为主。由考古文博机构征集、收藏并有考古报告正式公布的，酌情予以收录。收录标准以历史、艺术、科学价值为主要指标，兼顾铜器的类别、文化面貌与出土区域。

三、图版编排以中国历史纪年和四川古代文化发展时期为参照系；以成都平原为核心，向周边山地和高原扩展。图版分为"商与西周时期""春秋战国时期""秦汉时期"三部分，同时段的器物大致按出土地域、同地域按出土地点、同一出土地点按器类编排；器类顺序按惯例或器物间的关联依次编列。器物年代一般依据出土单位的年代；部分出土单位的年代不明确的，则依据遗址（如金沙遗址）的年代判断其大致年代范围；没有出土单位的或个别特殊情况，如茂县牟托一号石棺墓出土的部分青铜器年代明显早于墓葬，则依据器物本身的特征确定其年代。

四、青铜器器名、时代、尺寸、来源、收藏单位等信息主要依据"全国可移动文物信息平台"的登记信息或参照考古报告。为了便于研究者使用，凡是有出土编号的皆在器名后附上编号；个别器物名称据最新研究有所改变的，在器名前附 ★ 号。器物条目文字参考发掘简报、报告及相关研究。本书选用出土器物较多的重要遗址和墓葬，在图版目录器物名称前有所标示。

五、青铜器部分照片、拓片和线图由收藏单位提供，其余照片为专业摄影师拍摄。

导论
Introduction

区域文明与沟通的意义：
四川地区的青铜器与青铜文明

施劲松

中国社会科学院考古研究所研究员

一、沟通的意义

微信用户都熟悉这样一幅画面：地球这颗美丽的星球映衬在蔚蓝的太空之中。这幅名为"蓝色弹珠"（The Blue Marble）的著名地球照片于1972年由阿波罗17号飞船拍摄，微信自问世即选用它作为启动页面。微信用此画面的含义，因各人的理解不同而众说纷纭。鉴于微信的主旨与实际功能，来自微信团队自身的如下解释应最为恰当："蓝色弹珠"显示的地球画面的中心是非洲，非洲大陆是人类文明的起源地，将"起源"之意赋予启动页面，表明出现了人类才有沟通及其意义[1]。

如果我们从人类历史与文明的角度看，自人类起源后走出非洲直到今天的"微信时代"，世界各地人群间的沟通与交流，激发与造就了人类的文明，推动文明不断向前发展。

沟通与交流每时每刻都在进行着。对于不同区域，沟通与交流带来了不同的结果，并显示出不一样的意义。人们很自然地会关注诸如欧亚大草原那样的广阔地域，或是"丝绸之路"一类的交流通道，却可能忽略诸如四川盆地这样的地理区域。像四川盆地这样完全闭合的地理环境，即使从世界范围看也少有：北有秦岭与大巴山，东有巫山，南为云贵高原，西为青藏高原，四周的高山似乎将盆地与外界完全隔离。因此，人们或许认为四川盆地这样的区域是偏远封闭之地而与文明无关；或者，因一系列考古发现，认为这里的区域性文明独立存在。但实际上，通过南北向和东西向的江河、山脉，四川盆地与外界是相通的。如果我们充分意识到沟通与交流的意义，那我们对该区域的文明将会有新的认识，这种认识来自对更大范围的考察，而非局限于一个孤立区域之内。

要通过考古学来揭示古代沟通的意义和由此激发和成就的古代文明，在古代遗留下来的所有物质遗

---

[1]《微信启动页"变脸"凸显中国成就》，《参考消息》2017年9月27日第15版。

存中，青铜器无疑最具说服力。这首先在于青铜器社会层面的意义，即青铜器的生产与使用对社会发展、甚至对早期国家的形成都有重要影响。生产和使用青铜器需要以手工业的专门化为前提，经过采矿、冶炼、运输、铸造等多个环节，形成统一而复杂的组织、协调、管理机制，以及相应的贸易、贡赋和分配系统。这从技术、经济、组织和管理系统等方面推动了社会的发展。其次在于青铜器文化层面上的意义。制造青铜器需要具备专门的冶金知识与技术，而这些知识和技术难以从日常生活经验中轻易获得。所以青铜器与石器和陶器不同，它不大可能会在世界各地独立起源。青铜器除被广泛用作兵器、工具等实用器具外，一些地区和社会更选择青铜器作为政治、宗教权力的工具，因此青铜器同时包涵了技术与观念。由此可以想见，青铜器及其制造技术的起源与传播——且不论那些与青铜器相伴传播的其他文化因素，仅就青铜器自身所包涵的知识和观念而言——将会对各地的文明产生怎样的影响。

二、青铜时代的四川

关于四川地区的古史，后世的文献留存有少许记载。这些记述多以蜀人的祖先世系为中心而展开，年代愈久远，记载愈零散，也愈接近传说，从中难以获知历史的真相。只有在考古材料大量出土后，通过科学的途径认识四川地区的古代文明与历史才成为可能。四川地区出土的青铜器是勾建古史的重要材料，而且每一次有关青铜器的重大发现，都成为推进研究的重要契机。

四川地区的青铜器最早于20世纪前半叶为人所知，不过当时所称的"巴蜀青铜器"还只是一些流传品。20世纪后半叶，考古发掘出土的青铜器大量涌现。这些青铜器首先集中出自东周时期的墓葬中，它们显现出那个时期四川地区的文明既与中原存在联系，又有明显的区域性特征。之后发现的青铜器集中出自三星堆遗址和金沙遗址等，尤其是1986年在三星堆遗址发现的两个祭祀器物坑所出数量丰富、风格奇异的青铜器震惊世人。这一发现在很大程度上改变了人们长期以来形成的历史观，即在古代的中国，发达的文明只存在于中原，青铜时代的四川地区处于远离文明中心的边远地区。三星堆的考古发现让人意识到四川地区曾存在过一个"失落的文明"。对包括三星堆铜器在内的四川地区出土的青铜器，学术界进行了持久的研究，各种学术观点纷呈。正是这些研究和不同的见解增进了我们对四川古代文明的认识。

四川地区目前出土的最早的青铜器相当于中原的二里头文化时期，一直到汉代以后，青铜器才逐步退出历史舞台。这些青铜器一千多年间的变化大致可以分为三星堆—金沙文化、春秋战国以及秦汉三个时段，而这恰好反映了四川地区青铜时代的文化面貌、社会状况和对外交往的三个阶段。

需要说明的是，无论是基于出土青铜器，还是其他考古材料，甚至文献记载，现今所说的"四川地区"在地理、族群和文化的意义上都并非是一个整体，这只是一个现代行政区划的概念。从考古材料看，成都平原是四川地区青铜时代的文明中心，川东的峡江地区、川西高原、川南的盐源盆地等，文明特征和发展水平都各不相同。上述三个时段青铜器的变化与青铜文明的演进，以成都平原最为突出，其他区域则在一定程度上保持着自身的特点与发展进程。

三、早期的青铜器

四川地区目前发现的年代最早的青铜器，应是广汉出土的 4 件青铜牌饰。1976 年在高骈乡出土 1 件 [1]，1987 年在真武仓包包出土 3 件 [2]，其中有 2 件嵌绿松石。类似的嵌绿松石的铜牌饰也出自中原的二里头遗址，一般认为这几件铜牌饰的时代相当于二里头文化时期。另外还见于甘肃天水，并有多件流传于国外。在新疆哈密则发现未嵌绿松石的铜牌饰。关于这类牌饰的来源，或认为可能与东方地区的龙山文化等有关 [3]；或认为三星堆铜牌饰从形制、镂孔、穿孔方式等方面看与哈密的牌饰联系更为紧密，镶嵌绿松石牌饰的起源地可假定在河西走廊，岷江和白龙江是沟通四川与河西走廊的两条通道 [4]。这类铜牌饰风格相近，数量不多但却分布较广。四川地区发现的这个时期的青铜器仅此 4 件牌饰，它们与后来的三星堆青铜器也没有关联，因而可能是从西北传入成都平原的早期青铜制品。作为数量有限的传入品，这几件年代最早的青铜器对当时当地的文化和社会似乎未产生太大影响，但却显示出在中原进入青铜时代之际，青铜制品几乎已同时传入四川，只不过当时传入的可能只是制品而非技术。

时代稍晚的青铜器还见于川西高原。四川炉霍县宴尔龙一批年代大约可以早到二里冈文化时期的石棺墓曾出土 4 件青铜戈 [5]。其中 M8 出土的 1 件直援无胡戈与内蒙古朱开沟遗址和郑州商城出土的铜戈形制相似。宴尔龙的另外 3 件戈呈刀形，有 2 件在近内的位置有交叉捆绑的痕迹，形态似乎更为原始。

在北方地区和中原，二里冈时期的铜戈主要是直援戈，宴尔龙石棺墓中的直援戈或许就是直接从北方地区传入，传播路径应是童恩正先生于 20 世纪 80 年代提出的著名的从我国东北到西南的边地半月形文化传播带。按童先生的论述，在这条绵延万里的半月形区域内，从新石器时代后期到青铜时代，为数众多的民族在此留下了若干共同的文化因素 [6]。在这个地带传播的不只是具体的器物，还包括技术、观念和习俗。宴尔龙的青铜戈虽只是川西高原仅见的二里冈时期的青铜器，但却揭示了早期金属器在这个区域的流传。在此之后，除了更多的青铜器外，铁器也开始出现在这个区域。最早流传至此的铁制品为铜铁合制器。茂县牟托石棺墓出土 2 件三叉格铜柄铁剑 [7]，即与宁夏、甘肃出土的同类剑非常接近，其时代可能相当于春秋晚期到战国早期，这可能是四川地区目前所见的时代最早的铁制品。显然，川西高原出土的这些早期金属器，连同半月形地带上的其他物质遗存，构建出一幅包括四川地区在内的民族迁徙和文化交流的生动历史图景。相较于 20 世纪 80 年代重点揭示的由我国东北到西南的文化交流，今天这个由包括青铜器在内的考古材料不断充实的半月形文化传播带，对我们进一步认识和理解从新石器时代晚期到青铜时代东西文化交流大潮及其对东亚文明的影响应有更为深远的意义。

---

[1] 敖天照、王有鹏：《四川广汉出土商代玉器》，《文物》1980 年第 9 期。
[2] 四川省文物考古研究所三星堆工作站、广汉市文物管理所：《三星堆遗址真武仓包包祭祀坑调查简报》，见《四川考古报告集》，文物出版社，1998 年。
[3] 王青：《镶嵌铜牌饰的初步研究》，《文物》2004 年第 5 期。
[4] 陈小三：《试论镶嵌绿松石牌饰的起源》，《考古与文物》2013 年第 5 期。
[5] 四川省文物考古研究院、日本九州大学、甘孜藏族自治州文化旅游局、炉霍县文化旅游局：《四川炉霍县宴尔龙石棺葬墓地发掘简报》，《四川文物》2012 年第 3 期。
[6] 童恩正：《试论我国从东北至西南的边地半月形文化传播带》，见《文物与考古论集》，文物出版社，1986 年。
[7] 茂县羌族博物馆、成都文物考古研究所、阿坝藏族羌族自治州文物管理所：《茂县牟托一号石棺墓》，文物出版社，2012 年。

四、文明的兴盛

四川地区大约于商代晚期进入了青铜时代。1986年广汉三星堆遗址发现的两个祭祀器物坑出土的铜器群[1]，不仅标志着四川地区青铜时代的开端，而且显示了一种高度发达的文明。

这批青铜器多达900余件，包含着极其丰富的历史信息。两个坑中包括青铜器在内的遗物看似高度相似，实则存在差别。简言之，1号坑铜器群以数量最多的人头像居主体地位，它们表现的很可能是不同部族的首领。另外有人面像、龙柱形器、虎形器、夔龙形器、尊、瓿、盘、方孔器、瑗形器和戈形器等。结合与铜器共出的金杖，1号坑青铜器群表现的主题可能是祖先崇拜与王权，包括青铜器在内的遗物或出自被毁的宗庙。在2号坑出土的青铜器中，居主导地位的是一批具有神秘色彩的器物，包括形体巨大的神树、太阳形器、"神坛"、"神殿"、立人像、鸟身人像、神面具、眼形器、鸟和公鸡，以及数量众多的人头像、人面像、站立或跪坐的小型人像，也有与1号坑相同的青铜容器和方孔器、瑗形器、戈形器等。青铜器上的纹饰也多是不见于1号坑的太阳形纹、眼形纹和鸟纹。这批铜器中的太阳形器和太阳纹直观地表现了太阳，其他的神树、鸟、鸡、眼形器等可能也与太阳崇拜有关。在一些内容可能涉及四川地区、且作品本身或许就出自四川地区的文献中，如《山海经》的一部分及《淮南子》[2]，记有太阳由鸟负载着从神树上升降的内容，这些传说与2号坑中的青铜器可能反映了某种共同的信仰。眼睛在萨满教或一些神话中即是太阳神或者等同于太阳[3]。"神坛"和众多的青铜人像等，表现了进行祭祀活动的场景。总之，2号坑青铜器是密切相关的一群器物，反映的共同主题是太阳崇拜与神权，被毁前可能陈列于太阳神庙。

三星堆的这批铜器，从多方面显示出当时成都平原的文化、社会、早期国家的形成模式与运行机制等，而这些与中原的商周文明截然不同。

首先，这些青铜器表明当时王权与神权共存，太阳神崇拜占据主导地位，这在中国青铜时代的其他文明中还比较少见。其次，尽管由此显示出成都平原存在一个高度发达的文明，但这个时期的青铜器在三星堆遗址以外很少发现，甚至此时的墓葬中也不见。青铜器的高度集中表明成都平原的统治者不仅控制了生产青铜器的资源和技术，也垄断了青铜制品。青铜器既不是日常生活中的实用器具，也不用作个人的随葬品。显然，这些青铜器为统治集团集体占有，这种对青铜制品的控制和使用方式与商周文明完全不同。三星堆的青铜器既然不为个人拥有，也就不像商周社会中那样作为财富或等级的标志物被逐级分配，并以此促成和维护等级制。社会上层集体占有青铜器并将其用于宗教活动，包括青铜器在内的贵重物品或被供奉于宗庙与神庙，或被用于祭祀，以此达到维系社会稳定、增强社会凝聚力的目的。

以上认识并不仅只由青铜器而得出，还可以得到这一时期四川地区其他考古材料的支持。

另一群重要铜器出自成都金沙遗址。金沙被认为是继三星堆之后成都平原的又一个文明中心。金沙

---

[1] 四川省文物考古研究所：《三星堆祭祀坑》，文物出版社，1999年。
[2] 蒙文通：《略论〈山海经〉的写作时代及其产生地域》，见《巴蜀古史论述》，四川人民出版社，1981年。
[3] a. 孙华：《四川盆地的青铜时代》，科学出版社，2000年。
　　b. 王仁湘：《三星堆出土青铜高台立人像观瞻小记》，《中华文化论坛》2005年第4期。

出土的青铜器有立人像、人头像、面具、眼形器、方孔器、璧形器、戈形器、挂饰、容器残件，以及龙、虎、鸟等动物形器，器类、风格与三星堆铜器相一致，所表现的太阳崇拜的信仰和用于祭祀的功能也无差别。同样，金沙的青铜器也主要出自遗址的祭祀区而少见于其他地点。由此可认为，金沙时期的文明是三星堆文明的延续。所不同的是，金沙铜器数量明显较少，器物形体变小或是变得轻薄，一些人像、面具和动物形像等改为木质和石质。这些特点可能表明金沙时期铜料不足，青铜器的这一变化及其原因或许是我们理解成都平原的文明中心由三星堆迁移至金沙的重要线索。尽管当时成都平原的文明中心有此变动，但文明的重要特征以及王权与神权并存的社会运行方式似乎并未改变。

三星堆和金沙的青铜器群规模庞大而且特色鲜明，不见于其他任何地区，由此推定它们为当地生产，尽管目前尚未发现制作这些青铜器的作坊。但另一方面，在成都平原又缺乏更早的生产铜器的迹象，青铜时代以前的宝墩文化并未发现铜制品，最早的铜牌饰也由外地直接传入。三星堆器物坑青铜器的突然出现、高度集中和特定功能，似乎也都指示出它们是在短时间内集中制造的，青铜器所蕴含的技术和观念可能来自四川盆地之外而非由本地逐渐发展而来。

在三星堆青铜器群发现后不久，学界即将之与西亚青铜文明进行了比较。有研究认为，三星堆的大型青铜人像、神树以及黄金面罩等，在类别和艺术风格上都与西亚的同类发现相近，因而三星堆文化应是在本地文化的基础上，吸收了中原商文化和西亚古老文明因素而形成的一种复合型文化；文化传播的路线可能是由西北到西南，三星堆还发现大量象牙和海贝，也不排除是经印度泊来的可能性[1]。还有研究认为川西平原大型青铜雕像群的文化内涵与世界古文明青铜雕像一致，它们可能从近东经南亚地区传播而来，神树从近东到南亚、川西有连贯分布现象，川西青铜文化的某些风格源于近东文明[2]。西亚和三星堆古代文明中的青铜雕像、神树、权杖、金器等，都同样象征着政治权力，或用于某种宗教活动，最终都是服务于社会统治。

三星堆文明与域外文明相沟通，这一假设首先与公元前第二、三千纪东西方文明交流的大背景相符。西亚是世界上冶金术最早起源的地区，西亚与古代中国的交流，在我国西北等地也有相关的考古发现。比如甘肃张掖距今4100年前后的西城驿，曾出土青铜器、冶金遗物和权杖头，可能就是河西走廊的一个冶金中心[3]。三星堆的青铜器中还存在锻打技术，这与中原商文明的主流技术不同，但可能与西北地区相关。

其次从四川地区的新石器时代文化看，岷江上游的茂县营盘山遗址[4]、汶川姜维城遗址[5]以及成都平原北部的什邡桂圆桥遗址[6]，都存在甘青地区史前文化的因素。学界提出宝墩文化很可能与岷江上游的

---

[1] 霍巍：《广汉三星堆青铜文化与古代西亚文明》，《四川文物》1989年"广汉三星堆遗址研究专辑"。
[2] 段渝：《论商代长江上游川西平原青铜文化与华北和世界古代文明的关系》，《东南文化》1993年第2期。
[3] 甘肃省文物考古研究所、北京科技大学冶金与材料史研究所、中国社会科学院考古研究所、西北大学文化遗产学院：《甘肃张掖市西城驿遗址》，《考古》2014年第7期；《甘肃张掖市西城驿遗址2010年发掘简报》，《考古》2015年第10期。
[4] 成都市文物考古研究所、阿坝藏族羌族自治州文管所、茂县博物馆：《四川茂县营盘山遗址试掘报告》，见《成都考古发现（2000）》，科学出版社，2002年。
[5] 四川省文物考古研究所、阿坝州文物管理所、汶川县文化体育局：《四川汶川县姜维城新石器时代遗址发掘简报》，《考古》2006年第11期。
[6] 四川省文物考古研究院、德阳市博物馆、什邡市博物馆：《四川什邡桂圆桥新石器时代遗址发掘简报》，《文物》2013年第9期。

马家窑文化有关[1]；成都平原目前所见最早的文化是来自西北的仰韶文化晚期类型，同时受峡江地区大溪文化的影响[2]；由岷江上游来的人群最初进入成都平原时主要在北部活动，随后向平原的腹心地区移动，并最终使社会向复杂化方向演进[3]。若是如此，那么前述四川地区最早的青铜器，以及后来的铜器制造技术等也可以沿同样的路线进入成都平原。

除北方路线外，三星堆文明中的一些因素也可能由长江中下游传来。太阳崇拜在东方同样有久远的传统，包括鸟负日的图案在长江下游的史前陶器、象牙器、骨器上都有发现。另一个明显的例证是三星堆的铜尊和罍，其基本器形和纹饰为商式但又具有明显的地方特点，同类的青铜器在安徽、湖北、湖南和陕西南部都有出土。至少可以判定的是，长江中下游是沟通三星堆文明和商文明的地区。

由此可见，三星堆和金沙文明的青铜器制作技术、信仰和观念可能有多个来源。成都平原正是在其史前文明的基础上，汇集域外文明的新技术、新观念，最终形成了一种新的文明。

在三星堆和金沙之外，四川地区另有面貌相异的其他青铜器。在三星堆青铜器发现以前，四川地区最著名的铜器出自彭县竹瓦街，先后发现的两批青铜器有罍、尊、觯等容器，以及戈、钺等兵器。竹瓦街的铜器属商周系统，相近的铜罍在陕西、辽宁、湖北等地都有出土。显然，它们与三星堆、金沙的铜器不同，可能并非当地生产而是从外地传入。不过，竹瓦街这批中原式铜器流传到四川后也被集中埋藏于窖穴内，而没有用作随葬品，其功用似乎又不同于商周铜器。而这种与域外铜器的关联，再次揭示出远距离的影响与交流。另外，四川地区还出土个别的零散铜器，比较确定的如1985年在广汉西门外出土的带"瞽"字铭文的尊[4]，从器形到铭文都属于中原铜器，显示出当时文明交流的多样性。

五、文明的变迁

金沙遗址出土的青铜器数量已少于三星堆。到了春秋时期，成都平原的一些墓葬中始有成套的铜兵器、工具，以及小型兵器和饰件。后一类小型铜器被认为是祭祀礼仪用器或随葬明器，反映了在宗教祭祀和丧葬活动中使用替代品的行为习惯和信仰观念[5]。但整个四川地区的青铜器都不多，三星堆—金沙这个系统的文明似已衰落。

从春秋晚期到战国时期，青铜器再次在四川地区大量出现，但它们此时都出自墓葬而不再是祭祀遗存。出土青铜器的墓葬非常多，且多位于成都平原。铜器出土相对集中的单座大墓有成都百花潭10号墓[6]、

---

[1] 江章华：《岷江上游新石器时代遗存新发现的几点思考》，《四川文物》2004年第3期。
[2] 万娇、雷雨：《桂圆桥遗址与成都平原新石器文化发展脉络》，《文物》2013年第9期。
[3] 江章华、何锟宇：《成都平原史前聚落分析》，《四川文物》2016年第6期。
[4] 中国青铜器全集编辑委员会：《中国青铜器全集》第13卷《巴蜀》图版91，文物出版社，1994年。
[5] 代丽娟：《成都平原小型青铜兵器研究》，《考古学报》2017年第4期。
[6] 四川省博物馆：《成都百花潭中学十号墓发掘记》，《文物》1976年第3期。

绵竹船棺墓[1]、新都大墓[2]、羊子山172号墓[3]等，墓地则有成都青白江双元村墓地[4]、什邡城关墓地[5]、德阳周家坝墓地[6]、成都清江东路张家墩墓地[7]等。此外，在川东地区有罗家坝墓地[8]和涪陵小田溪墓地[9]，在川西高原有茂县的牟托石棺墓，在川南的盐源盆地也有不少出自墓葬或零散收集的青铜器[10]。

四川各地不同时段、不同区域的青铜器不尽相同，但就绝大多数墓葬出土的青铜器而言，大致可分为两类：

第一类有釜、甑、鍪等容器，戈、矛、钺、剑等兵器，斧、刀等工具，以及印章等杂器。容器形制简单，大多没有纹饰，兵器和印章上多有"巴蜀符号"。这类铜器在墓葬中较为普遍，出青铜器的墓葬中基本上都有。它们大多不见或少见于四川地区之外，应是四川当地的器物。这类铜器最早出现于何时、如何流传至全川，目前却不太清楚。

第二类铜器为鼎、甗、敦、豆、壶、簠、缶、罍、鉴、钟等。它们的形制较第一类铜器复杂，纹饰多样，有的甚为精美。这类器物只出于高等级墓葬，如前述的成都双元村154号墓、百花潭10号墓、绵竹船棺墓、新都大墓、茂县牟托石棺墓等，这些墓葬或是规模大，有复杂的棺椁，或是随葬品众多，甚至有专置随葬品的器物坑。在其他墓地中，如宣汉罗家坝和涪陵小田溪，都只有规格最高的墓葬方出这类铜器。在什邡城关、巴县冬笋坝[11]等墓地，虽然墓葬数量众多且不乏青铜器，却因没有大墓而不见此类铜器。可见，这类青铜器对于墓葬等级有很强的标识性。

这个时期的青铜器全然不同于前一时期的铜器。首先，青铜器的分布不再限于成都平原，而是在四川地区更为广阔的范围内大量出土。其次，青铜器不再出自遗址，而几乎都是作为随葬品出土于墓葬，不同等级的墓葬所出青铜器的类别和数量差异明显。再次，青铜器从器类、风格到涵义都完全不同于三星堆和金沙的青铜器。人物、动物形象和具神秘色彩的铜器等全部消失，代之以全新的容器、兵器和工具。种类和数量众多的青铜兵器以实用器为主，不同于三星堆和金沙祭祀用的戈形器，这也显示出此时的社会并不像早期那样和平稳定。最后，此时的青铜器不再用于表现祭祀对象或祭祀场景，而是用来体现墓葬主人的等级与地位。即青铜器不再用于宗教活动而用于丧葬，不再为统治者上层集体占有，而为个人

---

[1] 四川省博物馆　王有鹏：《四川绵竹县船棺墓》，《文物》1987年第10期。
[2] 四川省博物馆、新都县文物管理所：《四川新都战国木椁墓》，《文物》1981年第6期。
[3] 四川省文物管理委员会：《成都羊子山第172号墓发掘报告》，《考古学报》1956年第4期。
[4] 成都文物考古研究院、青白江区文物保护中心：《四川成都双元村东周墓地一五四号墓发掘》，《考古学报》2020年第3期。
[5] 四川省文物考古研究院、德阳市文物考古研究所、什邡市博物馆：《什邡城关战国秦汉墓地》，文物出版社，2006年。
[6] 刘章泽、张生刚、徐伟：《四川德阳周家坝战国船棺墓地》，见《2012中国重要考古发现》，文物出版社，2013年。
[7] 易立、杨波：《四川成都张家墩战国秦汉墓地》，见《2016中国重要考古发现》，文物出版社，2017年。
[8] 四川省文物考古研究院、达州市文物管理所、宣汉县文物管理所：《宣汉罗家坝》，文物出版社，2015年。
[9] a. 四川省博物馆、重庆市博物馆、涪陵县文化馆：《四川涪陵地区小田溪战国土坑墓清理简报》，《文物》1974年第5期。
　　b. 四川省文物管理委员会、涪陵地区文化局：《四川涪陵小田溪四座战国墓》，《考古》1985年第1期。
　　c. 四川省文物考古研究所、涪陵地区博物馆、涪陵市文物管理所：《涪陵市小田溪9号墓发掘简报》，见《四川考古报告集》，文物出版社，1998年。
　　d. 重庆市文物考古研究所、重庆市文物局：《涪陵小田溪墓群发掘简报》，见《重庆库区考古报告集（2002卷）》（中），科学出版社，2010年。
　　e. 重庆市文化遗产研究院、重庆市涪陵区博物馆、重庆市文物局：《重庆涪陵小田溪墓群M12发掘简报》，《文物》2016年第9期。
[10] 凉山彝族自治州博物馆、成都文物考古研究所：《老龙头墓地与盐源青铜器》，文物出版社，2009年。
[11] 四川省博物馆：《四川船棺葬发掘报告》，文物出版社，1960年。

所有。以上种种差别，反映出文化、社会和观念的深刻变革，早期神权与王权并存的社会结构不复存在，代之以新形态的等级社会。至此，四川地区青铜器的主要功用及这些青铜器所代表的文明，始与中原近同。

由青铜器可见，三星堆—金沙这个文明传统至迟在春秋时期已衰落并出现断裂，四川地区的青铜文明发生了新变化。而这一变化，同样与外来文化的影响、传入有直接关系。

四川地区出土的以鼎、甗、敦、壶、豆、罍、缶、钟为代表的这类铜器明显与楚地和中原青铜器相一致。例如新都大墓的铜器，早有研究指出列鼎、甗、缶、钟等接近随县擂鼓墩一号墓出土铜器，敦、盖豆、壶、盘、匜、勺等接近江陵望山一号墓铜器[1]。再如成都文庙西街战国墓中的1号墓，出土铜壶、簋、敦、盘、釜、尖底盒、勺、匕、器座等[2]，其器类、形制和纹饰大多与楚文化的铜器相同。这显然是一座以楚文化因素为主的墓葬，不同于同一地点出土铜釜、鍪、甑和兵器的2号墓。来自东方的文化影响范围大、程度深，甚至在川西高原的牟托石棺墓中，也出土鼎、敦、罍、甬钟、钮钟，而这些并非是半月形地带的石棺墓中的传统器物。

需要说明的是，四川地区仍未发现这一时期的铸铜遗存。仅从铜器本身推断，前述第一类铜器因不见于其他地区而应为当地生产，但第二类的楚式和中原式铜器则不排除部分从域外传入的可能性。能说明这种器物流传的例证可举宣汉罗家坝、百花潭10号墓和绵竹船棺墓中出土的镶嵌纹饰的壶与豆。这类镶嵌有水陆攻战、宴乐、弋射、狩猎、采桑等图案或写实动物纹的壶和豆，在河北、河南、陕西、湖北等地都有发现，时代多集中于春秋晚期至战国早期。它们的制作技术和艺术风格高度一致，具有鲜明的时代特征。从四川所出这类铜器的器形、纹饰和制作技术看，它们直接从中原或长江中游传入的可能性很大。

楚和中原的文明从东方传入四川地区。宣汉罗家坝两座春秋晚期至战国早期的墓葬出土的鼎、敦、缶、簋、甗、鉴，包括镶嵌水陆攻战图等的盖豆和镶嵌狩猎纹的壶，既同于楚式和中原式铜器，又和成都平原出土的同类铜器相一致。罗家坝处于由东向西的文化传播通道上，罗家坝出土的青铜器或可在一定程度上揭示出四川地区文明新因素的来源。在秦灭巴蜀后，四川地区的青铜器还受到了北方秦文化的影响，这在羊子山172号墓和小田溪出土的青铜器上均有体现。

与此同时，川西高原上演着另一幕族群迁徙与文化交流。牟托等石棺墓中出土的铜杯、曲颈铜剑、三叉格铜柄铁剑、动物牌饰、铜泡、连珠钮等，常见于半月形地带的墓葬中。管銎戈、带柄铜镜则可能来自中国境外。在盐源盆地出土的青铜器中，铜杖首也见于我国西北和滇西北。青铜树枝上的马，或就是龙的形象，以马为龙是畜牧民族的一种宗教文化[3]；或马表现的具有游牧民族色彩的双马神母题，可能通过欧亚草原经西北地区、再沿横断山脉南下进入西南腹地[4]。

显然，这个时期文明互动的广度与深度不亚于上个阶段。同样，交流、影响的不只是青铜器本身，更重要的是观念，这一切改变了四川地区原来的文明形态。

---

[1] 李学勤：《论新都出土的蜀国青铜器》，《文物》1982年第1期。
[2] 成都市文物考古研究所：《成都市文庙西街战国墓葬发掘简报》，见《成都考古发现（2003）》，科学出版社，2005年。
[3] 林向：《四川西南山地盐源盆地出土的战国秦汉青铜树》，《华夏考古》2001年第3期。
[4] 霍巍、赵德云：《战国秦汉时期中国西南的对外交流》，巴蜀书社，2007年。

六、文明的融合

公元前316年，秦灭巴蜀。此后，随着秦汉王朝先后建立，四川地区被纳入秦汉帝国的版图。在中国很多地区，青铜时代至秦汉时期已经结束，或是步入尾声，铜器不仅大幅减少，而且其重要性无论在政治、宗教领域还是日常生活中都已明显减弱。四川地区也不例外，这一时期的青铜器主要出自墓葬，在随葬品中所占比例下降，器类减少。尽管如此，此时的铜器仍显示出这一时期文明的新风貌，并传达出四川地区对外交往的重要信息。

王朝政权变更并不会使文化即刻发生改变，四川地区战国时期的文化传统在秦汉统一后仍然延续，青铜壶等就是过去常见的器类。但秦汉王朝的统一包括了文化，当地传统的文明开始与秦汉文明融合。青铜壶等容器呈现出秦汉时代的新风格，如扁壶就是新的器形。汉墓出土的铜车马、樽、镜和熏炉等，均是秦汉文明的产物。它们的出现，表明四川地区已融入秦汉文明。但即使如此，四川地区的文明仍然具有一定的区域性，以四川为中心出现的青铜钱树，即是这个区域特有的器类。

四川地区这一时期为数不多的铜器已远不像三星堆文明的青铜器那样对社会发展具有重要作用，但其内涵依然丰富，揭示出多种文明的交融。除当地文明与秦汉文明的融合外，青铜器还突出体现了多种宗教信仰的出现与共存。比如绵阳何家山出土的三段式神仙镜，发现于四川和陕西，镜上内容有西王母、东王公这一神仙体系，还可能表现了尧、舜和建木，从而具有浓厚的南方或巴蜀文化的色彩[1]。更引人关注的是钱树上的佛像。钱树是汉魏时期主要流行于四川的一种特别的随葬品，青铜树身，下有陶质或石质的树座。目前已发现30余件钱树的树座、树干或顶部有佛像，其中大多出自四川。关于佛教在四川地区最早的流传，早在20世纪上半叶就有讨论，随后在四川彭山崖墓首次发现了钱树佛像。随着这类发现的增多，学术界对钱树佛像的特征、涵义、信仰体系、传入路线，以及它们在西南的传播及与其他地区佛像的异同等，进行了多层面的探讨[2]。在这些钱树上，应同时糅合了昆仑山神话、早期道教、早期佛教等不同的信仰体系，并发生了钱树主尊由西王母到佛像的置换[3]。至于佛教传入我国西南地区的可能的路线，推测有经我国西北地区而来的西北线、由印度经缅甸和云南进入四川的西南线、由越南北部或珠江三角洲到云贵的东南线[4]。佛像在四川地区并不只出现在钱树上，还见于同时期的崖墓石刻中。所推测的这几条早期佛像的传播路线，大致也就是"西北丝绸之路""南方丝绸之路"和"海上丝绸之路"。

---

[1] 霍巍：《四川何家山崖墓出土神兽镜及相关问题研究》，《考古》2000年第5期。
[2] 涉及四川地区青铜钱树和早期佛教遗物的研究较多，仅举以下几例。
    a. 童恩正：《古代中国南方与印度交通的考古学研究》，《考古》1999年第4期。
    b. 罗二虎：《论中国西南地区早期佛像》，《考古》2005年第6期。
    c. 霍巍：《中国西南地区钱树佛像的考古发现与考察》，《考古》2007年第3期。
    d. 段玉明：《从出土文物看巴蜀早期佛教》，《四川文物》2008年第3期。
    e. 王煜：《四川汉墓出土"西王母与杂技"摇钱树枝叶试探——兼论摇钱树的整体意义》，《考古》2013年第11期。
[3] 霍巍：《中国西南地区钱树佛像的考古发现与考察》，《考古》2007年第3期。
[4] 罗二虎：《论中国西南地区早期佛像》，《考古》2005年第6期。

青铜器再次表明了四川是多种文明的交汇区，汉魏时期多种宗教信仰流传至此并延续发展。

七、余论

学术界对四川地区古代文明的认识经历了一个过程。最初认为四川地区相对于中原而言是边远地区或周边地区，文明发展程度不高，深受中原文明影响。在有了大量的考古发现之后，学术界充分意识到这个地区的文明所具有的独特性与独立性，于是在很大程度上摒弃了中原中心论，而视其为一种不同于中原文明的区域性文明。但在今天，我们可以从一个新的高度来反观有关文明的区域性问题。

首先，作为区域性的文明，其独立性并不是绝对的。不同区域间总是存在着沟通与交往，知识和观念的传播会激发文明的产生，赋予文明新的生命力，使文明的发展绵延不绝，即使对于四川盆地这种地理环境呈现出封闭状态的地区也不例外。这个认识意味着我们并不应单纯强调区域性，也不是回归文明起源一元论的历史观，而是主张将一个区域纳入到一个更为广阔的时空框架和更为宏观的文明图景中去考察和认识。其次，作为一种统一的文明，包括经过与多种区域文明的交往、融合而发展出的新的秦汉文明，区域性仍会或多或少地存在。

总之，承认文明的"区域性"或"多元性"无损于文明的"一体性"，而意识到沟通与交流的意义同样不妨碍文明的"独立性"。

当今时代是一个真正"全球化"的时代，联系与交往的广度和深度是过去横跨一个大陆或者几个大洲的交往所不能相比的。诸如微信这样的科技手段甚至以一种前所未有的方式将分散的个体联系在一起。即便如此，今天四川的区域文化依然具有鲜明的地域特色。古代文明的某些"基因"或许会一直留存下来，但更多的新因素又推动着文明发展。文明便如生命一般生生不息。这或许也是每当我身处四川时，总会被它的文化打动的缘由。

图版目录
Plate Catalogue

商与西周时期

牌饰（87GSZJ:36）/ 21

广汉三星堆遗址一号祭祀坑出土

人头像（K1:2）/ 22
人头像（K1:6）/ 23
人头像（K1:7）/ 24
人头像（K1:5）/ 25
跪坐人像（K1:293）/ 26
虎形器（K1:62）/ 27
龙柱形器（K1:36）/ 28
龙虎尊（K1:158、258）/ 30

广汉三星堆遗址二号祭祀坑出土

金面罩人头像（K2②:115）/ 32
金面罩人头像（K2②:45）/ 34
金面罩人头像（K2②:214）/ 36
人头像（K2②:58）/ 38
人头像（K2②:73）/ 40
人头像（K2②:90）/ 40
人头像（K2②:154）/ 41
人头像（K2②:83）/ 41
兽首冠人像（K2③:264）/ 42
大型立人像（K2②:149、150）/ 44
喇叭座顶尊跪坐人像（K2③:48）/ 48
侧跪坐人像（K2③:04）/ 49
持璋人像（K2③:325）/ 49
纵目兽面具（K2②:148）/ 50
纵目兽面具（K2②:142）/ 52

人面具（K2②:111）/ 54
人面具（K2②:60）/ 55
人面具（K2③:57）/ 55
人面具（K2②:119）/ 55
兽面（K2③:227）/ 56
兽面（K2③:98）/ 57
兽面（K2③:231-1）/ 57
眼形器（K2③:202）/ 58
眼形器（K2③:101）/（K2③:106）
（K2③:8-1）/（K2③:99）/ 58
眼形器（K2③:197）/（K2③:8）/ 58

广汉三星堆遗址二号祭祀坑出土

夔龙形饰件（K2②:322）/ 58
神树（K2②:194）/ 59
神树（K2②:94）/ 60
鸟（K2②:213）/ 62
人首鸟身神树残件（K2③:154）/ 62
鸟形铃（K2②:103-8）/ 62
公鸡（K2③:107）/ 63
圆形挂饰（K2②:70-5）/ 63
铃（K2③:103-28）/ 63
鸟（K2②:193-1）/ 64
鸟头（K2②:141）/ 65
鸟脚人像（K2③:327）/ 66
神坛（K2②:296）/ 68
太阳形器（K2③:1）/ 70
蛇（K2③:87、K2③:56、K2③:44）/ 71

广汉三星堆遗址二号祭祀坑出土
- 人身形牌饰（K2③:103-27）/ 72
- ★ 方孔戚形器（K2②:99）/ 73
- 方孔戚形器（K2③:260）/ 73
- 方孔戚形器（K2②:251）/ 73
- 方孔戚形器（K2②:142-2）/ 73
- 三牛三鸟尊（K2②:151）/ 74
- 三羊三鸟尊（K2②:129）/ 75
- 四羊首兽面纹罍（K2②:88）/ 76
- 四羊首兽面纹罍（K2②:159）/ 77
- 戈形器（K2③:144-8）/（K2③:261-4）/（K2③:279-3）/（K2②:144-1）/（K1:279）/ 78
- 虎形饰 / 78
- 虎纹斧形钺 / 79
- 兽面纹尊 / 79

成都金沙遗址出土
- 立人（2001CQJC:17）/ 80
- 人形器（L8⑤:12）/ 82
- 人头（2001CQJIT8206⑨a:1）/ 82
- 眼形器（2001CQJC:393）/ 82
- 人面形器（L8④:66）/ 83
- 螺形器（2001CQJC:541）/ 83
- 挂饰（2001CQJC:1376）/ 83
- ★ 龙形器残件（2001CQJC:506）/ 84
- 龙形器盖（IT7009-7110⑫:18）/ 84
- 虎形饰（IT8201⑤:1）/ 84
- 鸟（2001CQJIT8205⑦:48）/ 85

成都金沙遗址出土
- 鸟（2001CQJC:553）/ 85
- 牛首（2001CQJC:198）/ 85
- 怪兽（IT8004⑦:37）/ 85
- 戈（2001CQJC:169）/ 86
- 戈（2001CQJC:873）/ 86
- 带柄有领璧形器（2001CQJC:588）/ 87
- ★ 有领璧（L8⑤:24）/ 87
- 方孔戚形器（2001CQJC:378）/ 87

彭县竹瓦街出土
- 兽面纹尊 / 88
- "覃父癸"觯 / 89
- "牧正父己"觯 / 89
- 蟠龙盖兽面纹罍 / 90
- 蟠龙盖羊首兽面纹罍 / 92
- 羊首六涡纹罍 / 94
- 六涡纹罍 / 95
- 四涡纹罍 / 95
- 蜥蜴纹宽叶矛 / 96
- 钺 / 96
- 鸟纹戟 / 97
- 牛首耳罍 / 98
- ★ 兽首耳卷体夔纹罍 / 100
- 牛首纹钺 / 102
- 蚕纹长援戈 / 102
- 双兽形耳罍 / 103

春秋战国时期

青白江双元村出土
- 蟠螭纹兽耳盏 / 105
- 箍口鼎 / 106
- 刻纹匜 / 107
- 神面纹剑 / 108
- 兽面纹矛 / 108
- 带鞘双剑 / 108
- 虎纹戈 / 109
- 鸟纹戈 / 109
- 镂空饼首刀 / 109

嵌错宴乐采桑攻战纹壶 / 110
鸟形耳蟠螭纹壶（M1:1）/ 112
蹼足簠（M1:2）/ 113
带鞘双剑 / 113
狩猎纹壶 / 114
凤鸟纹方壶 / 116
人形纹长援戈 / 117
巴蜀符号戈 / 117
柳叶形剑 / 117
巴蜀符号印 / 118
巴蜀符号印 / 118
巴蜀符号印 / 118
巴蜀符号印 / 118
巴蜀符号印 / 118
巴蜀符号直柄勺 / 119
巴蜀符号虎纹戈 / 119
虎纹剑 / 119

"邵之飤鼎"铭文鼎 / 120
云雷纹甗 / 121
★ 蟠螭纹浴缶 / 122
虎斑纹木柄剑 / 123

新都马家乡出土
- 无胡戈 / 124
- 无胡戈 / 125
- 无胡戈 / 126
- 无胡戈 / 126
- 无胡戈 / 127
- 无胡戈 / 127
- 牛鼠纹矛 / 128
- 几何纹斧 / 129
- 曲头斤 / 129
- 弧刃削 / 130
- 木柄雕刀 / 130
- 环首刀 / 131
- 木柄铜锯 / 131
- 曲柄匕 / 132
- 巴蜀符号印 / 133

巴蜀符号印 / 133
单耳带盖鍪 / 134
鳖形带钩 / 135
巴蜀符号戈 / 135

彭县致和乡出土
- 蛇纹宽叶矛 / 136
- 虎纹矛 / 136
- 蝉纹菱形矛 / 136
- 纵目纹矛 / 137
- 虎纹戈 / 137

什邡城关墓地出土
- ★龙形佩饰（M55:2）/ 138
- 竹节纹矛（M10:9）/ 138
- 巴蜀符号印（M33:4）/ 138
- 巴蜀符号印（M10:6）/ 138
- 蝉形错银带钩（M50:22）/ 139
- 宽肩铭文钺（M17:3）/ 139
- 璜形器（M54）/ 139

绵竹清道乡出土
- 龙纹兽钮四耳豆（M1:2）/ 140
- 提梁壶（M1:3）/ 141
- 双衔环龙纹钫（M1:4）/ 142
- 错金剑鞘（M1:129）/ 143
- 梳形器 / 143
- 巴蜀符号柳叶形剑 / 143
- "三年吕不韦"铭文戈 / 144
- "九年吕不韦"铭文戈 / 144
- 虎豹扑鹿纹戈 / 145
- 嵌错云纹方壶 / 146
- 巴蜀符号印（M2:25）/ 147
- 鱼凫纹戈 / 147
- 虎纹戈 / 147
- 鱼形曲柄铜剑 / 148
- ★曲柄短剑 / 148
- 琵琶形错金银卷云纹带钩（M63:2）/ 148
- ★双剑与剑鞘 / 149
- 蚕纹巴蜀符号印 / 149

荥经同心村出土
- 虎头纹"成都"铭文矛（M1:5）/ 150
- "王"字纹巴蜀符号印（M21-B:17）/ 151
- "王"字纹巴蜀符号印（M24:24）/ 151
- "王"字纹巴蜀符号印（M25:24）/ 151
- ★四花四叶纹铜镜 / 151

宣汉罗家坝出土
- 巴蜀符号虎钮錞于 / 152
- 宴乐武舞弋射攻战图纹豆（M33:18）/ 154
- 蟠螭纹蹼足簠（M33:19）/ 156
- 窃曲纹兽足钮敦（M33:50）/ 157
- ★夔龙耳带盖浴缶（M33:201）/ 158
- 狩猎纹长颈壶（M2:2）/ 160
- 巴蜀符号印（M25:11）/ 161
- 虎首人身纹戈（01130）/ 162
- 巴蜀符号钲（01123）/ 162

涪陵小田溪出土
- ★四环钮涡纹尊缶（M1:25）/ 163
- 编钟（M1:79-92）/ 164
- 虎钮錞于（M2:20）/ 166
- 巴蜀符号钲（M2:16）/ 167

茂县牟托村出土
- 蟠螭纹带盖鼎（K3:1）/ 168
- 牛首耳夔龙纹罍（M1:172）/ 170
- 蝉纹甬钟（M1:173）/ 171
- 圆泡纹镈钟（K1:2）/ 172
- 太阳纹镈钟（M1:133）/ 172
- 龙纹镈钟（M1:124）/ 173
- 蛇纹戟（M1:135）/ 174
- 宽首剑（M1:160）/ 175
- 宽首剑（K1:10）/ 175
- 龙首带鞘剑（M1:152）/ 176
- 铜柄铁剑（M1:148）/ 176
- 蝉纹戈（K1:13）/ 177
- 蜥蜴纹戈（K1:12）/ 177
- 兽面纹戈（M1:129）/ 178
- 鸟（M1:21）/ 178
- 动物纹牌饰（M1:65）/ 178
- 夔龙纹剑（K2:18）/ 179

带柄钮镜 / 179

★ 曲柄戈（M219:2）/ 180

带銎鱼尾形内戈（M215:2）/ 180

带柄镜（M2:12）/ 181

蛇纹镜 / 181

月牙格剑 / 181

秦汉时期

错银云纹壶（M3:23）/ 183

二十六年长胡戈（M3:13）/ 184

巴蜀符号戈（M59:21）/ 184

"七年卢氏"铭文戈（M1:4）/ 185

"云子思士"印 / 185

凤钮神兽纹樽 / 186

扁壶 / 186

带盖圈足壶 / 187

带盖提梁壶 / 187

铜车马 / 188

熏炉 / 190

铜柄铁剑（M1:133）/ 190

★ 四兽跽坐人像灯座 / 191

龙虎相斗饰 / 191

蒜头壶 / 192

龙凤纹提梁扁壶 / 193

铜灯 / 193

铜鼓（TOQ0002）/ 194

编钟（TOQ0001）/ 194

盐源老龙头墓地出土:
- 蛇蛙俎 / 196
- 圆形牌饰 / 196
- 带饰 / 196
- 蛇尾形杖 / 197
- 三女背水杖首 / 197
- 编钟 / 198
- 花瓣形缘铃 / 199
- 人马纹树形器 / 199
- 鹰纹铃 / 199
- 人兽纹树形器 / 199

货泉钱范 / 200

五铢钱范 / 200

"蜀郡工官"盆 / 201

"都市平"铭文量器 / 202

"永元元年朱提堂狼铜官造作"铭文鉴 / 202

铜马、铜牵马俑 / 203

★ 变形四叶对凤铜镜 / 204

龙虎铭文镜 / 204

"青羊"铭文神兽镜 / 204

三段式神仙镜 / 205

三段式神仙镜 / 205

鎏金龟钮"关内侯印"印 / 206

★ 螭龙凤鸟绶"李宜私印"印 / 206

★ 羊灯 / 206

单耳铜斗 / 207

傩戏纹耳杯 / 207

摇钱树 / 208

摇钱树 / 210

摇钱树 / 212

摇钱树 / 213

摇钱树 / 214

上编 图版 | Plates

商与西周时期
约公元前 1600 ~ 公元前 771 年

春秋战国时期
约公元前 770 ~ 公元前 221 年

秦汉时期
约公元前 221 ~ 公元 220 年

商与西周时期

SHANG AND WESTERN ZHOU PERIODS

约公元前 1600 ~ 公元前 771 年

  商周时期，四川盆地出现了一种独具特色、高度发达的青铜文明，最具代表性的考古发现是三星堆遗址和金沙遗址。

  三星堆遗址面积约 12 平方公里，时代相当于新石器时代末期至春秋早期。1986 年广汉三星堆发现的两个祭祀坑出土的青铜器群，不仅标志着四川青铜文明的形成，而且显示了一种高度发达的文明。三星堆一号祭祀坑出土 178 件铜器，有人头像、跪坐人像、面具、人面像、龙柱形器、虎形器、龙形饰、戈、瑷、尊、瓿、盘、器盖等；二号祭祀坑出土 735 件铜器，有人头像、立人像、人面具、兽面具、兽面、眼形饰、眼形器、眼泡、神树、神坛、神殿、太阳形器、鸟、尊、罍、戈、铃、挂饰、杂件等。

  商代晚期，成都平原的政治、文化中心从沱江流域的三星堆古城迁到岷江流域的成都金沙村一带。2001 年发现的金沙遗址被誉为"21 世纪初中国第一个重大考古发现"，时代相当于商代晚期至春秋，面积约 5 平方公里，遗址分布有祭祀区、宫殿区、居址区、墓地等。金沙遗址出土的青铜器数量多、种类丰富，并沿袭了三星堆青铜器的风格。

  四川地区出土的西周时期的青铜器有尊、罍、觯、觚、戈、矛、戟、钺等，并以彭县竹瓦街出土的两批窖藏铜器为代表。竹瓦街出土的青铜器属于商周系统，以成组的"列罍"和尊最为突出，具有较明显的周文化的特征。

牌饰（87GSZJ:36）

时代	商早期
尺寸	长13.8、宽5.2~5.6、厚0.1厘米
来源	1986年广汉三星堆遗址真武仓包包出土
收藏	四川广汉三星堆博物馆

平面似长方形，体薄，微拱如瓦状，上边直，下边微弧。两侧边缘上下各有两个对称的半圆形穿钮。器表镂空处用许多形状大小不同的绿松石片镶嵌成菱形几何纹图案，保存状况不佳，绿松石大面积脱落。该牌饰表面残存细线织物、竹编纹印痕，结合两侧的穿钮来看，应当是缝制在编织物上的装饰。在河南偃师二里头遗址和甘肃天水等地，也出土有类似的铜牌饰。

人头像（K1:2）

时代　商晚期
尺寸　头横径15.4、头纵径18、残高29厘米
来源　1986年广汉三星堆遗址一号祭祀坑出土
收藏　四川广汉三星堆博物馆

头顶有子母口，原应套接顶饰或冠。削发，脑后的发际线清晰可见。粗眉，立眼，高鼻梁，蒜头鼻，阔口，下颌宽圆，云纹竖耳，耳垂穿孔，后脑宽圆。颈下端外侈且前后均被火烧残，出土时内壁残留范土。该头像脸部丰腴，面部表情温和，颇具写实风格。

人头像（K1:6）

时代　商晚期
尺寸　头横径 14.2、头纵径 15、残宽 20.4、残高 25 厘米
来源　1986 年广汉三星堆遗址一号祭祀坑出土
收藏　四川广汉三星堆博物馆

头顶子母口内敛，前后各有两小圆孔，原应套接顶饰或冠。削发，脑后的发际线清晰可见。脸上宽下窄，粗眉，立眼，高鼻梁、鹰钩鼻，阔口，嘴角下勾，下颌突出，云纹竖耳，耳垂穿孔，粗颈。颈前后均被火烧残。造型已渐脱离写实风格，面部似戴面罩。

人头像（K1:7）

时代　商晚期

尺寸　头横径 15、头纵径 17.6、通宽 22.8、残高 27 厘米

来源　1986 年广汉三星堆遗址一号祭祀坑出土

收藏　四川广汉三星堆博物馆

头顶平，头发向后呈辫状垂于脑后，发梢扎束。粗眉，立眼，高鼻梁、鹰钩鼻，阔口，方颐，云纹竖耳，耳垂穿孔，粗颈。颈部经火烧呈半熔化状。面部似戴面罩。

人头像（K1:5）

时代 商晚期

尺寸 头横径 12.5、头纵径 16、通宽 22、通高 45.6 厘米

来源 1986 年广汉三星堆遗址一号祭祀坑出土

收藏 四川广汉三星堆博物馆

圆头顶，头似戴羊角形头盔，面部戴方形面罩。头盔将后颈遮蔽，仅露后脑勺，后脑勺处有一插发笄的凹孔。长方形脸，粗眉，立眼，高鼻梁、鹰钩鼻，阔口紧闭，嘴角下勾，云纹竖耳，耳垂穿孔。头盔的造型较为特殊，可能与人物的特殊身份有关。

跪坐人像（K1:293）

时代 商晚期

尺寸 宽 8.2、高 14.6 厘米

来源 1986 年广汉三星堆遗址一号祭祀坑出土

收藏 四川广汉三星堆博物馆

头发往后梳，再向前卷，挽成高髻。宽脸、细弯眉，圆眼正视前方，眼珠外凸，蒜头鼻，张口露齿，方颐，云纹竖耳，耳垂穿孔。上身穿右衽交领长袖短衣，下身着犊鼻裤，腰部系带两周，一端系于腰前，另一端反系于背后腰带下。双手抚膝，左右手腕各戴二镯，足上套袜，跪坐。此跪坐人像可能是商代卜辞中"祝"的形象。

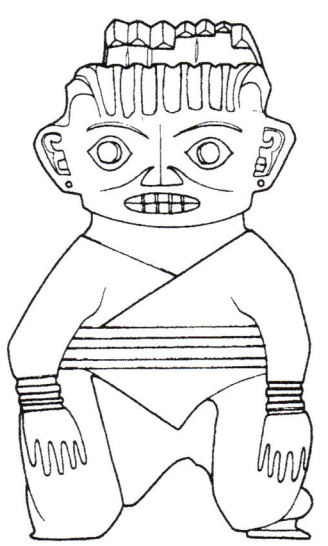 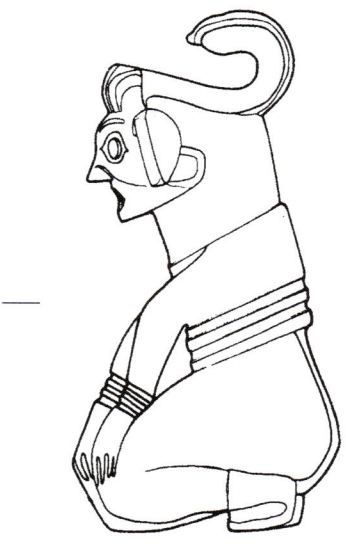 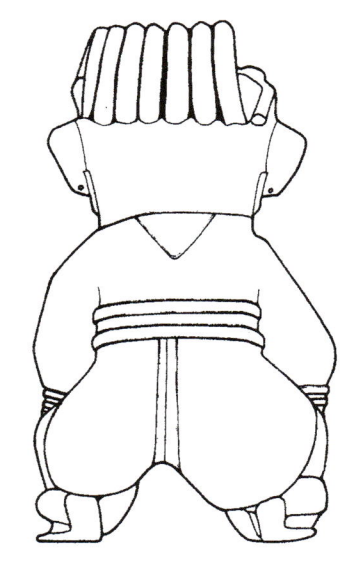

虎形器（K1:62）

时代　商晚期
尺寸　虎身长11.4、虎身宽8.4、圈足径7.8、残高10.8厘米
来源　1986年广汉三星堆遗址一号祭祀坑出土
收藏　四川广汉三星堆博物馆

虎身中空呈圆圈形，四足立于一圆圈座上。虎昂首，圆眼，张口露齿，尖圆形大耳，身肥硕，竖尾。尾残。

龙柱形器（K1:36）

时代 商晚期

尺寸 最大径9、通宽18.8、通高41厘米

来源 1986年广汉三星堆遗址一号祭祀坑出土

收藏 四川广汉三星堆博物馆

柱截面呈椭圆形，柱顶斜平，下端四面有半圆形缺口，缺口相对的上方各有一圆形穿孔。柱顶蹲踞一龙，龙口大张，露齿，龙头上有镰刀形大耳一对，耳内侧有上卷的犄角。两前爪紧扣柱顶，下半身垂于柱侧，两后爪攀附于柱两侧，尾梢上卷。与龙身相对的柱壁上，有一简化的头向下的夔形饰。此器可能是某种器物上的附属构件。

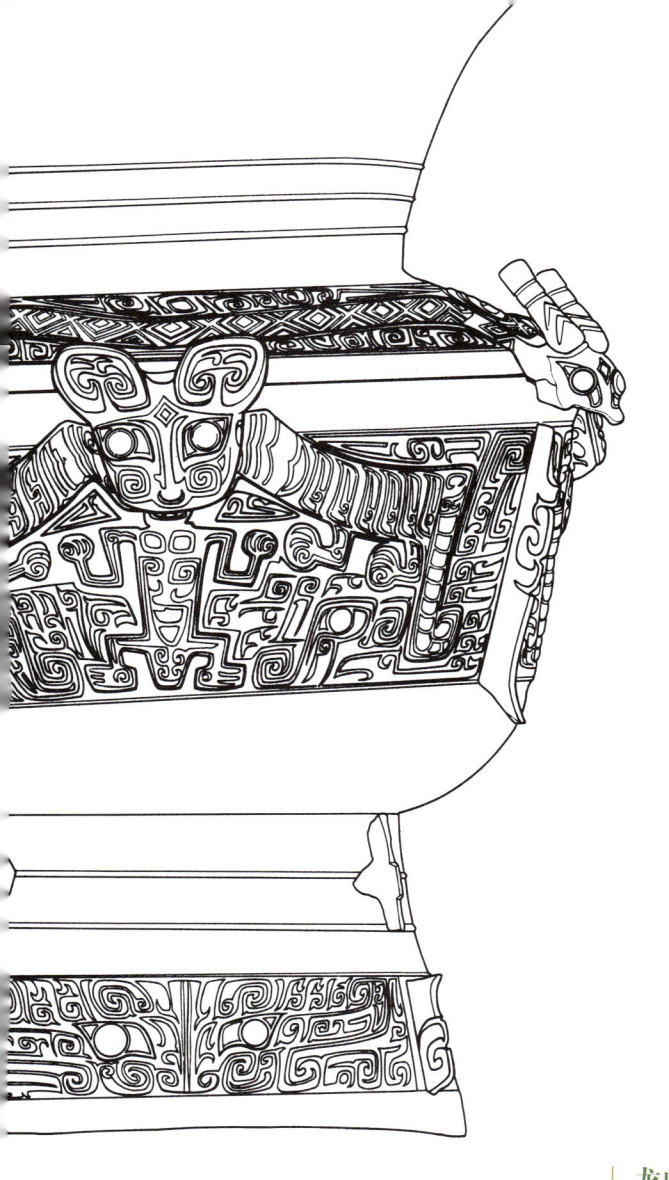

龙虎尊（K1:158、258）

时代	商晚期
尺寸	肩径 32、圈足径 21.6、残高 43.3 厘米
来源	1986 年广汉三星堆遗址一号祭祀坑出土
收藏	四川广汉三星堆博物馆

口沿残，未能复原。喇叭口外侈，束颈，颈上有三周凸弦纹，宽肩，深垂腹，腹的最大径接近肩部，平底，高圈足微侈。肩上铸高浮雕的三龙呈蠕动游迤状，龙头由器肩伸出，圆眼，高柱状角，尾上卷，身饰菱形重环纹。器肩以目云纹为地，龙头下有扉棱，将器腹部花纹隔成三组，每组花纹主纹为高浮雕的虎和人。虎为巨头，肥耳，尾下垂，尾尖上翘。虎颈下铸一人，人手曲臂上举齐肩，两腿分开下蹲，人形胸部纹饰为蝉纹，地纹为羽状云雷纹。圈足上端有三个十字形镂孔和三周凸弦纹，下端有三组双身兽面纹，每组兽面纹之间有一短扉棱将花纹隔开。出土时一侧已被火烧熔化，器内装有经火烧过的玉石器残片、海贝和层层粘结在一起的铜箔饰件及碳化物。此类装饰的铜尊在同时期安徽等地也有发现，但数量较少。

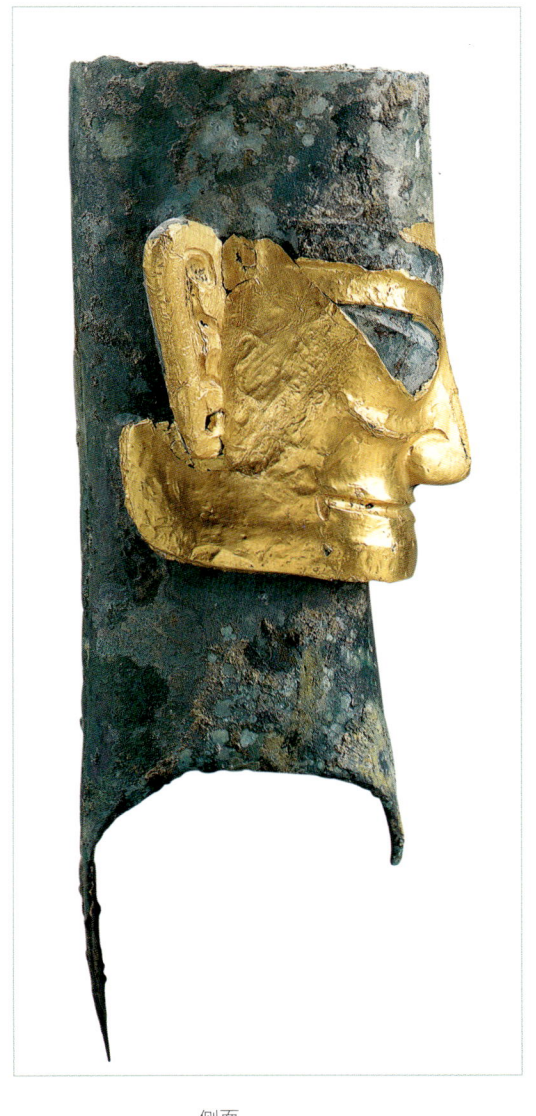 

侧面　　　　　　　　　　　　　背面

金面罩人头像（K2②:115）

时代　商晚期
尺寸　头横径 12、头纵径 13.8、宽 18.8、高 41 厘米
来源　1986 年广汉三星堆遗址二号祭祀坑出土
收藏　四川广汉三星堆博物馆

平顶，头发在脑后正中结成辫，辫上端用宽带套束。前额较高，面部较瘦削，粗眉，立眼，高鼻梁、蒜头鼻、阔口，下颌宽，云纹竖耳，耳垂穿孔。颈直，颈下端前后铸成倒尖角，前短后长。头像出土时已被砸扁变形，金面罩上沿至眉梢及脸部右侧残缺。

金面罩人头像（K2 ② :45）

时代 商晚期

尺寸 头横径12.6、头纵径14.5、宽19.6、高42.5厘米

来源 1986年广汉三星堆遗址二号祭祀坑出土

收藏 四川广汉三星堆博物馆

平顶，头发在脑后正中结成辫，辫上端用宽带套束。面部长方形较瘦削，粗眉，立眼，高鼻梁、蒜头鼻，阔口，下颌宽，颈直，颈下端前后铸成倒尖角，前短后长。头戴金箔制成的面罩，头后发辫套束处有一被敲打的凹痕。出土时头像已被砸扁变形。头戴金面罩说明其身份地位较高。

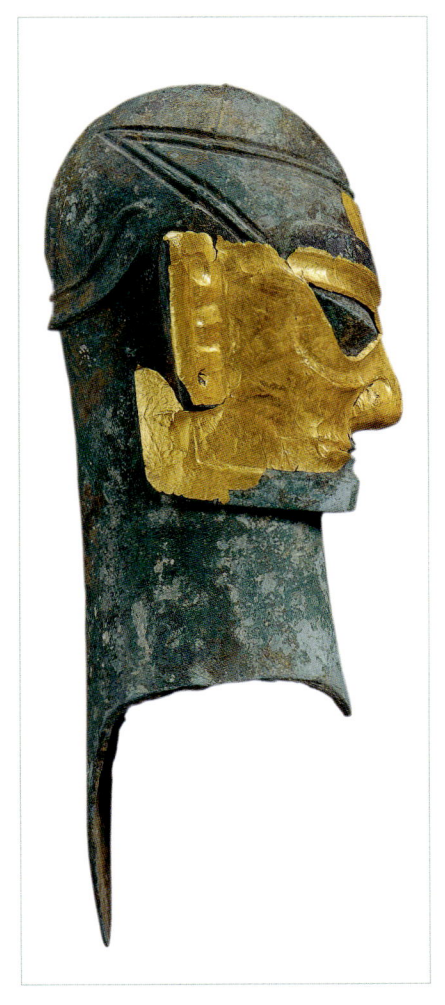

侧面　　　　　　　　　　　　背面　　　　　　　　　　　　侧面

金面罩人头像（K2②:214）

时代　商晚期
尺寸　头横径15、头纵径17.6、宽22、高48.1厘米
来源　1986年广汉三星堆遗址二号祭祀坑出土
收藏　四川广汉三星堆博物馆

圆顶，粗眉，立眼，蒜头鼻，阔口，方颐，云纹竖耳，耳垂有穿孔。粗颈，前部短，下端呈弧形，后部长，铸成倒尖角。据面部凹线轮廓，已铸出蒙至头顶的面罩，仅留出顶心，头发似从后向前梳，发梢敛于面罩内。此面罩上又粘贴一层造型相同的金面罩，金面罩右额及颐部残缺，脑后发簪脱落，仅存两个长方形孔。

背面　　　　　　　　　　　　　　　　側面

人头像（K2②:58）

时代　商晚期
尺寸　头横径14.6、头纵径18.3、宽23.8、通高51.6厘米
来源　1986年广汉三星堆遗址二号祭祀坑出土
收藏　四川广汉三星堆博物馆

圆顶，头上似戴有头盔，面部似戴有面罩。脑后补铸发饰。发饰中间有一宽带用以扎束，两端有套箍用以固定发饰，套箍外侧缺口处露出发笄。面部粗眉，立眼，蒜头鼻，阔口，方颐，云纹竖耳，耳垂穿孔。眉毛、眼眶绘黑彩，耳孔、鼻孔、口缝均涂朱砂。颈粗而长，下端前后铸成倒尖角，前短后长。

人头像（K2②:73）

时代	商晚期
尺寸	宽 19.5、通高 40.2 厘米
来源	1986 年广汉三星堆遗址二号祭祀坑出土
收藏	四川广汉三星堆博物馆

平顶，头发向后梳理，发辫垂于脑后。粗眉，立眼，鹰钩鼻，阔口，方颐，云纹竖耳，耳垂穿孔，粗颈，颈下端前后呈倒尖角形。三星堆出土的人头像发饰各不相同，可能与人物身份有关。

人头像（K2②:90）

时代	商晚期
尺寸	头横径 10.6、头纵径 13.7、宽 17.2、通高 34.8 厘米
来源	1986 年广汉三星堆遗址二号祭祀坑出土
收藏	四川广汉三星堆博物馆

头戴回字纹平顶冠，顶盖已脱落，脑后发际线较高。面部瘦削，粗眉，立眼，蒜头鼻，阔口，云纹竖耳，耳廓外展，耳垂穿孔。颈直，颈下端前后均铸成倒尖角，前短后长，颈两侧各有一圆孔。头后部有因铸造缺陷而补铸的痕迹，颈后侧有被砸击的凹痕。

人头像（K2②:154）

时代　商晚期
尺寸　头横径6.7、头纵径7.4、通高17.6厘米
来源　1986年广汉三星堆遗址二号祭祀坑出土
收藏　四川省文物考古研究院

平顶，头发向后梳，发辫垂于脑后。粗眉，立眼，蒜头鼻，阔口，嘴角下勾，云纹竖耳，耳垂穿孔，粗颈，颈下端前后呈倒尖角形，前短后长。

人头像（K2②:83）

时代　商晚期
尺寸　头横径7.4、头纵径7.3、宽10.8、通高13.6厘米
来源　1986年广汉三星堆遗址二号祭祀坑出土
收藏　四川广汉三星堆博物馆

圆顶，戴辫索状帽箍，短发，宽额。面部瘦削，粗眉，立眼，蒜头鼻，阔口，方颐，云纹圆耳，耳廓丰厚，两边耳廓外缘上共钻有三圆孔。颈下前端铸成倒尖角，颈后下端略平。脑后及颈后有被锤打的凹痕。

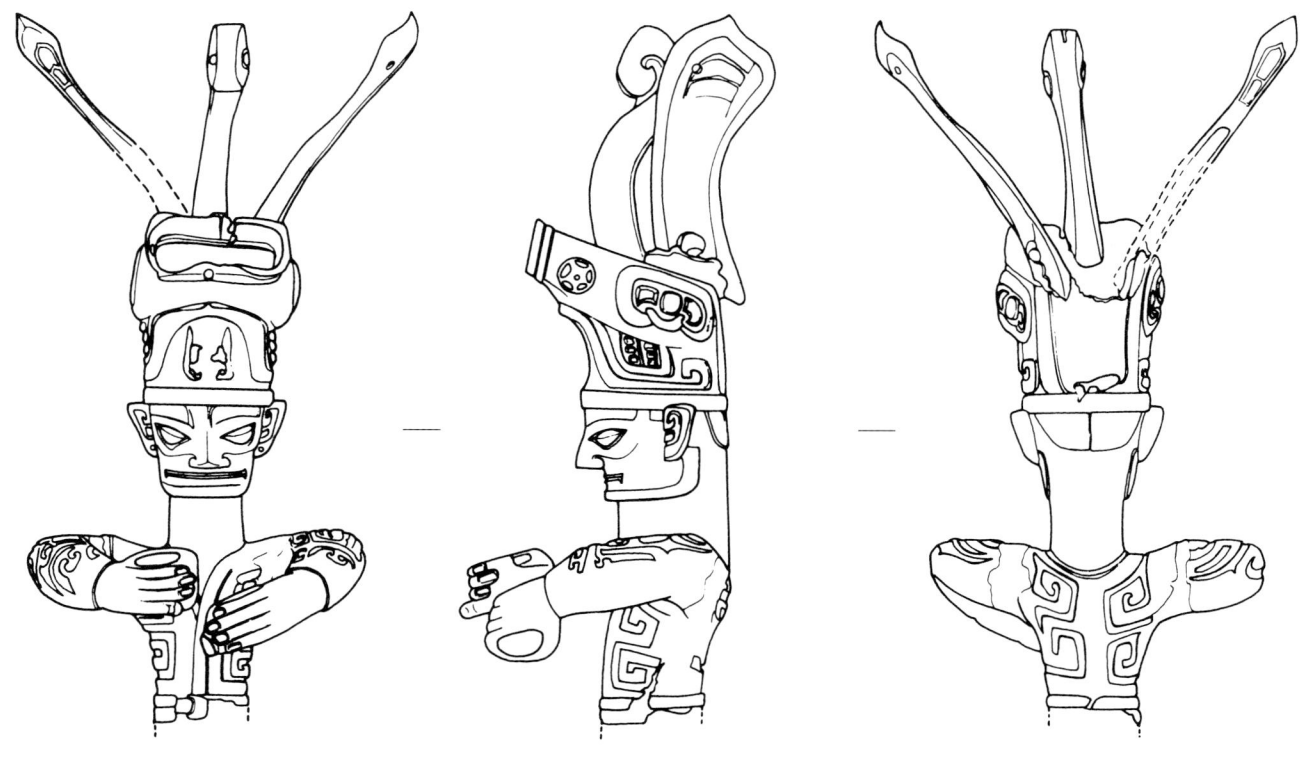

兽首冠人像（K2③:264）

时代　商晚期
尺寸　通宽 18.4、残高 40.2 厘米
来源　1986 年广汉三星堆遗址二号祭祀坑出土
收藏　四川广汉三星堆博物馆

头戴兽首冠，冠顶两侧兽耳耸立，中间有一象鼻状的装饰物；冠两侧有兽眼，兽口朝前，略呈圆角长方形，上下及右方各有一小圆孔，周围有两周凹弦纹，两侧面各有一涡纹；兽头颈部两侧各有一U形纹饰，中有一竖线，左右为齿状纹。人像粗眉，立眼，高鼻梁，蒜头鼻，阔口，方颐，云纹竖耳，耳垂穿孔未透，颈部长而直。两臂平举，两手在胸前呈执物状，右手在上，左手在下。身穿对襟衣，腰间系带两周，在腹前打结，结中插觿，衣上纹饰，饰云雷纹和夔龙纹。人像出土时已残，仅存上半身，造型和手势与同出的青铜大型立人像相似。

43

大型立人像（K2②:149、150）

时代	商晚期
尺寸	人像高180、底座高80.8、通高260.8厘米
来源	1986年广汉三星堆遗址二号祭祀坑出土
收藏	四川广汉三星堆博物馆

立人像由人像和像座组成。

人像头戴回纹冠，冠顶平，冠前部饰兽面纹和日晕纹，冠后部有一长方孔，可能原来插有饰物。脑后发际线清晰可见，有斜向凹痕，推测原来铸有发簪之类的饰物。面部瘦削，粗眉，立眼，高鼻梁、蒜头鼻，阔口，方颐，云纹竖耳，耳垂穿孔。身躯细长而挺拔，手臂粗大，两手呈抱握状，左手屈臂置于胸侧，右手上举齐右颊。身着窄袖及半臂式右衽套装，内外共三件，最外层为单袖衣，左侧无肩无袖，右侧为半臂式连肩袖，袖较短，衣上佩有绶带，上饰龙纹、兽面纹、虫纹和回纹；中层为V字形领龙纹短衣；内层为长襟衣，饰有兽面纹和波折纹。左右腕各戴三镯，脚踝戴镯，跣足。

像座由座基、座腿、座台面组成。座基呈梯形，左侧略高，素面无纹，可能原来座基是掩埋在地下的。座腿为四个相连的龙头，龙吻部下端与座基四隅相连，上端龙角连接座台面。龙头长，露齿，吻部呈象鼻状上卷，四龙各以两角相并支撑台面的四角，座腿上端间距与座台面宽度相当，下端与座基顶部宽度相当。座台面平面呈方形，台面无纹饰，四周边缘减地，侧面均饰联珠纹、日晕纹、卷云纹。

人像中空，出土时内存泥芯，腰部有明显的被砸的痕迹，一些碎片离人像身躯较远，可见此像是在入坑前已被砸坏后搬来埋入坑内的。三星堆遗址中此类戴冠、手呈握物状的人像数量不少，唯此件体量最大，可能在祭祀场景中置于突出位置。同时期其他遗址中均未发现此类大型青铜立人，反映出三星堆遗址独特的地域文化。

喇叭座顶尊跪坐人像（K2 ③ :48）

时代　　商晚期
尺寸　　座直径10、座高5.3、通高15.6厘米
来源　　1986年广汉三星堆遗址二号祭祀坑出土
收藏　　四川广汉三星堆博物馆

全器由跪坐人像和喇叭形座组成。喇叭形座，周围饰镂空花纹，座侧有三等距的扉棱，座底圈下有三个等距的小支钉。座顶平，边沿有一周凹弦纹，座顶上铸有一头上顶尊的跪坐人像。人像粗眉，立眼，蒜头鼻，阔口，云纹圆耳；上身裸露，乳头凸出；下身着裙，腰间系带，结纽于腹前，结中插觿；头顶圈足尊，两手上举捧尊。尊口上有一喇叭形盖，盖钮残断，盖周围有四组简化的山形纹，一侧上沿有一小圆孔；尊颈部有两周凸弦纹；肩部有一周圆圈纹；腹部的前后各有一组简化的兽面纹；圈足饰一周圆圈纹，上下各有一周凹弦纹。该人像表现的可能是女性巫师跪坐顶尊以祭天的情景。

侧跪坐人像（K2③:04）

时代	商晚期
尺寸	宽 5.5、通高 13.3 厘米
来源	1986 年广汉三星堆遗址二号祭祀坑出土
收藏	四川广汉三星堆博物馆

头顶戴颇形装饰，粗眉，立眼，蒜头鼻，阔口，方颐，云纹竖耳，耳垂穿孔，粗颈。眉、眼球及鬓部均涂有黑彩。身着对襟长袖衣，腰间有两周系带，双手置于腹前。人像左腿呈弓步，足掌翘起，右腿侧跪，足尖触地，右股坐于右踝上。两脚蹠骨处均有一小圆孔，可能起固定之用。该像半圆雕，背后空，表现的可能是巫祝形象。

持璋人像（K2③:325）

时代	商晚期
尺寸	宽 1.8、通高 4.7 厘米
来源	1986 年广汉三星堆遗址二号祭祀坑出土
收藏	四川广汉三星堆博物馆

头部残，上身赤裸，两臂平抬前伸，双手执握一璋，小指前指。下身着裙，腰间系带，跣足跪坐。璋射端为叉形，锋尖一长一短，长锋尖向前。此像大小、姿势与同出的神坛上的人像相似，展示了玉璋的具体使用方式。

纵目兽面具（K2②:148）

时代　商晚期
尺寸　长138、宽85、高66厘米
来源　1986年广汉三星堆遗址二号祭祀坑出土
收藏　四川广汉三星堆博物馆

面具体型硕大，五官齐备，整体呈兽面。粗眉，眼球呈圆筒状向前凸出，蒜头鼻，鼻翼呈旋涡状，阔口，口缝深长，嘴角上翘，下颌略向前伸，方颐。双兽耳向两侧展开，稍向上耸起。额正中及耳前上、下各有一方形穿孔。耳、眼采用嵌铸法铸造，眉、眼描黑色，口缝涂有朱砂。《华阳国志·蜀志》中记载："有蜀侯蚕丛，其目纵，始称王。"有学者认为，此面具或是蜀人始祖蚕丛的象征。

纵目兽面具（K2②:142）

时代 商晚期

尺寸 面具宽77.4、面具高31.5、通高82.5厘米

来源 1986年广汉三星堆遗址二号祭祀坑出土

收藏 四川广汉三星堆博物馆

面具体型较大，五官齐备，整体呈兽面形。粗眉，眼球呈圆筒状向前伸出，鹰钩鼻，鼻翼呈旋涡状，阔口，口缝深长，嘴角上翘，下颌略向前伸，方颐，大兽耳向两侧展开，在耳前侧上、下各有一方形穿孔。额正中的方孔中补铸一夔龙形额饰，夔龙头端与鼻梁衔接，夔龙身、尾高高竖起，尾内卷呈勾云状，龙身饰刀状羽翅，单翅根。耳、眼采用嵌铸法铸造，眉、眼描黑色，口缝涂有朱砂。

人面具（K2②:111）

时代　商晚期
尺寸　残宽 45.4、高 25.2、厚 0.6 厘米
来源　1986 年广汉三星堆遗址二号祭祀坑出土
收藏　四川广汉三星堆博物馆

面具造型与同出人头像面部相似。面方形，广额，粗眉，立眼，蒜头鼻，阔口，嘴角下勾，宽颐，云纹竖耳，耳廓较宽，耳垂穿孔。形体宽厚，耳前侧上、下各有一方形穿孔，额中有未凿穿的孔。这些穿孔是在面具使用了一段时间以后錾凿的，目的是为了在面具上安装其他附件，或是将面具装配在神像上时以便穿孔固定。

人面具（K2②:60）

宽40.8、高26、厚0.4厘米

人面具（K2③:57）

宽18.6、高15.1、厚0.35厘米

人面具（K2②:119）

宽20.7、高15、厚0.25厘米

兽面（K2③:227）

时代　商晚期
尺寸　宽23.4、高20.4、厚0.2厘米
来源　1986年广汉三星堆遗址二号祭祀坑出土
收藏　四川广汉三星堆博物馆

器呈薄片状，兽面眉上有一对夔龙向两面展开，卷角，龙尾上卷。长眉直达龙尾端，圆眼，长直鼻，阔口，露齿，方颐，夔龙形双耳。头顶卷角下及下颌两侧各有一穿孔，当作悬挂固定之用。颌下有一对相向的夔龙承托兽面，二龙头部向下勾卷，尾上翘，大眼，独足。兽面的眼、眉、牙齿均涂有黑彩。

兽面（K2③:98）

宽 28.2、高 12.5、厚 0.2 厘米

兽面（K2③:231-1）

宽 27.8、高 12.3、厚 0.2 厘米

眼形器（K2③:202）

时代　商晚期
尺寸　长 57.2、宽 23.6 厘米
来源　1986 年广汉三星堆遗址二号祭祀坑出土
收藏　四川广汉三星堆博物馆

整器为菱形，直边，斜坡面，中部眼球呈球形凸起，周围下凹，左右眼角处各起棱脊，四角各有一圆孔。该器为神像眼部的镶嵌饰件。

眼形器

（K2③:101）	（K2③:106）
长 29、宽 12.4 厘米	长 28、宽 12.4 厘米
（K2③:8-1）	（K2③:99）
长 28.6、宽 12.4 厘米	长 27.8、宽 13.2 厘米

夔龙形饰件（K2②:322）

时代　商晚期
尺寸　长 29、宽 15.4、高 1.8、厚 0.2 厘米
来源　1986 年广汉三星堆遗址二号祭祀坑出土
收藏　四川广汉三星堆博物馆

这件夔龙形饰件仅存前半身，尾部无存。整体造型应与同坑出土的兽面造型颌下的一对夔龙相似。饰件边缘有用以组装固定的小孔。

眼形器

（K2③:197）	（K2③:8）
长 54.8、宽 12.7 厘米	长 54.8、宽 12.8 厘米

神树（K2②:194）

时代　商晚期
尺寸　底座直径 54.8、残高 193.6 厘米
来源　1986 年广汉三星堆遗址二号祭祀坑出土
收藏　四川广汉三星堆博物馆

全树仅存底座和部分树干，底座连接树干后，总残高 193.6 厘米。底座圆形座圈上三足呈拱形，饰窃曲纹，足尖向上勾卷。座圈在三面正中各起一方台，方台上各有一跪坐人像。人像头顶中空，头戴颀，脸戴面罩，大眼、直鼻、大耳，身穿对襟半袖长衣，衣饰勾云纹，腰束带，前裾及膝，后裾压于股下，两臂平抬呈持握状，跣足。每面正中呈尖塔形镂空，树干与树座分铸，铆焊结合，树干上仅存三断枝。

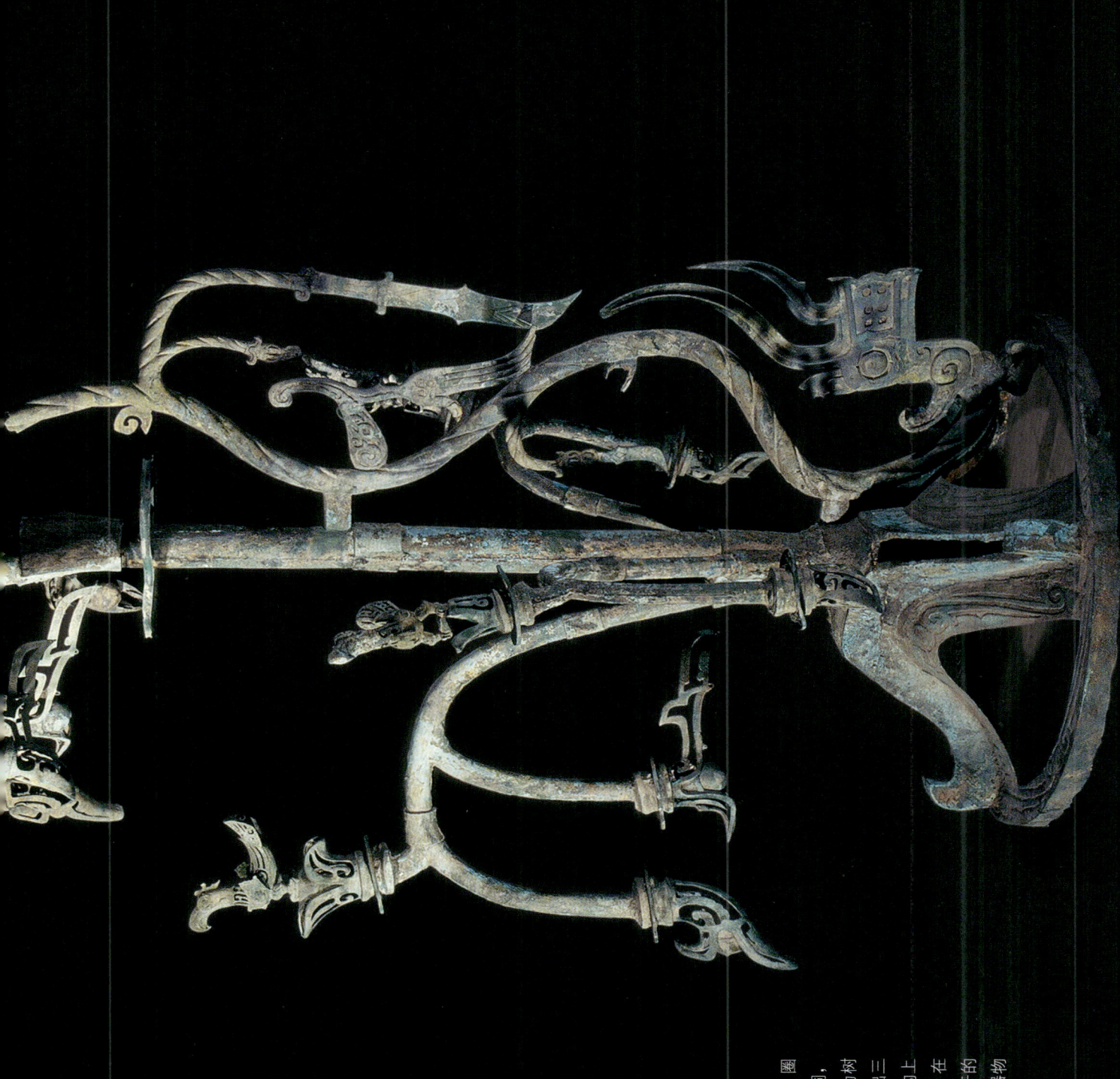

神树（K2②:94）

时代 商晚期

尺寸 最大径 110，底座直径 93.5，树枝残高 359
通高 396 厘米

来源 1986 年广汉三星堆遗址二号祭祀坑出土

收藏 四川广汉三星堆博物馆

由底座、树身和龙三部分组成。底座为圆形座圈，圈上三足呈拱形，足尖向上勾卷。拱顶有长方形孔洞，拱顶和座圈上面分别饰对称的两组窃曲纹。座上为树身，主干挺直向上，其上套铸有三层树枝，每层出三枝，全树共九枝。枝端有套铸在花中的果实，有的上扬，有的下垂，所有向上花朵均有一鸟立果实上。在树干和树枝的接口处有套的涡纹圆环，圆环落于座圈上。在树干的一方嵌铸一龙，援树而下，前足落于座圈。该器物表现的可能是神话传说中的神树"扶桑"。

鸟（K2②:213）

时代	商晚期
尺寸	宽 4.5、高 8 厘米
来源	1986 年广汉三星堆遗址二号祭祀坑出土
收藏	四川广汉三星堆博物馆

鹰钩喙，圆眼，头上有三支冠羽，羽尖各有一穿孔。喙中衔一铜丝。双翅作勾云纹。尾羽上翘，上下分开各三支，向下尾羽穿有铜丝，铜丝呈 8 字形。铜鸟立于花朵中的果实上。此铜鸟是铜树的饰件。

人首鸟身神树残件（K2③:154）

时代	商晚期
尺寸	长 4.5、宽 3.9、高 12.1 厘米
来源	1986 年广汉三星堆遗址二号祭祀坑出土
收藏	四川广汉三星堆博物馆

由人首和鸟身两部分构成。人首为平头顶，头戴双翼高冠，双眼外凸，高鼻，阔口，造型与青铜人面具相似。鸟身宽大，利爪，尾羽上翘，双翅宽大，呈勾云纹状，双爪紧紧抓住花朵中的果实。此为青铜神树的残件。

鸟形铃（K2②:103-8）

时代	商晚期
尺寸	宽 8.1、通高 14 厘米
来源	1986 年广汉三星堆遗址二号祭祀坑出土
收藏	四川广汉三星堆博物馆

造型作蹲栖鸟形，前后有羽状翼，翼两面及铃身两面均有羽翅状纹饰。鸟钩喙，圆眼，浅冠，冠上有一圆拱形钮，钮上套一 8 字形链环。带獠牙状铃舌，上端有圆环套于内顶环钮上，环钮残。三星堆二号坑内出土了一批形态各异的铜铃，均有铃舌，能敲击出音。

公鸡（K2③:107）

时代	商晚期
尺寸	高 14.2 厘米
来源	1986 年广汉三星堆遗址二号祭祀坑出土
收藏	四川广汉三星堆博物馆

尖喙，圆眼，浅冠，下巴有肉髯，上饰卷云纹。公鸡昂首引颈，尾羽丰满，双爪紧抓门字形方座。

圆形挂饰（K2②:70-5）

时代	商晚期
尺寸	直径 8 厘米
来源	1986 年广汉三星堆遗址二号祭祀坑出土
收藏	四川广汉三星堆博物馆

圆形，周缘平，上缘有一穿孔，无环钮，中间隆起，呈右旋涡纹，中有一圆形凸起。此器可能是附着于其他器物的饰件。

铃（K2③:103-28）

时代	商晚期
尺寸	顶部横径 5.4、口部横径 7、高 7.35 厘米
来源	1986 年广汉三星堆遗址二号祭祀坑出土
收藏	四川广汉三星堆博物馆

正面呈梯形，横断面呈长椭圆形。顶上有一圆拱形钮，两侧各有一宽而薄的翼，铃两面均饰兽面纹，兽面纹两侧以云雷纹为地，纹饰上涂有朱砂。

鸟（K2③:193-1）

时代　商晚期
尺寸　宽19.2、通高34、厚6.9厘米
来源　1986年广汉三星堆遗址二号祭祀坑出土
收藏　四川广汉三星堆博物馆

头上有大大的冠羽，圆眼，喙长而尖，羽翅较小，尾羽长垂。鸟腿和尾部已残，头、颈以及前胸饰有鱼鳞状羽纹，腿部外侧饰卷云纹。三星堆二号坑出土了大量的单件铜鸟和鸟形饰品。

鸟头（K2 ②:141）

时代　商晚期
尺寸　横径 19.6、纵径 38.8、通高 40.3 厘米
来源　1986 年广汉三星堆遗址二号祭祀坑出土
收藏　四川广汉三星堆博物馆

矮冠，冠末端上卷，圆棱方眼，鹰钩喙，喙尖向下折。钩喙口缝及眼珠周围皆有朱砂。器物横断面呈椭圆形，颈部下端有三个圆孔，当作固定之用，此器可能是大型立柱上的端饰。三星堆出土的铜鸟中此件形体最大。

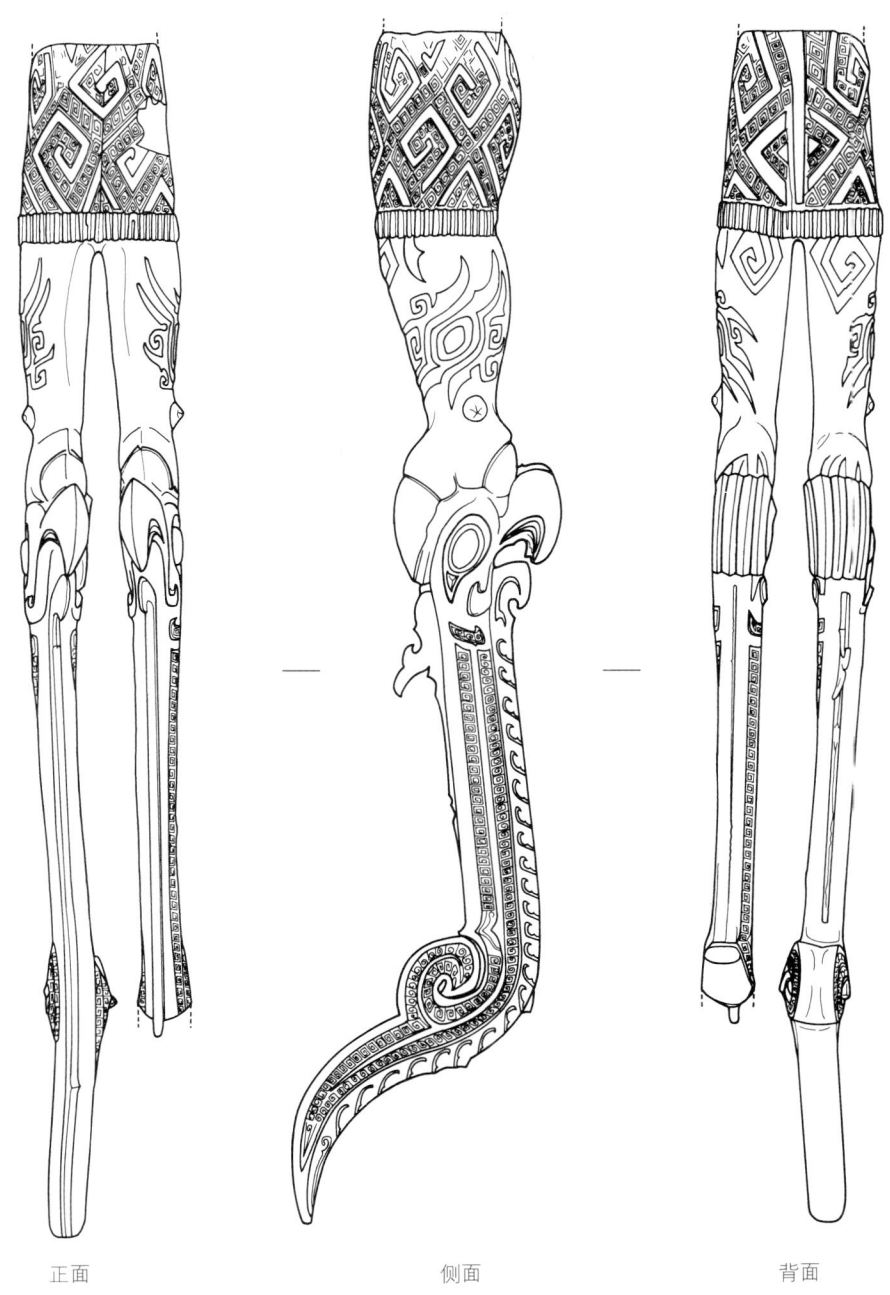

正面　　　　　　　　　侧面　　　　　　　　　背面

鸟脚人像（K2③:327）

时代　商晚期

尺寸　通宽10.8、通高81.4厘米

来源　1986年广汉三星堆遗址二号祭祀坑出土

收藏　四川广汉三星堆博物馆

该器物分为上下两部分，上部是鸟脚立人像，下部是鸟，人像的上半身及一脚下的鸟尾端残断无存。人像下身着紧身短裙，裙前后中间开缝，饰几何形云雷纹，下摆宽厚，上有竖形条纹；两腿健壮，胫部饰阴刻花纹，花纹中填以黑彩；双脚鸟爪突出，攫二鸟首而立。下部鸟形颇为抽象，大眼，鹰喙，颈细长，分尾；鸟两侧各饰双列云雷纹，颈、腹前有一列长扉直达尾尖，扉上饰有羽纹。裙裾及鸟身纹饰上均涂有朱砂。

神坛（K2③:296）

时代 商晚期
尺寸 残宽26、残高53.3厘米
来源 1986年广汉三星堆遗址二号祭祀坑出土
收藏 四川广汉三星堆博物馆

全器由兽形座、立人座、山形座和盝顶建筑组成。底部圈足侧面饰一周以凸圆点填充的歧羽纹，圈足上立二兽，首尾相对。兽大头，吻部扁宽，立耳，独角向前内卷，四足，尾下曳至座底，另有一翅翼向上扬起，翼端上下歧开。兽中空，前、后肘及尾部纹饰镂空。吻部有六个圆形纹饰。角、耳、肘部及翅翼上纹饰均饰以凸圆点填充。立人座置于二兽的角、翅之上，座底侧面饰一周以凸圆点填充的窃曲纹，上面向外站立四人，头戴敞口方斗形帽，帽沿前方呈V形，帽箍上有一周几何形纹饰。立人长眉，大眼，直鼻，阔口，身着短袖对襟衣，下裾到膝上，腰间系带两周，在前腹正中结袢，袢中插一物，可能是觿。衣裳的前后上下各有两组涡纹，腿上和脚上饰目形纹。两臂平抬于胸前，双手呈抱握状，手中各握一藤状枝条。枝条上端残断，下端弯曲并有钩状分杈。帽顶上伸出扁平的侧面人头像，头顶有弯钩状饰物，已残断。山形座置于立人的帽顶上，座底侧面有一周凹槽，饰下凹的圆圈纹，上部呈四山相连状，山上均饰倒置兽面纹，边沿饰云目纹和窃曲纹。盝顶建筑叠于四山的顶部，呈方斗形，共四面。每面的中间部分镂空，下槛饰云雷纹，内铸一排相同的跪坐人像。人像大眼，直鼻，大耳，耳垂有穿孔，阔口，头戴帽，身着裙，腰间系带，两臂平抬，双手呈环状，作执握状。人像头顶承托着建筑的上额，上额正中铸一鸟身人面像，两侧饰歧羽纹。坡顶相间排列鸟羽状纹饰与目纹。顶部四角各立一鸟，夔龙状冠饰，钩喙，喙中有小穿孔，双翅上扬，尾下垂，身上有羽状纹饰。器物顶部中心有一凸起，原应有饰物。该器物具体的用途和象征意义在学界尚无定论，可能是重要的祭祀工具。

残件

神坛残件

残件

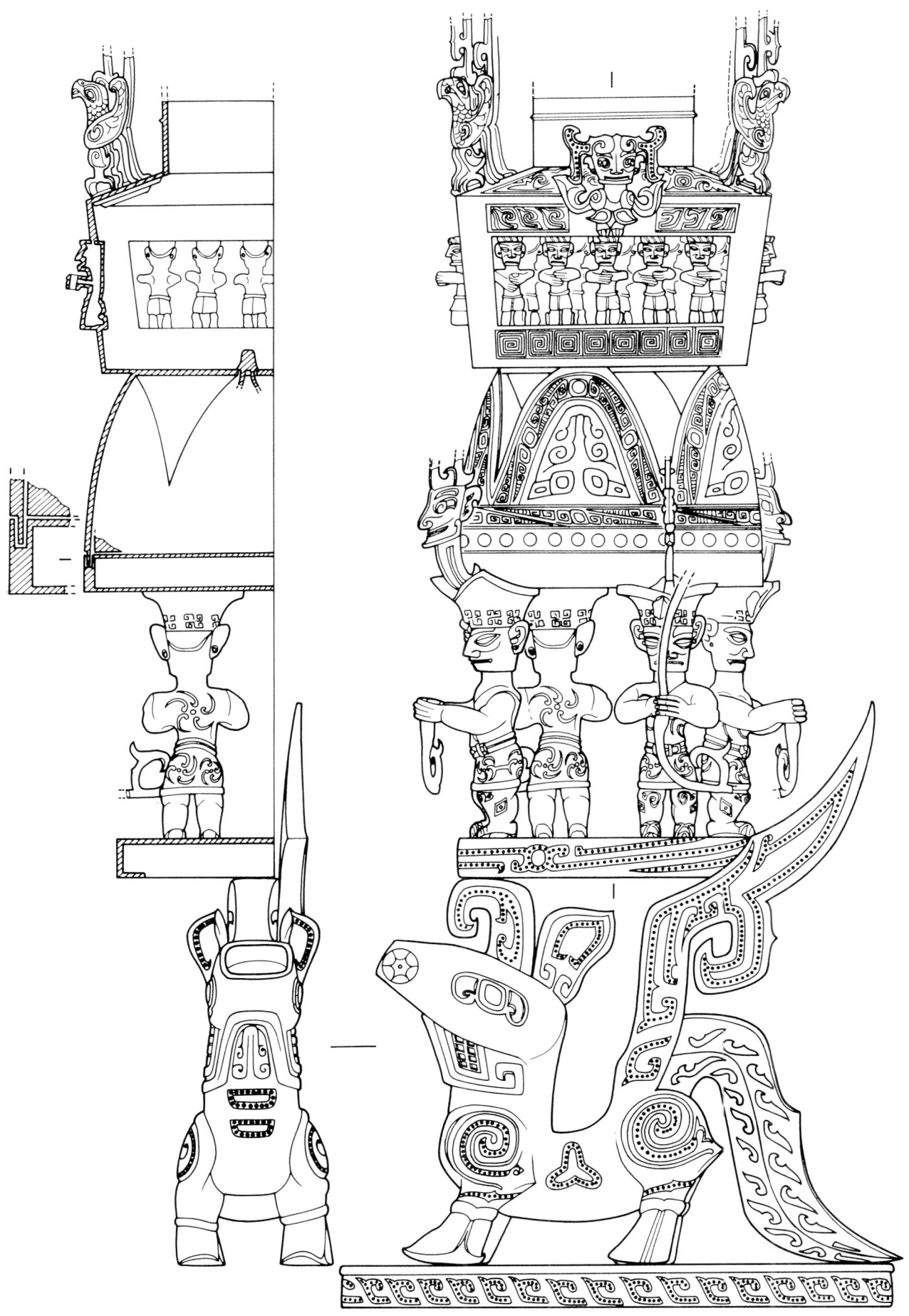

复原线图

太阳形器（K2③:1）

- **时代**　商晚期
- **尺寸**　直径84、阳部直径28、高6.5厘米
- **来源**　1986年广汉三星堆遗址二号祭祀坑出土
- **收藏**　四川广汉三星堆博物馆

平面呈圆形，正中的阳部凸起，周围五芒呈放射状，芒外围以晕圈、芒端与晕圈相连接。在阳部中心及晕圈上，均有小孔，起固定作用。出土时器物已被砸碎并经火焚烧。此器型仅见于三星堆遗址，造型与同出的神殿上的太阳芒纹相似。三星堆遗址、金沙遗址出土青铜器中与太阳相关的器物比较多。

蛇（K2③:87、K2③:56、K2③:44）

时代　商晚期

尺寸　前段：长54.9、宽10厘米；中段：长35.6、宽8.4厘米；尾部：长21.2、宽5.4厘米

来源　1986年广汉三星堆遗址二号祭祀坑出土

收藏　四川广汉三星堆博物馆

蛇躯体细长，由前段、中段和尾部三部分构成。前段身躯呈S状，头宽大上昂，圆眼微凸，头上有耳，颈部有两个环钮。身上饰菱形云纹，两侧腹部各有一排鳞甲。头顶及背脊有镂空的刀形羽翅，背部羽翅残断。中段脊背上满饰菱形云纹，两侧腹部各有一排鳞甲，背上的羽翅残断。尾上翘并向前内卷，尾前部两侧饰卷云纹，尾两侧各有两条凹弦纹贯通至尾尖。

人身形牌饰（K2 ③:103-27）

时代	商晚期
尺寸	剑鞘上宽17.6、下宽17、高34、通高46.4厘米
来源	1986年广汉三星堆遗址二号祭祀坑出土
收藏	四川广汉三星堆博物馆

整体造型似一无头无手之人体，上部如着衣袍之躯干，下有双腿；器身满饰图案，主题纹饰为两组倒置的变形鸟纹，鸟喙长及等身，或为神鸟之象征。此器为三星堆文物中造型特异的器物之一，用途尚待研究。

* 方孔戚形器（K2 ② :99）

时代	商晚期
尺寸	长 8.9、宽 7、銎宽 3.7 厘米
来源	1986 年广汉三星堆遗址二号祭祀坑出土
收藏	四川广汉三星堆博物馆

呈圆角梯形，上窄下宽，四边微弧，无刃口。中部有一方形銎，銎口较大，一面銎口缘凸起，另一面平整，内敛。这类器型在三星堆祭祀坑中大量发现，金沙遗址也有出土，不见于我国其他地区。

方孔戚形器（K2 ③ :260）

长 8、宽 6.7、銎宽 3.3 厘米

方孔戚形器（K2 ② :251）

长 8.2、宽 6.7、銎宽 4 厘米

方孔戚形器（K2 ② :142-2）

长 8.1、宽 7、銎宽 3.4 厘米

三牛三鸟尊（K2②:151）

时代 商晚期

尺寸 口径49、肩径29、圈足径26、圈足高22.4、通高56.5厘米

来源 1986年广汉三星堆遗址二号祭祀坑出土

收藏 四川广汉三星堆博物馆

圆形，喇叭口，方唇，沿微弧，束颈，斜肩，深腹，平底，高圈足。颈部有三周凸弦纹，肩上有三立鸟，肩外缘有三个牛头，与三立鸟相间，牛头两角之间也有一立鸟。肩上的三立鸟与腹部和圈足上的扉棱成一线，将肩部、腹部及圈足上的纹饰分隔成三组：肩部饰象鼻龙纹，地纹为双勾云雷纹；腹部主纹为双夔龙组成的兽面纹，两侧有以扉棱为中轴的倒置的兽面纹，地纹为双勾云雷纹。圈足上部有三周凸弦纹，有三处镂空，其下主纹为虎耳龙纹组成的兽面纹，两侧有以扉棱为中轴的倒置的兽面纹，地纹为双勾云雷纹。肩部铸兽头、腹部和圈足装饰扉棱的做法在中原出土的青铜器中较为常见，而在肩上以立鸟对应扉棱则是三星堆青铜器的独有特点，表明三星堆文化既有自身的特色，一定程度上也受到了中原商文化的影响。

三羊三鸟尊（K2②:129）

时代　商晚期

尺寸　口径42.6、肩径28、圈足径23.1、通高45.5厘米

来源　1986年广汉三星堆遗址二号祭祀坑出土

收藏　四川广汉三星堆博物馆

圆形，喇叭口，方唇，沿外侈，束颈，斜肩，深腹，平底，高圈足。颈部有三周凸弦纹，肩上有三立鸟，肩外缘有三个卷角羊头，与三立鸟相间，羊头两角之间也有一立鸟，鸟已残。肩上的三立鸟与腹部和圈足上的扉棱成一线，将肩部、腹部及圈足上的纹饰分隔成三组：肩部饰象鼻龙纹，地纹为双勾云雷纹；腹部主纹为双夔龙组成的兽面纹，两侧有以扉棱为中轴的倒置的兽面纹，地纹为双勾云雷纹；圈足上部有一周凸弦纹，其下主纹为虎耳龙纹组成的兽面纹，两侧有以扉棱为中轴的倒置的兽面纹，地纹为双勾云雷纹。

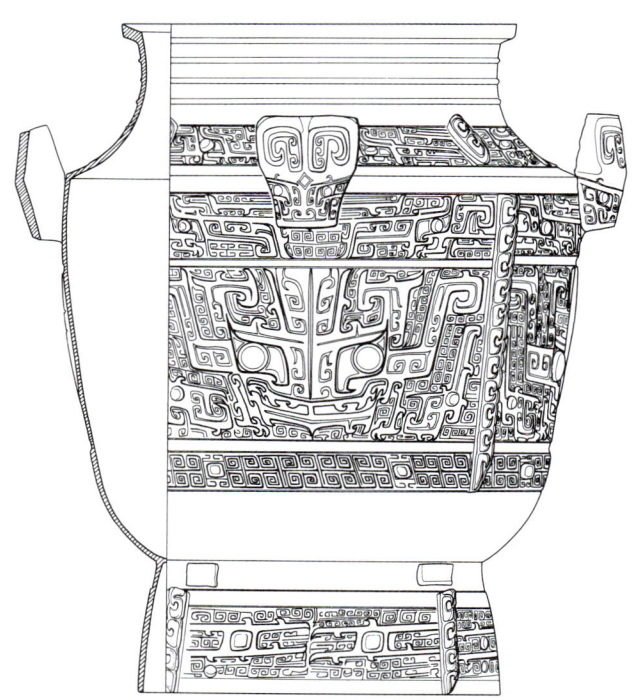

四羊首兽面纹罍（K2②:88）

时代 商晚期

尺寸 口径 20.3、圈足径 18.6、高 35.4 厘米

来源 1986 年广汉三星堆遗址二号祭祀坑出土

收藏 四川广汉三星堆博物馆

圆形，直口，方唇，窄沿，直颈，斜肩微弧，直腹，近底处弧形内收，平底，圈足稍外撇。颈部有三周凸弦纹，肩部、腹部和圈足上各有四扉棱，上下对应，将纹饰四等分。肩外缘及器壁上有四个卷角羊头，肩、腹及圈足纹饰均以勾连云雷纹为地。肩部饰象鼻龙纹。腹部上沿纹饰同肩部，中部主纹为卷角夔龙组成的兽面纹，兽面正中有一浅凸棱，两侧有以扉棱为中轴的倒置的兽面纹，下部有目云纹饰带。圈足上部有四个方形镂空与扉棱成一线，下沿有八个小圆孔。

四羊首兽面纹罍（K2②:159）

时代	商晚期
尺寸	口径26.5、圈足径24.6、通高54厘米
来源	1986年广汉三星堆遗址二号祭祀坑出土
收藏	四川广汉三星堆博物馆

圆形，直口，方唇，斜沿，直颈，斜肩微弧，直腹，近底处弧形内收，平底，高圈足稍外撇。颈部有三周凸弦纹，肩上有四立鸟与腹部四扉棱、圈足四扉棱上下对应，将纹饰四等分。肩外缘及器壁上有四个卷角兰头，肩、腹及圈足纹饰均以勾连云雷纹为地。肩部饰云雷纹组成的象鼻龙纹。腹部上沿为涡纹饰带，其下主纹为卷角兽面纹，两侧有以扉棱为中轴的倒置的兽面纹。圈足上部有一周凸弦纹和四个方形镂空与扉棱成一线，下沿有六个小圆孔，圈足主纹为虎耳兽面纹。

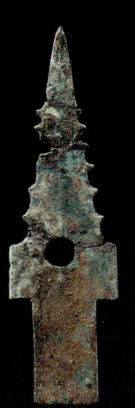

（K2③:144-8）　（K2③:261-4）　（K2③:279-3）　（K2②:144-1）　（K1:279）

戈形器（K2③:144-8）

时代	商晚期
尺寸	长20.9、宽5.8、厚0.25厘米
来源	1986年广汉三星堆遗址二号祭祀坑出土
收藏	四川广汉三星堆博物馆

援部较长，呈三角形，援两面正中有浅脊，两侧有七对齿刃。阑部较宽，呈长方形，正中有一圆穿。长方形内。出土时有被火焚烧的痕迹，弯曲变形。此类铜戈仅见于成都平原，锋刃较钝，重量较轻，并非实用兵器，实为礼器。造型、工艺与中原地区的玉质曲刃器有相近之处，可见古蜀人的礼仪活动与中原文化存在某种关联。

虎形饰

时代	商晚期
尺寸	长44、宽13.04、厚1.7厘米
来源	1981年广汉三星堆遗址鸭子河采集
收藏	四川广汉三星堆博物馆

巨头立耳，张口露齿，昂首怒目，虎尾下曳，尾尖翘卷。一面微拱呈半浮雕状，光素无纹，另一面全身铸有虎斑纹凹槽，槽内由小方块绿松石镶嵌填充平整，出土时镶嵌的绿松石已有脱落，后经修复复原。铜虎前后腿部拱面有半环钮。

虎纹斧形钺

时代	商晚期
尺寸	通长16.2、刃宽10.5、内宽4厘米
来源	1981年阆中市彭城坝出土
收藏	阆中市博物馆

长方形内，平肩，上下对称各有一长方形穿，腰部出角，弧形刃。钺身中间有一凸起的圆环形领，中心饰镂空虎纹。

兽面纹尊

时代	西周
尺寸	口径22.5、腹径10、底径14.5、通高35.2厘米
来源	1985年广汉西门外出土
收藏	广汉市文物管理所

喇叭口外侈，方唇，直颈，腹部微鼓，高圈足。颈部有两周凸弦纹，腹部饰兽面纹，圈足上部有三周凸弦纹，其下为兽面纹。圈足内侧铸铭文"𠨍"，李学勤先生将其释为"潛"，认为或与周边水系密切相关，对于研究广汉及其周边地区历史地理具有重要价值。

立人（2001CQJC:17）

时代	商晚期至西周
尺寸	人物高 14.6、插件高 5、通高 19.6 厘米
来源	2001 年成都金沙遗址出土
收藏	成都金沙遗址博物馆

人像头戴十三道弧形齿装饰的冠，部分残断。脑后垂三股长发辫于后腰部。脸瘦削，眉弓凸起，杏仁眼，颧骨高凸，蒜头鼻，阔口，宽颌，方颐，方耳，耳垂有穿孔，短颈。身着圆领长服，右手向上举于胸前，左手在下置于腹前，双手呈握物状，戴有手镯。腰间系带，斜插一物。双腿直立，分开站于基座上。基座上端分叉，整体呈圆柱形。

此像较小，底部基座形似插件，可能插在另一物品上使用，插件上中间位置残留少量朱砂，下端残存少许木质。这类戴冠、手呈握物状的人像，手势与三星堆出土的大型立人像相似，可能是正在举行祭祀活动的献祭人。立人所戴头冠造型与金沙遗址出土的"太阳神鸟"金箔中的太阳图案极为相似。这件立人像反映出金沙人与三星堆人有共同的祭祀方式，也说明了其祭祀内容可能与太阳有密切关系。

人形器（L8 ⑤ :12）

时代	商晚期至西周
尺寸	宽 4.6、厚 1.4、高 10.4 厘米
来源	2007 年成都金沙遗址出土
收藏	成都金沙遗址博物馆

无头，颈部有圆孔，躯体细长，肩部较窄，双臂下垂，双腿粗壮，分腿站立微向外撇，足尖上翘。肩部与小腿两侧各有小圆孔，或为固定悬挂之用。此类器物造型十分奇特，乃四川地区首次发现，体现出巴蜀地区独特的地方风格。

人头（2001CQJIT8206 ⑨ a :1）

时代	商晚期至西周
尺寸	长 2.6、宽 3、高 4.5 厘米
来源	2001 年成都金沙遗址出土
收藏	成都金沙遗址博物馆

圆顶，头顶中间有一长条形凹槽，两侧各有一椭圆形孔洞，原本可能附有饰件。人像长眉，橄榄形眼，直鼻，阔口，宽颔，竖耳，耳垂各有一穿孔穿透耳廓，粗颈，中空。

眼形器（2001CQJC:393）

时代	商晚期至西周
尺寸	长 26.2、宽 8.4 厘米
来源	2001 年成都金沙遗址出土
收藏	成都金沙遗址博物馆

整体扁平，器身中部较宽，两端渐窄，一端向内卷曲，另一端向上弯曲。该饰件与三星堆遗址出土的兽面中的夔龙相似，左端向内卷曲的应为夔龙的头部，右端向上弯曲的应为夔龙的尾部，饰件下方凸出的部分应为足。造型风格与三星堆祭祀坑中出土的夔龙形饰件相似，体现了两个遗址文化内涵的传承性。

人面形器（L8④:66）

时代	商晚期至西周
尺寸	长15、宽14.3、厚1.5厘米
来源	2007年成都金沙遗址出土
收藏	成都金沙遗址博物馆

整体扁平，略呈心形，纹饰似蝉背，用双勾墨线描绘出轮廓，内填朱色。三星堆遗址一号祭祀坑出土的琥珀坠饰和青铜尊及二号祭祀坑出土的青铜罍上都带有这种类似纹饰，金沙遗址出土的一件残玉璋和一件心形金箔上也表现出相同的图案，这种纹饰同样也常装饰于中原地区青铜礼器上。古蜀文化中的蝉纹，与中原青铜文明高度一致，蝉纹及蝉的信仰是古蜀文化受到外部特别是中原文化影响的一个重要例证。

螺形器（2001CQJC:541）

时代	商晚期至西周
尺寸	直径8、高1.6、厚0.3厘米
来源	2001年成都金沙遗址出土
收藏	成都金沙遗址博物馆

整体呈螺形，器壁较厚，中心外凸，形成乳突状尖顶，器内弧壁，螺形末端伸出一尾尖。该器物造型独特，不见于其他地区。

挂饰（2001CQJC:1376）

时代	商晚期至西周
尺寸	长4.4、宽3.2、厚0.3厘米
来源	2001年成都金沙遗址出土
收藏	成都金沙遗址博物馆

整体呈片状，八边形，顶上一环形钮，正面有三道脊棱。该器应是悬挂附着在其他器物上的饰件。

*龙形器残件（2001CQJC:506）

时代	商晚期至西周
尺寸	长 9.73、宽 6.43、厚 0.2 厘米
来源	2001 年成都金沙遗址出土
收藏	成都金沙遗址博物馆

整体扁平，形似龙首，颈后端残。龙圆眼，中空，边缘微凸，张口露齿，上颚有三齿，前两齿为弧形，后一齿末端开叉上翘。下颚平直，龙须从上吻部向后翻卷，龙头后部上有相对的犄角，下饰卷云纹。此器可能为镶嵌于某种器物上的饰件。

龙形器盖（IT7009-7110⑫:18）

时代	商晚期至西周
尺寸	长 4.5、宽 3、高 4.2 厘米
来源	成都金沙遗址出土
收藏	成都博物馆

器盖由上部的龙形钮和下部的长方形盖体两部分构成。盖体呈长方形，中空，顶部外平内圜。盖钮作立体龙形，大角，有须，张口露齿，上半身直立，前肢撑地，身体盘曲，后肢紧贴身体盘于盖面，尾部上卷。三星堆遗址一号祭祀坑出土的铜龙柱形器，其龙的造型与金沙遗址这件器盖的龙形钮相似，反映出金沙遗址与三星堆遗址的承继关系。

虎形饰（IT8201⑤:1）

时代	商晚期至西周
尺寸	长 20.9、宽 6.2、厚 0.2 厘米
来源	2001 年成都金沙遗址出土
收藏	成都金沙遗址博物馆

虎身扁平，张口露齿，竖耳，前后双腿均并拢半蹲，长尾上卷。全身满布凸起的勾云纹，中间有凹槽，原本镶嵌绿松石片，已脱落。背面中部有两个小环形钮，或作悬挂固定之用。此器与三星堆遗址出土的铜虎风格基本相同，安阳殷墟妇好墓也出土有类似镶嵌绿松石片的铜虎。

鸟（2001CQJIT8205⑦:48）

时代	商晚期至西周
尺寸	长 5、高 5.3 厘米
来源	2001 年成都金沙遗址出土
收藏	成都金沙遗址博物馆

昂首，尖喙略向下弯，圆眼凸出，双翅收束并上翘，尾羽折而下垂，身体下方长足作停立状。头和短颈上饰鳞纹，双翅的长羽上饰卷云纹。

鸟（2001CQJC:553）

时代	商晚期至西周
尺寸	通长 6.6、高 5.1 厘米
来源	2001 年成都金沙遗址出土
收藏	成都金沙遗址博物馆

昂首，圆眼凸出，双翅收束上翘，尾羽折而下垂。短颈上饰鳞纹，双翅的长羽上饰卷云纹。鸟喙部、尾部及爪残断，腹下有一残断的柱。金沙遗址出土了大量类似造型的铜鸟，细节处却各有特色。

牛首（2001CQJC:198）

时代	商晚期至西周
尺寸	正面宽 2.4、侧面宽 1.7、高 3.1 厘米
来源	2001 年成都金沙遗址出土
收藏	成都金沙遗址博物馆

双角上翘，双眼圆睁，三角形双耳向两侧伸出，耳朵中部下凹，吻部发达，未表现鼻孔及嘴。角上饰卷云纹，额部饰菱纹，其下饰点纹。颈为空心圆柱，可能作为饰件使用。

怪兽（IT8004⑦:37）

时代	商晚期至西周
尺寸	长 4.3、宽 2.9、高 5.3 厘米
来源	2001 年成都金沙遗址出土
收藏	成都金沙遗址博物馆

牛头鸟身，两圆角后伸，双耳耸立，额上饰菱纹，两眼圆睁，周身饰有纹饰，下腹饰卷曲纹。两侧均有一圆穿，底部为空心长方柱状，推测该器是一大型铜器上的附件。

戈（2001CQJC:169）

时代　商晚期至西周
尺寸　通长21.5、内长3.2、内宽3.4厘米
来源　2001年成都金沙遗址出土
收藏　成都金沙遗址博物馆

援部较长，呈三角形，援两面正中有浅脊，两侧有七对齿刃。阑呈长方形，阑部较宽，正中有一圆穿。长方形内。这类戈并非实用兵器，在三星堆祭祀坑中也有大量出土。

戈（2001CQJC:873）

时代　商晚期至西周
尺寸　通长17、内长4.55、内宽2厘米
来源　2001年成都金沙遗址出土
收藏　成都金沙遗址博物馆

该器为三角形无胡直内戈，援部较长，本部穿孔较小。援两侧四组齿饰，齿较宽而深。长方形内。

带柄有领璧形器（2001CQJC:588）

时代	商晚期至西周
尺寸	直径10.2、孔径4.3、领高2.9厘米
来源	2001年成都金沙遗址出土
收藏	成都金沙遗址博物馆

器身由圆环和柄部构成。圆环中有一孔，内缘凸起形成高领，外缘下部有一矩形短柄。环两面图案相同，外缘有两道弦纹，内缘有一道弦纹，环面刻有三只首尾相接的鸟纹。鸟长冠，圆眼，钩喙，鸟身和翅膀较短小，颈、腿和尾较长。鸟纹与金沙遗址出土的"太阳神鸟"纹饰相似。

*有领璧（L8⑤:24）

时代	商晚期至西周
尺寸	直径11.6、孔径6.2、领高2厘米
来源	2007年成都金沙遗址出土
收藏	成都金沙遗址博物馆

平面呈圆环形，孔径大于环面宽。内缘双面突出于环面形成领，领部竖直。三星堆祭祀坑也有此类有领璧出土，分大小两种，该器与三星堆祭祀坑中的有领璧形制十分接近。

方孔戚形器（2001CQJC:378）

时代	商晚期至西周
尺寸	长11.85、宽8.5、高0.92厘米
来源	2001年成都金沙遗址出土
收藏	成都金沙遗址博物馆

呈圆角梯形，上窄下宽，无刃口，中部有一方形銎，銎口缘凸起，内敛。这类器型在三星堆祭祀坑中也有大量发现，金沙遗址还出土了一些体形较小者，不见于我国其他地区。

兽面纹尊

时代 西周早期

尺寸 口径20、腹径12、底径13.5、高27厘米

来源 1959年彭县竹瓦街出土

收藏 四川博物院

敞口，呈喇叭状，直颈，腹部略鼓，腹下略外撇，矮圈足。腹部以雷纹为地，饰两组兽面纹，兽面两侧各有一立夔纹。

"覃父癸"觯

时代	西周早期
尺寸	长径 9.2、短径 7.5 通高 13.3 厘米
来源	1959 年彭县竹瓦街出土
收藏	四川博物院

器身扁圆，侈口，颈稍束，垂腹，高圈足。腹上部饰一周云雷纹，内底铸有"覃父癸"三字。陕西竹园沟 M13 出土一件"覃父癸"爵，铭文风格与此件相同，陕西武功滹沱村曾出土一件簋勺"覃"族器，陕西高家堡戈国墓出土一件甗，铭文"覃父丁"，年代为殷末周初，因此该器来自陕西的可能性很大。

"牧正父己"觯

时代	西周早期
尺寸	长径 11.6、短径 10 通高 15.3 厘米
来源	1959 年彭县竹瓦街出土
收藏	四川博物院

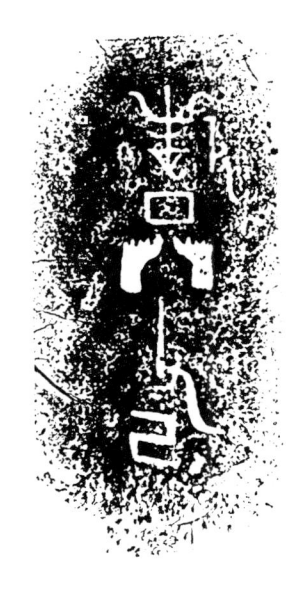

器身扁圆，侈口，颈微束，垂腹，高圈足。颈腹间饰变体夔纹带一周，正中饰略凸起的羊形兽头。圈足饰两条相向的变体夔纹，内底铸有铭文"牧正父己"四字。陕西韦家庄周墓出土的一件尊，其上铭文"牧正"风格与此基本相同，推测应是同地同族所铸，该器物当为外来。这两件带铭文的觯是典型中原青铜器，是早期蜀地与西周宗国地区交流的重要实物资料。

蟠龙盖兽面纹罍

时代	西周早期
尺寸	口径 17、腹径 24、通高 48 厘米
来源	1959 年彭县竹瓦街出土
收藏	四川博物院

盖似覆置深盘，顶上铸一盘旋而出的昂首蟠龙，龙身卷曲于盖面，扇形角有五齿，两前足踞于盖顶，龙背有扉棱。盖顶中央饰一蝉纹，周围饰以云雷纹。罍身直口，束颈，广肩连腹，向下斜收成平底，下置圈足。颈部饰凸弦纹二周，肩部有一对兽首环耳。器身以云雷纹为地，肩部饰卷体夔龙纹，上为两跪牛，二牛之首同合于矮钉柱下；腹部前后各饰兽面纹，下腹前侧正中有兽头形小耳；圈足上饰夔纹。同样风格的罍曾见于辽宁喀左北沟村和陕西岐山贺家村西周早期墓中，目前此类器物出土数量最多的是湖北随州叶家山西周早期曾国墓，推测该器当为外来。

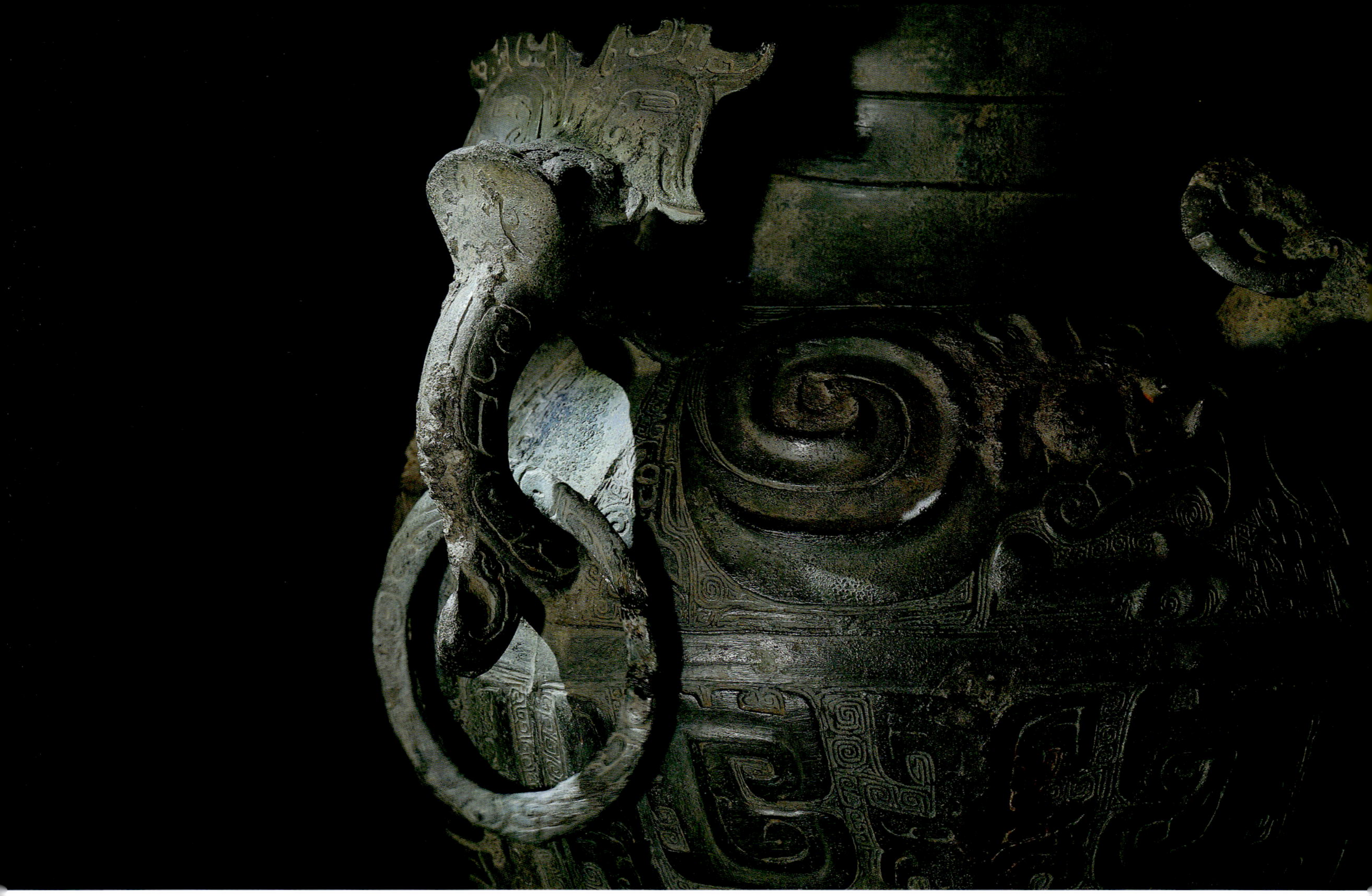
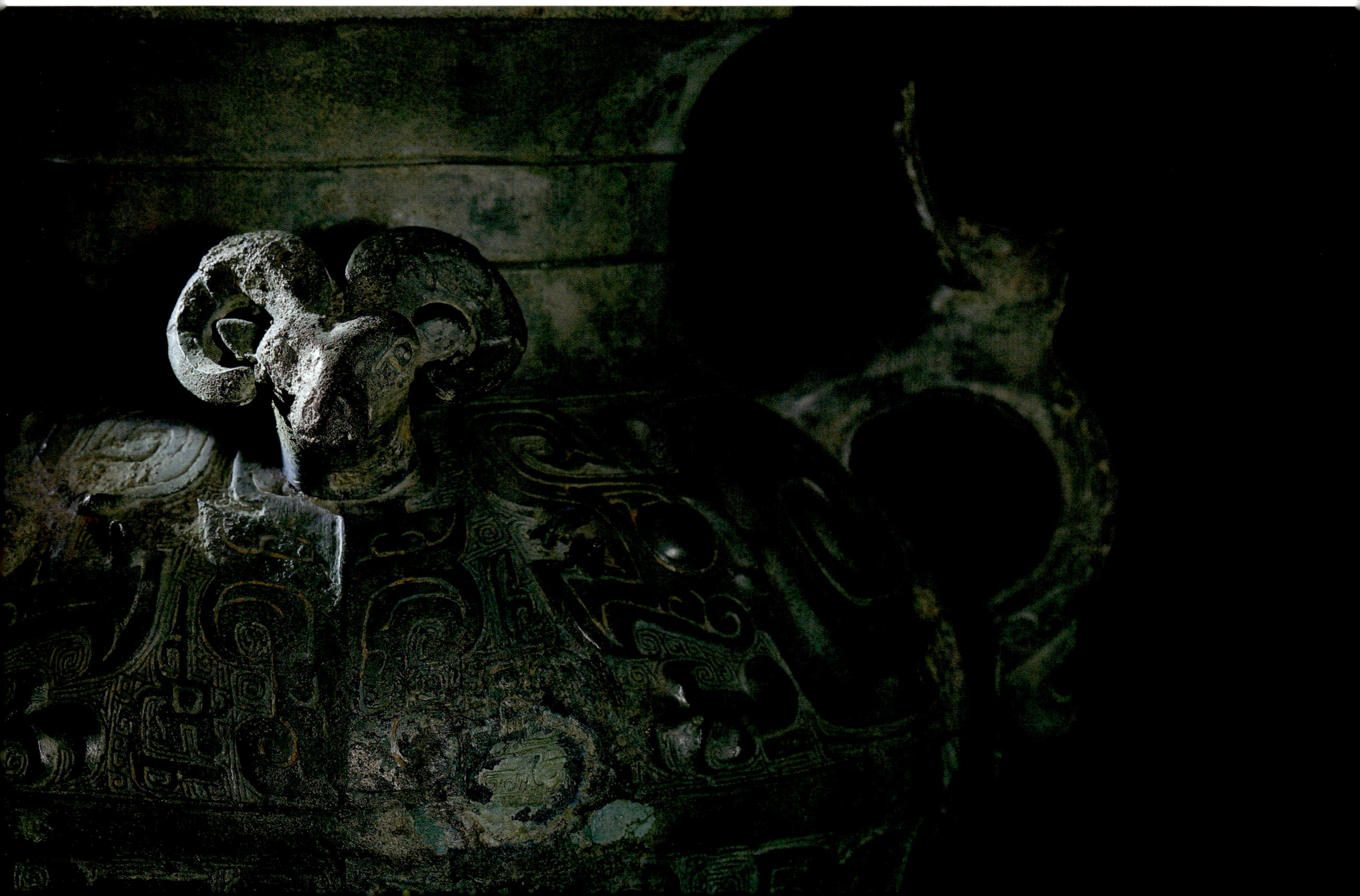

蟠龙盖羊首兽面纹罍

时代　西周早期
尺寸　口径 17.4、腹径 25、圈足径 19、通高 50 厘米
来源　1959 年彭县竹瓦街出土
收藏　四川博物院

盖似覆置深盘，顶上铸一盘旋而出的昂首蟠龙，大口，双柱形角，角出枝杈，龙身卷曲于盖面，两前足踞于盖顶，龙背有扉棱，身上饰双回纹和常见的巴蜀符号。盖顶中央饰一蝉纹，周围饰以云雷纹。罍身侈口，束颈，广肩连腹，向下斜收成平底，下置圈足。肩部有一对兽首环耳，各系一扁环，双耳间饰有立体羊头，两面柜同。腹下一侧有一兽头形小耳。器身以云雷纹为地，肩部两侧饰对称卷体夔龙纹，腹部饰对称兽面纹，圈足饰夔龙纹。

羊首六涡纹罍

时代	西周早期
尺寸	口径24、腹径36、圈足径26、通高68厘米
来源	1959年彭县竹瓦街出土
收藏	四川博物院

盖呈半球形，顶部有圈足形把手，四面有扉棱，扉棱间铸有四个凸起的涡纹。盖的子口插入器口，与器身完全吻合。器身直口，束颈，广肩，深腹，圈足。颈间及腹部至圈足有四道扉棱，肩部有对称的双耳，其上饰立体的盘角羊首，肩部环列六个凸起的涡纹，腹部素面，腹下部前侧正中有羊首形耳。

六涡纹罍

时代　西周早期

尺寸　口径15、腹径23、圈足径15、通高37.5厘米

来源　1959年彭县竹瓦街出土

收藏　四川博物院

盖呈覆豆形，圈足状把手，盖面有三周凸弦纹，其间饰六个环列的涡纹。器身直口，束颈，深腹，平底，圈足。颈部饰两周凸弦纹；肩上有对称的兽头形双耳，两耳间每面各有三个涡纹，共六个；肩腹部有一周凸带，其间横列有巴蜀符号；腹下部前侧正中有一兽头形小耳，余皆素面。

四涡纹罍

时代　西周早期

尺寸　口径15.2、腹径23、圈足径16、通高36厘米

来源　1959年彭县竹瓦街出土

收藏　四川博物院

盖呈覆豆形，圈足状把手，盖面饰四个环列的涡纹。器身直口，束颈，深腹，平底，圈足。颈部饰两周凸弦纹；肩上有对称的兽头形双耳，其间饰有一羊头，两面皆有，羊头与耳间饰有旋涡纹，共四个；肩腹部饰两周凸弦纹；腹下部前侧正中有一兽形小耳，余皆素面。

蜥蜴纹宽叶矛

时代	西周早期
尺寸	长 32、宽 7.5 厘米
来源	1959 年彭县竹瓦街出土
收藏	四川博物院

矛呈宽叶形，圆筒骹直上为凸脊直至矛端，脊两侧饰斜尖角的变形雷纹，两面相同。骹中部有对称的半环形双耳，两面各饰一条半立体状的蜥蜴。

钺

时代	西周早期
尺寸	长 34、刃径 19.5、銎径 13 厘米
来源	1959 年彭县竹瓦街出土
收藏	四川博物院

尖圆刃，后腰收成扁长銎，銎横断面呈菱形，銎平面中部有长三角形空隙，两侧各有两条凸弦纹。

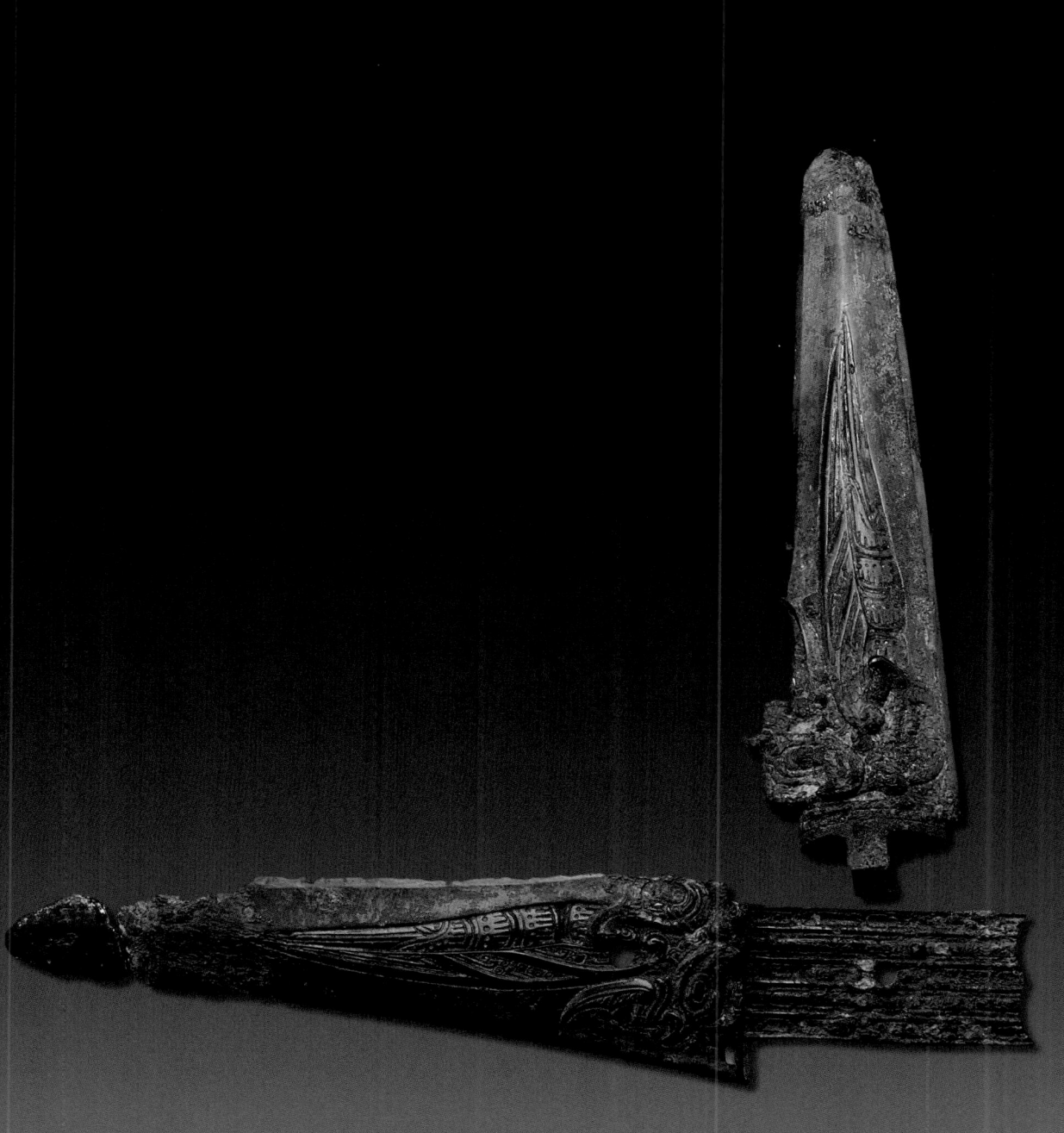

鸟纹戟

时代 西周早期
尺寸 刺长 23.9、戈长 27.5 厘米
来源 1959 年彭县竹瓦街出土
收藏 四川博物院

戟由刺与戈分体组成。刺为长尖三角形，其上饰鸟纹。戈为长援无胡，近阑处有两个长方形小穿，本部有一圆穿，援上饰一尖喙大眼鸟纹。长方形内饰横条纹，正中有一圆穿。

牛首耳罍

时代 西周早期

尺寸 口径 26.8、腹径 41、通高 79 厘米

来源 1980 年彭县竹瓦街出土

收藏 四川博物院

盖为覆豆形，柱形钮。钮顶部饰一蟠龙，钮身饰四个兽面，下嵌有绿松石。盖面饰相向两跪牛，其间以变形牛头间隔。罍身直口，方唇，深腹，圈足。颈、肩、圈足上各饰两周凸弦纹。肩部对称饰立体牛头形双耳，牛身跪于肩上，牛头交于耳上，牛身中间饰羊头。器身镶嵌绿松石，腹下部前侧正中有一牛头小耳。

*兽首耳卷体夔纹罍

时代	西周早期
尺寸	口径 21.8、腹径 32、通高 69.4 厘米
来源	1980 年彭县竹瓦街出土
收藏	四川博物院

盖呈盔形，装饰有四道鸟形扉棱，盖面饰兽面纹。器身直口，方唇，圆腹，圈足。自肩部至圈足有四条扉棱，肩腹部有两个兽首耳，肩部前侧正中铸立体象首。器身通体以云雷纹为地，纹饰分上、中、下三段：肩部中间为一蟠龙，两边为夔纹；腹部饰夔龙，张口，蜷身，独足，四趾；圈足饰牛纹一周。

牛首纹钺

时代	西周
尺寸	长 16.2、宽 12.6、銎宽 8.4 厘米
来源	1980 年彭县竹瓦街出土
收藏	四川博物院

舌形刃,矩形短銎,上部内收成肩。肩部饰带状圆点纹,背面肩部饰两道凸弦纹。正面饰有牛首纹。竹瓦街两次发掘,共出土 3 件铜钺,还有一件与此形制相同。

蚕纹长援戈

时代	西周
尺寸	长 26.5、宽 7.6 厘米
来源	1976 年成都交通巷出土
收藏	成都博物馆

长援,援中部起脊,近阑处有二穿,本部有一圆穿,两面均饰有卷身夔龙纹。长方形内,近阑处有一水滴形穿,穿外侧方形纹饰区四周以云雷纹为地,中间铸有蚕纹,身体弯曲,两面相同。

双兽形耳罍

时代 西周

尺寸 口径 38.7、底径 34.8、高 66.3 厘米

来源 1978 年成都南郊出土

收藏 成都博物馆

敞口，束颈，深腹，圈足。肩两侧对称有一对兽形双耳，肩部饰夔龙纹。腹上部饰两周弦纹，其下饰蕉叶纹。圈足饰夔龙纹，中间有长方形镂孔。该器为越式风格青铜器，这种风格的铜罍曾发现于广西荔浦栗木。

春秋战国时期

CHUNQIU & ZHANGUO PERIODS

约公元前 770 ~ 公元前 221 年

春秋战国时期，四川地区的文化主体是蜀文化和巴文化。蜀文化大体分布在成都平原及周边地区，巴文化分布在川东北及川东地区。川西高原及川南地区也发现了具有区域特征的青铜文化，进一步丰富了这一时期四川地区青铜文化的内涵。战国晚期秦灭巴蜀，四川地区的青铜文化逐渐融入中原文化。

春秋战国时期的青铜器分布不再局限于成都平原及邻近的周边地区，川东与川东北、川西高原、川南安宁河流域都有发现，出土地点几乎遍及全川。与商、西周时期不同的是，这一时期的青铜器几乎都出自墓葬。器类也由此前的与宗教、祭祀相关的人头像、面具、神树等变为以青铜容器、兵器和工具等为主，很多兵器和印章上，还有独具特色的巴蜀符号。这些铜器或为实用器，或为丧葬用器，并形成了器物组合。

四川出土的春秋战国时期的青铜器除具巴蜀文化特点外，还明显受到中原文化、楚文化、秦文化等的影响，川西高原、川南安宁河流域出土铜器还具有北方草原文化和滇文化的因素。这些丰富多彩的青铜器体现了四川地区文化在融入中原文化之前的多样性。

蟠螭纹兽耳盏

时代 春秋晚期

尺寸 口径 27.3、通高 18.9 厘米

来源 2016 年青白江双元村出土

收藏 成都文物考古研究院

盖呈覆钵状，盖中有一圆环状捉手，四周附四兽钮，两钮脱落，盖沿外壁有两对称支钉，作为衔亍，与口沿相箍合。侈口，束颈，颈附对称双兽耳，深腹，圜底近平，底附三兽足。捉手、钮、耳、足采用透浮雕工艺，系蟠螭纹盘绕而成。通体由盖顶至腹下有五周绚索纹，将主题纹饰分为七个区间，盖上、下两个区间及腹下各饰一周蕉叶纹，内填蟠螭纹，其余区间饰蟠虺纹。该器为楚式风格青铜器。

箍口鼎

时代 春秋晚期

尺寸 口径 22.9、通高 23 厘米

来源 2016 年青白江双元村出土

收藏 成都文物考古研究院

盖呈浅覆盘状，盖中略内凹，有一圆形钮，穿圆环提手，四周附三蟠曲龙纹立钮，盖外沿饰一周蟠螭纹。侈口，肩部附两对称方形立耳，口沿外壁凸起一周箍带，以便承盖；深腹，腹中有一周绚索纹，上、下各饰蟠螭纹；圜底近平，附三兽足，兽面为蟠龙纹。该器为楚式风格青铜器。

刻纹匜

时代	春秋晚期
尺寸	口长径 22.3、带流宽 21.2、腹深 8 厘米
来源	2017 年青白江双元村出土
收藏	成都文物考古研究院

平面近椭圆形，口近直，斜弧腹，平底，圆环形錾。出土时錾系细棕绳。流口錾刻三条鱼纹，内壁两侧由上至下环绕錾刻四层纹饰，以弦纹间隔，后内壁錾刻波线纹以示河流。底部刻画两条水蛇相互盘绕。该刻纹铜匜可能是吴越地区传播而来。

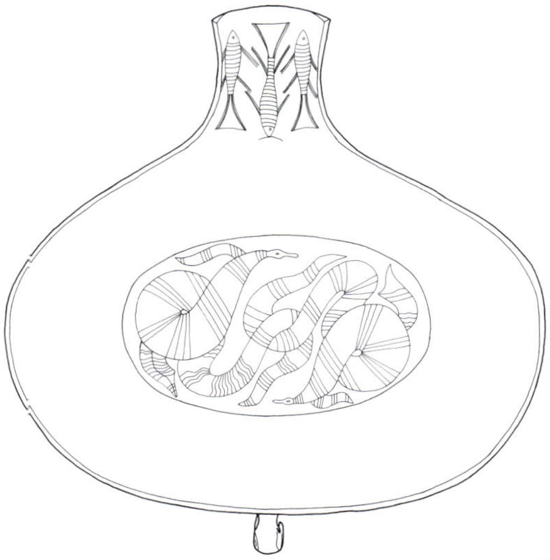

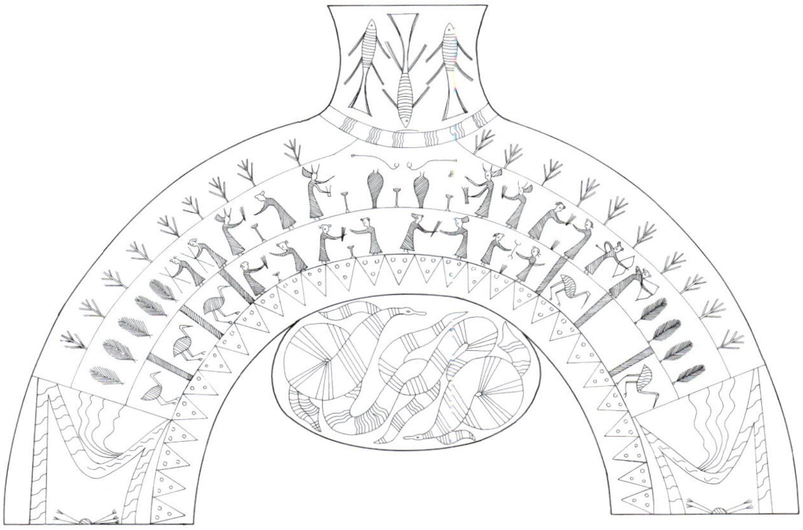

神面纹剑

时代	春秋
尺寸	通长 28.2、宽 3.19 厘米
来源	2017 年青白江双元村出土
收藏	成都文物考古研究院

平面呈柳叶形，扁茎，无格，茎部上、下各有一圆穿居于正中，中脊较矮，两刃平直，圆尖锋。剑脊靠近茎部两面饰神面纹，神面头带山字形高冠，冠上饰勾云纹，上额有五道弦纹，形成圆形冠带，头两侧饰弓形冠带；圆目，镂孔高鼻，鼻下有一道内勾云纹，形成大嘴，其上饰一排圆圈纹，形成牙齿，嘴两侧伸出一对长獠牙，外卷。

兽面纹矛

时代	战国早期
尺寸	骹口径 2.42、叶宽 2.64、通长 24.3 厘米
来源	2016 年青白江双元村出土
收藏	成都文物考古研究院

圆形骹口，长骹，骹长占通长二分之一多，双弓形耳，中脊隆起，窄叶。骹两面饰有浮雕兽面纹，兽面似牛首，勾曲纹组成双角，圆目，双鼻孔，鼻孔上饰两道曲波纹，形成重叠鼻梁，鼻孔下饰一道凸棱，形成大嘴，表情威严。

带鞘双剑

时代	战国早期
尺寸	剑鞘长 26、宽 13.4 厘米；长剑长 27.5、宽 13.4 厘米；短剑长 19.87、宽 2.3 厘米；小刀削长 14.4、首部宽 4.43 厘米
来源	2016 年青白江双元村出土
收藏	成都文物考古研究院

剑鞘平面呈 V 字形袋状，由盖和底扣合而成，盖、底中部各有一凹槽将其等分为两个剑室，以纳双剑。鞘底两侧各有一方形翼，环绕剑鞘外侧有十二个钉孔，应为固定剑鞘盖、底而设。鞘盖及侧翼饰卷云纹，鞘底内饰细波纹。鞘内插双剑和一把小刀削，双剑呈柳叶形，茎部两穿居于正中。长剑制作精良，中脊隆起，脊侧有血槽；短剑制作较粗糙，扁平无脊。小刀削柄首为透雕侧行回首虎纹，圆柄，直背，斜直刃，刃尖略上翘。双剑鞘是巴蜀地区典型兵器，流行于春秋中晚期至战国早期，该剑鞘特殊之处在于鞘内不仅有双剑，还有一把小刀削，这在同类器形中并不多见。

虎纹戈

时代　战国早期
尺寸　长 20.5、宽 12.9 厘米
来源　2016 年青白江双元村出土
收藏　成都文物考古研究院

直援，中起脊，中胡，有阑。近阑处有三长方形穿，胡末端向后凸出一牙棱，长方形内，内中有一圆形穿。援本两面饰有浮雕侧行虎纹，虎耳向两侧突出，圆目，张口吐舌，虎头、身、尾由卷云纹及凸起的旋涡纹组成，表情威猛。

鸟纹戈

时代　春秋
尺寸　长 21.34、宽 8.94 厘米
来源　2016 年青白江双元村出土
收藏　成都文物考古研究院

援略呈等腰三角形，无胡，有阑，本部近阑处中间有一圆穿，近阑处左右各有一长方形穿。长方形内，内中一水滴形穿。本部近阑处由浮雕的横向内卷勾云纹、纵向勾云雷纹及阑组成一个封闭的图案，图案内饰一抽象的长喙鸟纹。内上近阑处饰有方框纹，框内饰心形纹；内上端一面饰有鸟纹、几何形符号等巴蜀符号，一面饰有手纹、心纹、"王"字符号、勾云纹等巴蜀符号。

镂空饼首刀

时代　战国
尺寸　长 32.5、宽 2.48 厘米
来源　2016 年青白江双元村出土
收藏　成都文物考古研究院

镂空椭圆形饼首，长条形直柄，由背，弧刃，刃尖上翘。柄部两面各饰有成组的巴蜀符号，一面为虎纹、草叶纹、鸟纹等，一面为鸟纹、华蒂纹、手纹、心纹、虎纹、回首虎纹等。

嵌错宴乐采桑攻战纹壶

时代 战国早期

尺寸 口径 13.4、腹径 26.5、通高 40 厘米

来源 1965 年成都百花潭中学 10 号墓出土

收藏 四川博物院

盖面微拱，盖上环立三个鸭形钮，盖面饰卷云纹、圆圈纹和兽纹。敞口，长颈，溜肩，深腹，平底，圈足。肩部两侧有一对兽面衔环耳。壶身的纹饰被三条环形凸起自上而下分成四层画面：第一层内容为习射、庖厨、采桑、歌舞；第二层表现了宴饮、舞蹈、射雁、习射的场面；第三层场面宏大，刻画了攻城、陆战、水战的场景；第四层装饰猎人持矛追杀禽兽的图案，最下面是以双兽组成的十个桃形纹饰。圈足部分还饰有菱纹和四瓣纹。该壶具有东周时期流行于三晋两周地区的铜壶特征，与 1977 年陕西凤翔高王寺青铜器窖藏出土的两件铜壶器形和纹饰均基本相同，同样的纹饰内容亦见于山彪镇一号墓出土的铜鉴上。该壶可能是输入品，这类风格的镶嵌纹饰春秋晚期至战国早期主要流行于三晋两周地区。

111

鸟形耳蟠螭纹壶（M1:1）

时代 战国早期

尺寸 口径14.7、腹最大径20.3、圈足径14.5、通高34.5厘米

来源 2003年成都文庙西街出土

收藏 成都博物馆

敞口，卷沿，厚方唇，长颈，溜肩，鼓腹较深，略微下垂，圈足。颈部饰有蟠螭纹，颈两侧有一对鸟形耳，形似鹦鹉，嘴里衔一圆环。腹部有凸起的三条横带和四条纵带，带上饰花瓣纹、菱形纹，并攀附有八只浮雕的虎形饰。横带和纵带交叉将腹面规则地分为八个区块，每块内铸有多个单体蟠螭纹，蟠螭纹的眼部嵌有圆形绿松石。该壶颇似北方地区流行的仿皮囊壶，与唐山贾各庄M5出土的一件春秋晚期的壶接近，该器蟠螭纹为春秋中晚期至战国早期流行的风格。

蹼足簠（M1:2）

时代	战国早期
尺寸	口长 29.4、宽 22.5、腹最大径 20.3、通高 10.1 厘米
来源	2003 年成都文庙西街出土
收藏	成都博物馆

簠分作上下对称的器身和器盖两部分。长方口，直沿，斜腹，平底。腹部两端各竖有一环形耳，均残。盖、身平底的四角附四只对称的蹼形足。与器身相比，盖钮的内沿稍长，盖口有六个小牙（长边各二，短边各一），使盖与器身扣合紧密。器表饰有繁褥的勾连云纹。该器为春秋战国之际的楚式风格青铜器，可能为输入品。该器与春秋晚期浙川下寺M10出土的簠器型、纹饰均相近，与曾侯乙墓出土的簠形态上也相近，因此该器为春秋战国之际的楚式风格青铜器，可能为输入品。

带鞘双剑

时代	战国早期
尺寸	剑长 30.1、鞘长 28.5 厘米
来源	1973 年成都中医学院出土
收藏	四川博物院

双鞘剑包括双剑和剑鞘。剑为柳叶形剑，扁茎无栏，剑身近基处饰蝉纹，柄有二圆穿。剑鞘呈袋状，中间以凹槽分为左右剑室，侧有双耳，均饰卷云纹。

狩猎纹壶

时代 战国早期

尺寸 腹径 26、通高 41.4 厘米

来源 成都青羊小区工地出土

收藏 成都博物馆

壶盖顶部分布有三个编索纹环钮，盖面饰狩猎纹。壶口微侈，颈部瘦长，椭圆形腹，矮圈足。肩部两侧有对称的铺首衔环一对。从壶颈口部至圈足，由七层不同的图案和纹饰组成。主题图案有羽人仙鹤图、狩猎图、三足鸟向日图等，三组图案之间分别有几何菱形纹、蟠螭纹、云雷纹等纹饰间隔。该壶具有三晋两周地区铜壶特征，与辉县琉璃阁等地出土的狩猎纹铜壶相近。

凤鸟纹方壶

时代　战国
尺寸　口径10、底径10.7、通高37.2厘米
来源　1952年成都羊子山88号墓出土
收藏　四川博物院

盖呈覆斗形，四角各饰一鸟形钮，张口衔珠。器身方形，腹部饰一对兽形衔环耳。每面纹饰相同，均饰凤鸟纹和三角形纹，以蟠螭纹为地，圈足饰蟠螭纹。

人形纹长援戈

时代	战国
尺寸	长 24.3、阑宽 8 厘米
来源	1987 年成都抚琴小区出土
收藏	成都博物馆

三角形援，无胡，中起脊。本部有一大圆穿，穿外饰圆圈纹，近阑处饰人形纹，两侧有条形穿。长方形内，近阑处有三角形穿，内援处饰房屋人物图案。该戈造型及纹饰具有云南石寨山文化风格，反映了两地间的文化交流。

巴蜀符号戈

时代	战国中晚期
尺寸	通长 20.7 厘米
来源	1959 年成都外西石人坝出土
收藏	四川博物院

长援，中间起脊，近阑处有三个长方形穿，援近阑处横列一排巴蜀符号。中胡。长方形内，内上有一圆穿，穿和阑间铸有四条凸棱纹。

柳叶形剑

时代	战国晚期
尺寸	通长 33.9、宽 3.4 厘米
来源	1991 年成都光荣小区出土
收藏	成都博物馆

剑身作柳叶形，中部起脊，扁茎无格，剑身与茎无明显分界，茎上有两穿。剑身饰虎斑纹，近茎部饰有蛇纹、心纹、龙纹等巴蜀符号。

巴蜀符号印

时代	战国晚期
尺寸	直径 1.6、高 1.6 厘米
来源	1964 年成都百花潭出土
收藏	四川博物院

圆形。兽钮，上有四穿孔。白文，阴刻巴蜀符号。

巴蜀符号印

时代	战国晚期
尺寸	印面直径 3.28、通高 1.02、厚 0.37 厘米
来源	成都周边地区出土
收藏	四川大学博物馆

铸造。圆形，鼻钮，白文。印面有一圈白文边栏，印文由两个形似云朵的巴蜀符号构成。

巴蜀符号印

时代	战国晚期
尺寸	印面直径 2.87、通高 1.04、厚 0.27 厘米
来源	成都周边地区出土
收藏	四川大学博物馆

铸造。圆形，球形钮，白文。印面有一圈边栏，内有龙形、"王"字和倒三角等符号，龙形两旁各有一圆点符号构成。

巴蜀符号印

时代	战国晚期
尺寸	印面直径 2.57、通高 0.82、厚 0.31 厘米
来源	成都周边地区出土
收藏	四川大学博物馆

铸造。圆形，球形钮。印面有一圈白文边栏，内刻两个似鸟形和云形的巴蜀符号。

巴蜀符号印

时代	战国晚期
尺寸	印面边长 2.14、通高 0.87、厚 0.1 厘米
来源	成都周边地区出土
收藏	四川大学博物馆

铸造。方形，鼻钮，白文。印面有方框边栏，从左至右依次为 8 字形纹、人形纹和蛇形纹符号。

巴蜀符号直柄勺

时代　战国

尺寸　勺面直径 8.5、柄长 7.5 厘米

来源　1983 年成都三洞桥出土

收藏　成都博物馆

直柄，柄端有圆形銎。勺作椭圆形，勺面刻有形似鱼、鸟、龟、虫的符号，是一件典型的蜀文化遗物。

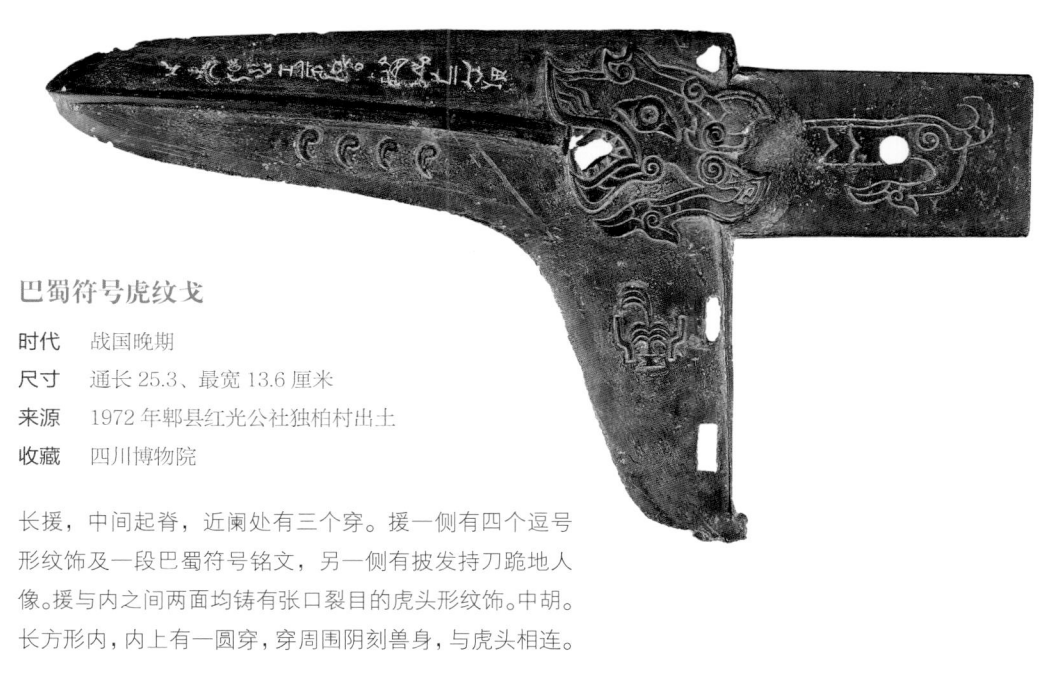

巴蜀符号虎纹戈

时代　战国晚期

尺寸　通长 25.3、最宽 13.6 厘米

来源　1972 年郫县红光公社独柏村出土

收藏　四川博物院

长援，中间起脊，近阑处有三个穿。援一侧有四个逗号形纹饰及一段巴蜀符号铭文，另一侧有披发持刀跪地人像。援与内之间两面均铸有张口裂目的虎头形纹饰。中胡。长方形内，内上有一圆穿，穿周围阴刻兽身，与虎头相连。

虎纹剑

时代　战国晚期

尺寸　通长 47.5、宽 5、厚 1.1 厘米

来源　1972 年郫县红光公社独柏村出土

收藏　四川博物院

柳叶形剑身，两面均铸有虎纹和巴蜀符号。扁茎，无格，茎两端有两个圆穿。

"邵之飤鼎"铭文鼎

时代 战国中期

尺寸 口径22、腹径25、通高26厘米

来源 1980年新都马家乡出土

收藏 四川博物院

带盖,盖顶中有一龙形钮,上套一环。盖上有两圈三角雷纹,将鼎盖分为内、中、外三层。内层为三角雷纹、索纹和以圆点为底的弧线勾连纹,中、外两层均以圆点为底,饰以凤纹,外层铸有三牛形钮。盖内有春秋战国楚地流行的字体镌刻的"邵之飤鼎"四字铭文。鼎身附耳,内外均饰有三角雷纹。子母口,椭圆形深腹,腹下部接三象鼻形蹄足,平底。腹部饰二周凤纹,中间以一周凸弦纹间隔。与该鼎同出的还有四件与之相似的铜鼎,应是仿制该鼎而作,较此鼎大,但工艺较差。该鼎与擂鼓墩二号墓出土的同类型鼎相近,为楚式风格的铜鼎。

云雷纹甗

时代 战国中期
尺寸 口径 36、通高 53.5 厘米
来源 1980 年新都马家乡出土
收藏 四川博物院

鬲、甑分铸而成。鬲敞口，折沿，三足，素面。甑沿上有两方形竖耳，耳内侧饰雷纹，圆形箅，条形孔。甑身饰云雷纹和索纹。该器与荆门仓山 M2 出土的甗十分接近，为典型的楚式风格铜器。

*蟠螭纹浴缶

时代	战国中期
尺寸	口径20、腹径35、底径22.5、通高28.3厘米
来源	1980年新都马家乡出土
收藏	四川博物院

带盖,盖似覆置深盘,上有圈足状钮,盖面有四个对称的圆泡状凸起,盖面及圆泡上均饰有变体蟠螭纹。器身直口、短颈,广肩,深腹,矮圈足,肩部有图形符号,肩腹部对称铸有两兽形环耳,各系一三节链环。腹上部有和盖面一样的圆泡状凸起,并饰变体蟠螭纹圈带。该器与擂鼓墩二号墓出土的浴缶形制十分接近,为典型的楚式风格铜器。

虎斑纹木柄剑

时代	战国中期
尺寸	长 37.5 ~ 47.5 厘米
来源	1980 年新都马家乡出土
收藏	四川博物院

五件一组，长短有序。扁茎，无格，剑身铸虎斑纹。剑茎用两片柄形木板夹紧，插入铜套内，套外用细绳缠绕，髹以黑漆。鞘仅存残片，用薄皮缝合，外髹黑漆。

无胡戈

时代　战国中期
尺寸　内长 9、内宽 6、阑宽 13.1、通长 29.5 厘米
来源　1980 年新都马家乡出土
收藏　四川博物院

五件一组，形制相同。援部较短而宽，中部起脊，近阑处有一个圆穿、两个长方形穿，援部通体铸有兽面纹，一侧阴刻图形符号。方内，内末端两侧向外凸出，呈双弧形，椭圆形穿，近阑处一侧有四条平行线，另一侧有方形纹饰。该墓出土铜戈三十件，均盛放在铜鉴、铜缶中。

无胡戈

时代　战国中期

尺寸　内长 8.5、内宽 5、阑宽 5、通长 31.5 厘米

来源　1980 年新都马家乡出土

收藏　四川博物院

五件一组，形制相同。援部较长而窄，中部起脊，近阑处有一个圆穿、两个长方形穿，援部通体铸有兽面纹，一侧阴刻图形符号。方内，内末端两侧向外凸出，呈双弧形，近阑处有水滴形穿，旁有方形纹饰。

无胡戈

时代	战国中期
尺寸	内长10、阑宽15.5、通长30厘米
来源	1980年新都马家乡出土
收藏	四川博物院

五件一组，形制相同。援部较短而宽，中部有脊，近阑处有一个较大的圆穿、两个长方形小穿，援部饰有规律的圆圈纹，一侧阴刻图形符号。方内，中部有一椭圆形穿。

无胡戈

时代	战国中期
尺寸	内长10、阑宽15.5、通长30厘米
来源	1980年新都马家乡出土
收藏	四川博物院

五件一组，形制相同。援部较短而宽，中部有脊，近阑处有一个较大的圆穿、两个长方形小穿，援部饰有规律的圆圈纹，一侧阴刻图形符号。方内，中部有一椭圆形穿。

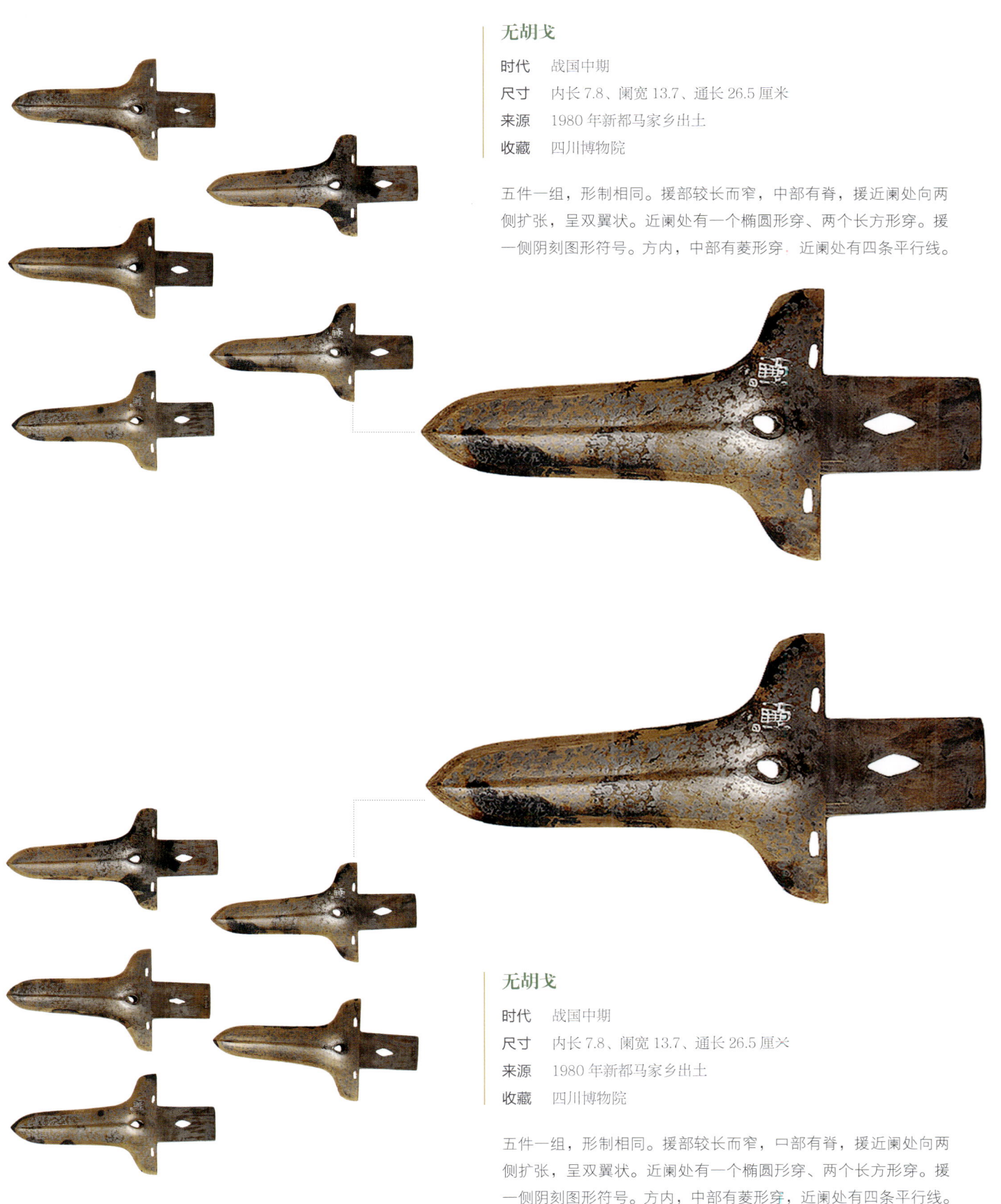

无胡戈

时代	战国中期
尺寸	内长 7.8、阑宽 13.7、通长 26.5 厘米
来源	1980 年新都马家乡出土
收藏	四川博物院

五件一组，形制相同。援部较长而窄，中部有脊，援近阑处向两侧扩张，呈双翼状。近阑处有一个椭圆形穿、两个长方形穿。援一侧阴刻图形符号。方内，中部有菱形穿，近阑处有四条平行线。

无胡戈

时代	战国中期
尺寸	内长 7.8、阑宽 13.7、通长 26.5 厘米
来源	1980 年新都马家乡出土
收藏	四川博物院

五件一组，形制相同。援部较长而窄，口部有脊，援近阑处向两侧扩张，呈双翼状。近阑处有一个椭圆形穿、两个长方形穿。援一侧阴刻图形符号。方内，中部有菱形穿，近阑处有四条平行线。

牛鼠纹矛

时代 战国中期

尺寸 通长 20.8~22.2、骹长 10、宽 3.1 厘米

来源 1980 年新都马家乡出土

收藏 四川博物院

五件一组，形制相同。柳叶形长刃，圆骹，延伸至戈身凸脊，直至矛尖。骹两侧各有一耳，耳间两面有相同的纹饰，其中四件饰牛、鼠纹，另一件为兽面纹，近骹处饰有一周雷纹。

几何纹斧

时代　战国中期
尺寸　銎横径 3.7、銎纵径 3、通长 19 厘米
来源　1980 年新都马家乡出土
收藏　四川博物院

五件一组，形制相同。长方形銎，顶部有一圈凸棱，近銎口处有双勾直角形几何图案。狭长型器身，器身中部偏上位置有巴蜀符号，弧形刃。

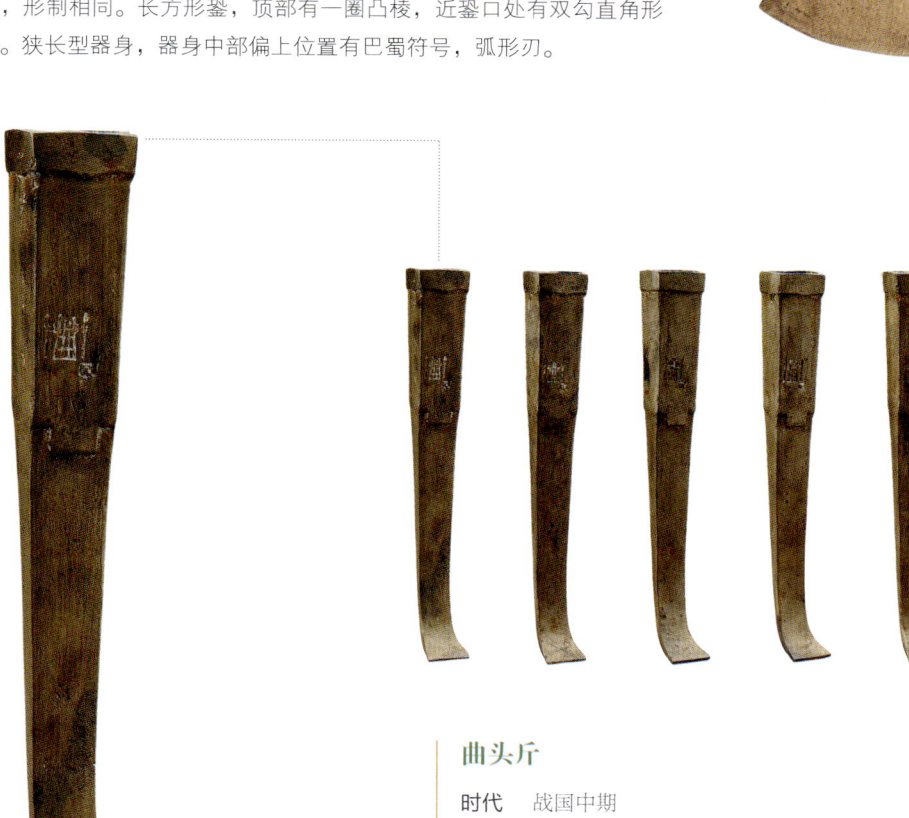

曲头斤

时代　战国中期
尺寸　銎横径 2.5、銎纵径 4、通长 23 厘米
来源　1980 年新都马家乡出土
收藏　四川博物院

五件一组，形制相同。长方形銎，銎上阴刻巴蜀符号。刃端弯曲。

弧刃削

时代　战国中期
尺寸　长 23.7、刃最宽 6.5 厘米
来源　1980 年新都马家乡出土
收藏　四川博物院

五件一组，形制相同。弧刃较宽，铸有巴蜀符号，无其他纹饰。

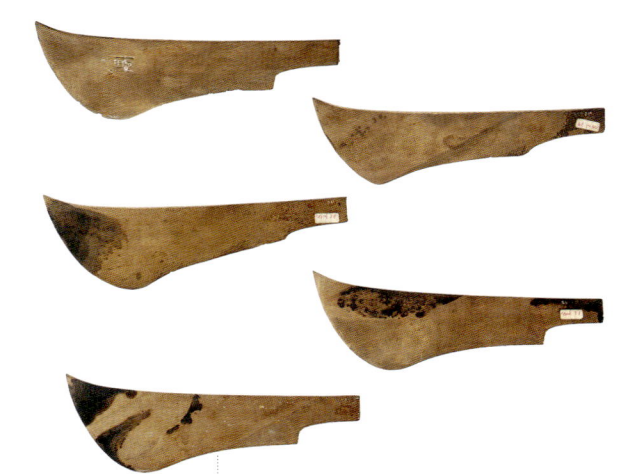

木柄雕刀

时代　战国中期
尺寸　通长 28 ~ 29、宽 2.4 厘米
来源　1980 年新都马家乡出土
收藏　四川博物院

五件一组，形制相同。刀身微拱，断面呈弧形；刀锋尖锐，略呈三角形。正面有脊，边缘有棱。雕刀装在木柄上，用绳索绑缠四道，髹以黑漆，柄尾微向上翘。

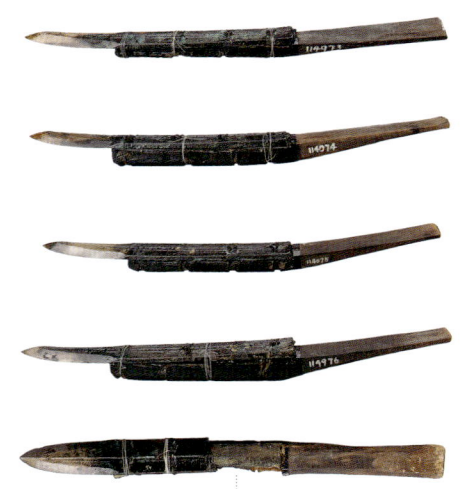

环首刀

时代	战国中期
尺寸	通长 41、最宽 3.7 厘米
来源	1980 年新都马家乡出土
收藏	四川博物院

五件一组，形制相同。环首，直柄，直背。柄上铸有巴蜀符号。

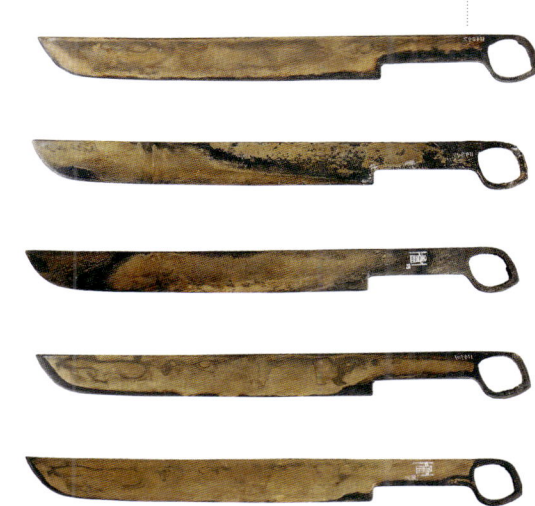

木柄铜锯

时代	战国中期
尺寸	通长 44、宽 6、锯长 24.8~25.2、锯宽 4 厘米
来源	1980 年新都马家乡出土
收藏	四川博物院

五件一组，形制相同。锯片较薄，中部有等距的三个长方形孔。锯身用小楠木板制作，一端作成把手，中部凿与锯片等长的浅槽镶嵌锯片，再用一木条掩压，条上与板的另一侧亦凿有与锯片相对的三个长方形孔，以细竹篾条穿孔绑固，再髹黑漆而成。

曲柄匕

时代 战国中期

尺寸 长24.4、宽4.4厘米

来源 1980年新都马家乡出土

收藏 四川博物院

五件一组，形制相同。匕首部呈桃形，内饰凤纹，空处填以方格纹。柄扁平微曲，饰菱纹。末端方形，饰凤纹，空处亦填以方格纹。

巴蜀符号印

时代	战国中期
尺寸	直径 2.7、高 1.2 厘米
来源	1980 年新都马家乡出土
收藏	四川博物院

铸造。近圆形，桥形钮，钮两侧圆形空缺。朱文。印文两半各有一"⌒"形符号。

巴蜀符号印

时代	战国中期
尺寸	边长 3.4、高 1.1 厘米
来源	1980 年新都马家乡出土
收藏	四川博物院

铸造。方形，印背微拱，中部有一鼻钮，四角各饰一组兽面纹。白文。印文为一组巴蜀符号，上面两侧各有一口向上的铎，中间偏上的符号与该墓出土兵器、工具上的单个符号相同，下部两侧各立一人，两人伸手相握，手臂下置一双耳铜罍。此印是目前发现的最高等级的巴蜀铜印。

单耳带盖鍪

时代 战国中期

尺寸 口径11.5、腹径17、通高19厘米

来源 1982年新都河屯金马村征集

收藏 新都杨升庵博物馆

圆形盖呈浅覆盘形，顶部中央有一凸起的圆形小钮，近盖沿处一侧铸有一个小兽首衔环，连着一段三节首尾相接而成的索链，与颈部一辫索纹竖环耳相连。盖面饰一周浅浮雕纹饰带，为四组两两相对的虎纹，盖沿素面。器身侈口，折沿，束颈，鼓腹，圜底，通体素面。

鳖形带钩

时代	战国
尺寸	通长5、腹宽3、腹厚0.5厘米
来源	新都图书馆移交
收藏	新都杨升庵博物馆

带钩整体呈展开的鳖形，鳖背略微隆起，鳖头、尾和四肢伸出，鳖头伸出较长，回望成钩。鳖腹内凹，正中铸一圆形钩钮。通体饰多道弧形凸棱纹，用以表现脊骨和足爪。

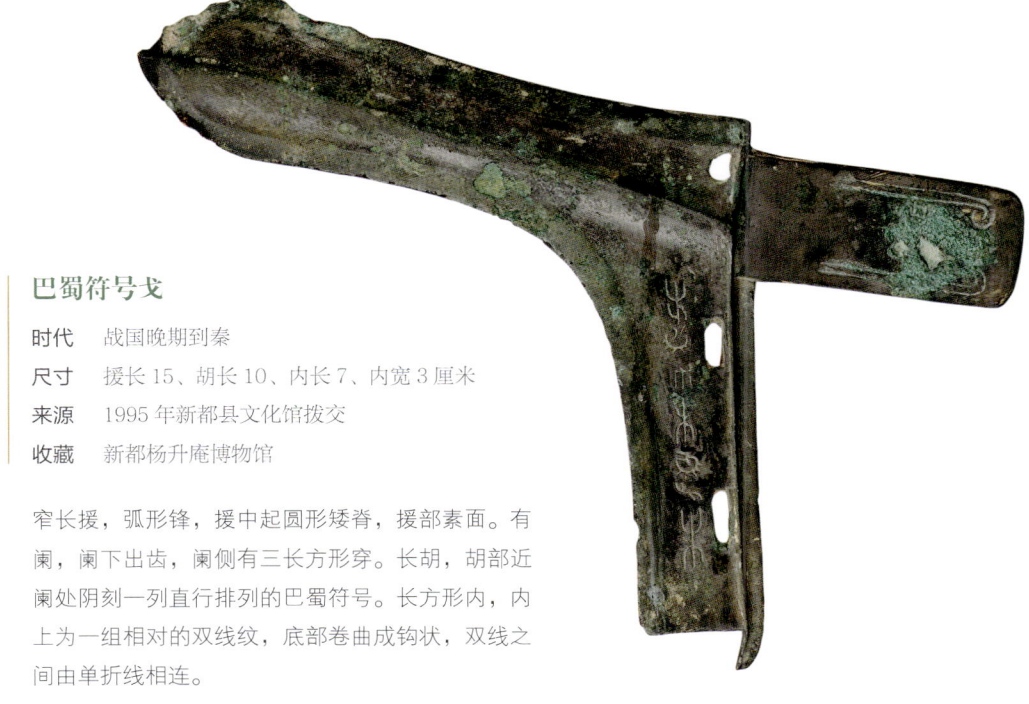 

背面文字

巴蜀符号戈

时代	战国晚期到秦
尺寸	援长15、胡长10、内长7、内宽3厘米
来源	1995年新都县文化馆拨交
收藏	新都杨升庵博物馆

窄长援，弧形锋，援中起圆形矮脊，援部素面。有阑，阑下出齿，阑侧有三长方形穿。长胡，胡部近阑处阴刻一列直行排列的巴蜀符号。长方形内，内上为一组相对的双线纹，底部卷曲成钩状，双线之间由单折线相连。

蛇纹宽叶矛

时代	战国中晚期
尺寸	长 33 厘米
来源	1993 年彭县致和乡出土
收藏	彭州市博物馆

铜矛整体呈短骹宽叶形，有弓形双耳。骹的两面饰浅浮雕四脚蛇，蛇头朝向矛锋。

蝉纹菱形矛

时代	战国中晚期
尺寸	长 28.4、宽 8.4、厚 2.8 厘米
来源	1993 年彭县致和乡出土
收藏	彭州市博物馆

短骹宽叶形，有弓形双耳。骹部两面饰相同的变形蝉纹，下饰浅浮雕手纹。圆銎，饰一周云雷纹。

虎纹矛

时代	战国
尺寸	长 30.7、宽 6.3、銎径 3.2 厘米
来源	1991 年彭县致和乡红瓦村出土
收藏	彭州市博物馆

短骹宽叶形，有弓形双耳。骹部两面分别铸有虎纹、心纹和手心纹。圆銎，饰一周云雷纹。

纵目纹矛

时代　战国中晚期
尺寸　长26、宽3.2厘米
来源　1991年彭县致和乡红瓦村出土
收藏　彭州市博物馆

铜矛整体呈长骹柳叶形，叶与骹长度相近，骹下部有弓形双耳。骹部双耳间饰浅浮雕"臣"字形眼纹。

虎纹戈

时代　战国中晚期
尺寸　长22.5、宽9.3、厚0.97厘米
来源　1991年彭县致和乡红瓦村出土
收藏　彭州市博物馆

长援，尖圆锋，中间起脊，近阑处两侧各有一个长方形穿，无胡，长方形内，内上有一圆穿。援身饰有双线勾勒的缠枝纹，援与内部铸有相连的虎纹，以阑为界，虎头在援部，张口獠牙，口中有一圆穿，虎身在内部，绕穿孔分布。

竹节纹矛（M10:9）

时代	战国中期
尺寸	通长21、叶宽2.6厘米
来源	什邡城关墓地10号墓出土
收藏	什邡市博物馆

柳叶形。圆骹，两侧有一对弓形耳，脊部铸造成竹节形，共十八节，骹下部铸有一虎，骹上部右侧还有刻画符号。

*龙形佩饰（M55:2）

时代	战国中期
尺寸	长8.4、宽4.4、厚0.2厘米
来源	什邡城关墓地55号墓出土
收藏	什邡市博物馆

龙作回首奔跑状，长卷角，张口，尖爪，卷尾，背部有一圆穿。一面依器形阴刻龙体轮廓及肌腱部位，另一面素面。

巴蜀符号印（M33:4）

时代	战国中期
尺寸	边长3.6、残高0.65厘米
来源	什邡城关墓地33号墓出土
收藏	什邡市博物馆

巴蜀符号印（M10:6）

时代	战国中期
尺寸	直径3.2、通高1厘米
来源	什邡城关墓地10号墓出土
收藏	什邡市博物馆

铸造。圆形桥形钮，印台上大下小，白文。印面以卷云、蝉、罍等巴蜀符号构成。

该印章为方形，凸弦钮，钮残。印面右下角有一圆形小穿孔。朱文。印文分上、下两部分：上部依对角线分左上和右下两部分，分别为云雷纹和曲尺纹；下部为罍和铎图案。印章背面以钮为中心铸出四条凸起的对角线，将背面分为四区，每区有一符号，按顺时针方向分别释读为"十""大""老""王"。正面印文符号与背面四字一一对应，具体是：罍文对应"大"，铎文对应"老"，上部方框对应"王"，方框内的山水示意图对应"十"。该印章是巴蜀印中等级较高的铜印，对于研究巴蜀符号及历史具有十分重要的意义。

蝉形错银带钩（M50:22）

时代	战国晚期
尺寸	通长 14.5、宽 4.5 厘米
来源	什邡城关墓地 50 号墓出土
收藏	什邡市博物馆

鹅首形钩首，颈细长，钩身呈展翼蝉形，蝉尾露出，蝉身前部及双翼均用银丝镶嵌出勾连卷云纹。

宽肩铭文钺（M17:3）

时代	战国晚期
尺寸	肩宽 6.9、刃宽 8.7、通长 20 厘米
来源	什邡城关墓地 17 号墓出土
收藏	什邡市博物馆

钺为椭圆形，平肩，折腰，双肩之间一面阴刻巴蜀符号，另一面为素面。

璜形器（M54）

时代	战国晚期
尺寸	长 9.3～11.3、宽 1.8～2.5、厚 0.1 厘米
来源	什邡城关墓地 54 号墓出土
收藏	什邡市博物馆

分为两类：一类体形略大，拱部隆起较缓，圆穿，两面饰变形 S 纹。另一类体形略小，整体呈磬状，窄拱隆起较甚，有圆穿或椭圆穿，两面均饰单线磬形纹框，框内饰勾连菱形纹带一排。

龙纹兽钮四耳豆（M1:2）

时代　战国早期

尺寸　口径19、通高29厘米

来源　1976年绵竹清道乡出土

收藏　绵竹市博物馆

带盖，盖中部隆起，顶部环立三个蹲坐的兽形钮，近口处有一对对称圆环形耳。豆身子母口，盘深腹，圜底，近口处也有一对圆环形耳。豆柄较高，上部略粗，下接圈足。器盖和腹部均铸有下凹的龙纹，龙纹之间有菱形、草叶等图案，从上至下共有三圈，中间以云雷纹隔开。纹饰凹陷的地方残留有绿色锈末，推测是镶嵌物脱落后留下的。该豆形态与曾侯乙墓出土的盖豆最为接近，只是盖和圈足有点差异，该器为楚式风格铜器。

提梁壶（M1:3）

时代　战国中期

尺寸　口径 11.5、圈足径 13.4、通高 37 厘米

来源　1976 年绵竹清道乡出土

收藏　绵竹市博物馆

带盖，盖呈斗笠形，子母口，盖上以不同的细密花纹组成四圈环带纹饰，其间以陶纹和弦纹相隔。壶身直口，方唇，束长颈，溜肩，球形腹，矮圈足。颈部上端有一对环形耳，两耳各系有五个 8 字形链节，中间以双头龙提梁相连，链系上饰凸起的联珠纹，提梁上饰鳞纹。颈部、腹部各有三圈蟠虺纹带和一圈窃曲纹组成的三角形垂叶纹饰带。该器器形与江陵马山 M2 出土的提梁壶接近，为典型的楚式铜器。

双衔环龙纹钫（M1:4）

时代　战国

尺寸　口边长 11、通高 49 厘米

来源　1976 年绵竹清道乡出土

收藏　绵竹市博物馆

盖呈覆斗形，四面各竖置一个环形耳，耳尖有尖齿，内有一曲尺形扣钉。器盖四角和中部，有五对凹陷的龙纹。器身正方形，敞口，方唇，长颈，深腹隆起，平底，方形矮圈足。肩上竖置一对环形耳，各有一个铜环从中穿过。器身由成对的凹陷龙纹组成七层纹饰，其间以云雷纹、兽面纹等纹饰隔开。纹饰凹陷的地方残留有绿色锈末，推测是镶嵌物脱落后留下的。

东周时期的钫比较少见，钫始于战国早中期，主要流行于秦汉时期。目前发现最早的钫是辉县琉璃阁一号墓出土的，时代在战国早期。绵竹这件与之形制接近，唯腹部较瘦、纹饰不同。从纹饰看，这种风格的嵌错纹从春秋中期出现，主要在春秋晚期至战国早期比较流行，中原与楚地均有。绵竹这件铜钫整体风格更加接近楚式风格，可能为楚式铜器。

错金剑鞘（M1:129）

时代	战国
尺寸	长 21.5、宽 6 厘米
来源	1976 年绵竹清道乡出土
收藏	绵竹市博物馆

仅存半片，呈舌状，上饰四组错金兽面纹，周围有 9 组成对的小圆穿孔，应是铆合剑鞘的铆孔。

梳形器

时代	战国
尺寸	长 18.5、宽 6.6、厚 1.2 厘米
来源	2011 年德阳孝泉镇民安村出土
收藏	德阳市旌阳区文物保护管理所

形似梳子，中空，顶端饰单阴线卷云纹，梳首阴刻三只神鸟纹，神鸟之间饰有回纹，脊背处有十根梳齿。梳柄呈八面体，中部素面，两头阴刻菱形用回纹分割。两端纹饰对称。在目前出土的战国青铜器中，该器型十分罕见，具有较高的研究价值。

巴蜀符号柳叶形剑

时代	战国晚期
尺寸	通长 38.5、宽 4.7 厘米
来源	旧藏
收藏	绵阳市博物馆

剑身呈柳叶形，近茎处铸有波浪、鱼、鸟形、花蒂等巴蜀符号。

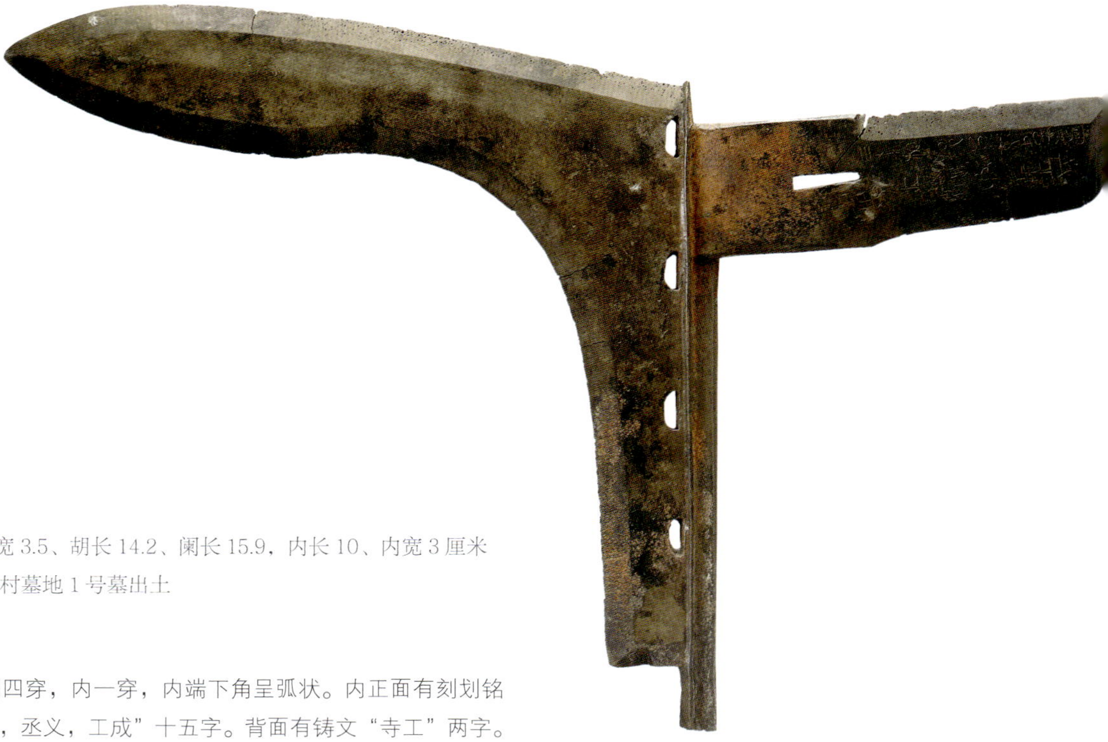

"三年吕不韦"铭文戈

时代 战国晚期
尺寸 全长26.1、援长15.9、援宽3.5、胡长14.2、阑长15.9、内长10、内宽3厘米
来源 2020年绵阳高新区茅针寺村墓地1号墓出土
收藏 绵阳市博物馆

戈援微上扬，中部有凸棱，阑侧四穿，内一穿，内端下角呈弧状。内正面有刻划铭文"三年相邦吕不韦造，寺工詟，丞义，工成"十五字。背面有铸文"寺工"两字。铜戈应是秦王朝中央官吏监造，后由使用者带入蜀地的。

"九年吕不韦"铭文戈

时代 战国晚期
尺寸 全长26.5、援长16.8、援宽3.6、胡长15
阑长16.3、内长10、内宽3.3厘米
来源 征集
收藏 青川县文物管理所

戈援微上扬，中部有凸棱，阑侧四穿，内一穿，内端下角呈弧状。内正面有刻划铭文"九年，相邦吕不韦造。蜀守宣，东工守文，丞武，工极，成都"二十一字。背面有铸文"蜀东工"，表明铜戈是在蜀地"东工"由中央官吏监造，这为研究秦兵器刻铭格式提供了新资料。"蜀守宣"填补了蜀守一职在文献史料记载中的不足。"成都"一名至迟在公元前238年已经存在，对成都得名的由来及成都城市发展史的研究提供了重要史料。

虎豹扑鹿纹戈

时代　战国晚期至秦

尺寸　全长 25.6、通高 24.8、胡长 16.65、
　　　　胡高 14.5、内长 8.5、内宽 4.5、厚 0.25 厘米

来源　1985 年广元宝轮镇征集

收藏　广元市皇泽寺博物馆

这件战国青铜兽纹戈，援部略上昂，中胡，近阑处三穿，直内上一穿。戈的两面均錾刻相同的虎豹扑鹿纹，其中援部和胡部都是一虎豹面向二小鹿，内部则是一曲身虎豹王在撕咬一小鹿。动物纹样都是以阴线勾勒动物轮廓，以錾点填布身躯，很有特点。此类装饰的铜戈，很可能属于有一定地位的人士使用。经过很长时间，戈上铜绿形成一种类似玉石的光泽。

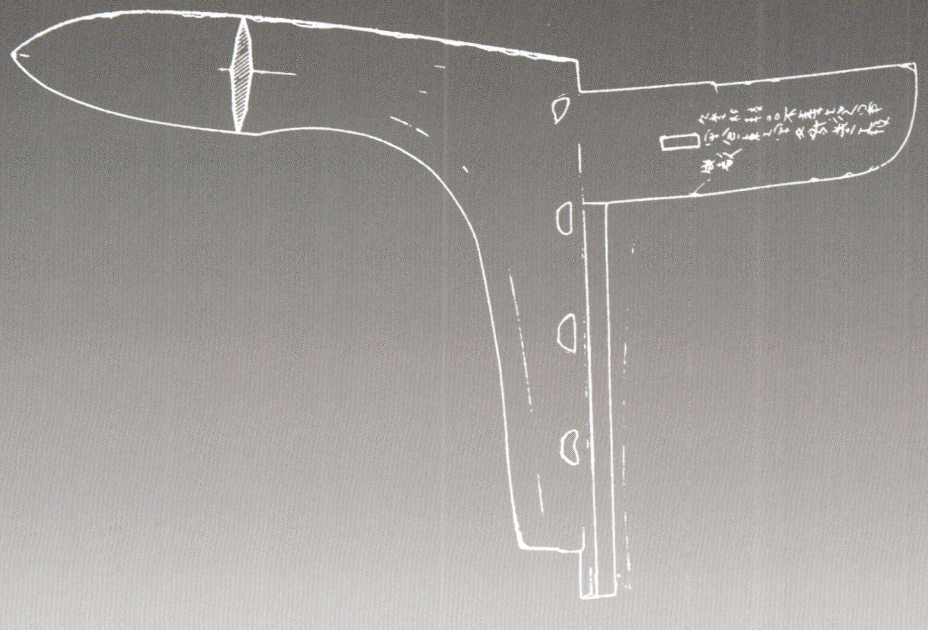

嵌错云纹方壶

时代	战国
尺寸	口径 11.8、通高 54.5 厘米
来源	1950 年新津出土
收藏	四川博物院

带盖，盖呈覆斗形，四角各饰一鸟形钮，盖面饰云纹。器身方形，直口，鼓腹，圈足。器身饰宽边斜方格纹，内嵌错云纹。圈足内有阴刻巴蜀符号。

巴蜀符号印（M2:25）

时代	战国晚期
尺寸	边长 2.8、通高 0.5 厘米
来源	1982 年蒲江东北公社 2 号墓出土
收藏	四川省文物考古研究院

铸造。方形，桥形钮，由印和印套两部分组成，出土时印和印套结合在一起。白文。印面由铎、罍、矢、璧形、四蒂等组成的巴蜀符号。印套平面呈正方形，拱形背，有鼻钮，上饰兽面纹。此印为等级较高的巴蜀印。

鱼凫纹戈

时代	战国中晚期
尺寸	长 18.5、宽 6.8、厚 0.25 厘米
来源	1963 年峨眉符溪乡柏香林出土
收藏	峨眉山博物馆

三角形援，无胡，近阑处有一圆形穿和两长方形穿。援上一面饰有鱼凫纹，头向戈锋，口衔蒂纹，蒂端分枝下垂。长方形内，有一圆穿，近阑处有两条平行小横线，其间有 U 形纹饰。

虎纹戈

时代	战国中晚期
尺寸	长 24.5、宽 16.5、厚 0.4 厘米
来源	1963 年峨眉符溪乡柏香林出土
收藏	峨眉山博物馆

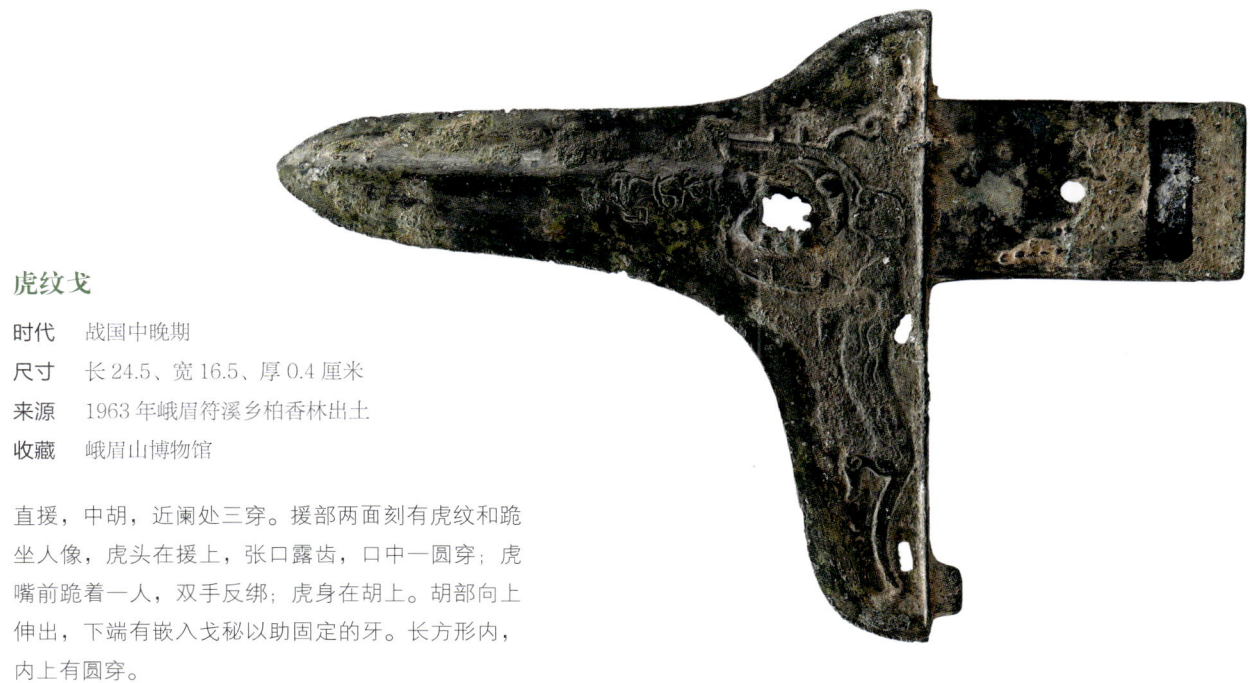

直援，中胡，近阑处三穿。援部两面刻有虎纹和跪坐人像，虎头在援上，张口露齿，口中一圆穿；虎嘴前跪着一人，双手反绑；虎身在胡上。胡部向上伸出，下端有嵌入戈秘以助固定的牙。长方形内，内上有圆穿。

鱼形曲柄铜剑

时代	战国
尺寸	通长 31、箍宽 4.1 厘米
来源	宝兴瓦西沟口 2 号墓出土
收藏	宝兴县文物管理所

剑身狭长呈三角形，中部起脊，剑刃平直。无格，靠柄处有两排交错的三角形纹饰。柄分两段，前段扁平中空，有一道饰三角形图案的箍；后段隆起呈扁圆状，平面为弯曲的鱼尾形，两面均有两列整齐的镂空方格。

*曲柄短剑

时代	战国
尺寸	通长 22 厘米
来源	宝兴瓦西沟口 3 号墓出土
收藏	宝兴县文物管理所

蛇头形锋。援中部起脊，一侧内弧，另一侧外拱并且由锋至阑约五分之四处折收至脊，两侧开刃。援末有阑，近阑处有四个乳突。内弯曲，前段平薄，后段突起呈扁圆形，末端向四周突出，中有凸棱。

琵琶形错金银卷云纹带钩（M63:2）

时代	战国晚期
尺寸	通长 23.5 厘米
来源	1990 年宝兴汉塔山 63 号墓出土
收藏	宝兴县文物管理所

琵琶形，鹅头钩，长颈，椭圆形面，背部有 T 形钮。器身用金银丝镶嵌出瑰丽的蟠螭纹、三角纹和卷云纹，光彩夺目。

*双剑与剑鞘

时代	战国早期
尺寸	一剑长 28、宽 3.2 厘米；二剑长 26.9、宽 3 厘米 鞘长 23.6、鞘宽 13.8 厘米
来源	1974 年芦山清源乡大同村出土
收藏	芦山县博物馆

一鞘双剑，剑鞘分前后两片合成。鞘两侧有翼，正面满饰云纹，背面素面。两剑略有长短，均为扁茎无格柳叶形剑，茎部均有二穿孔，其中长剑近茎部两面皆铸有变形凤鸟纹，短剑近茎部两面皆铸有蝉形巴蜀符号。

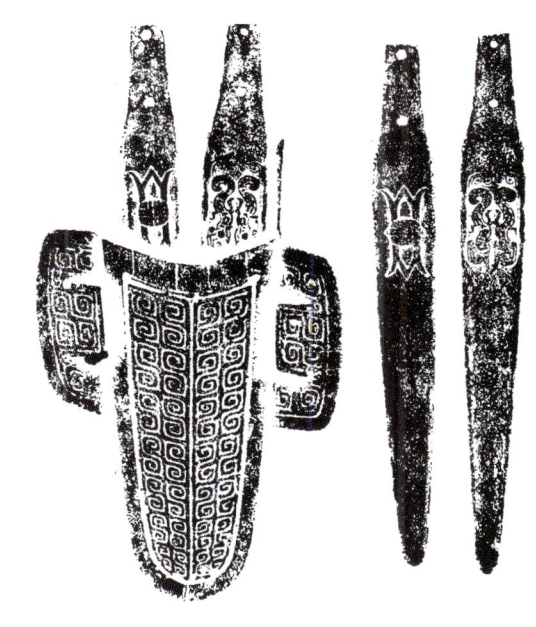

蚕纹巴蜀符号印

时代	战国晚期
尺寸	直径 3.6、厚 0.5、高 1.2 厘米
来源	1958 年芦山清仁乡仁家坝出土
收藏	四川博物院

铸造。圆形，工形钮，印背素面，白文。印面下部为一蚕形，左右、上部为勾云、手及眼睛等巴蜀符号。

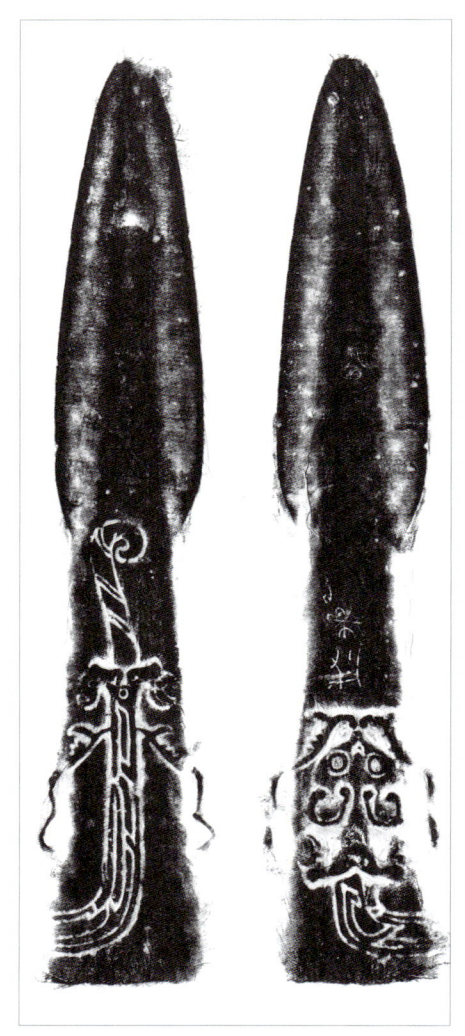

虎头纹"成都"铭文矛（M1:5）

时代	战国晚期
尺寸	长21.9、宽3.1、銎径2.8厘米
来源	1985年荥经同心村1号墓出土
收藏	荥经县严道古城遗址博物馆

弧形窄刃，刺身呈柳叶状，圆弧形脊，中空至尖。在弓形双耳间的骹面上铸饰一浅浮雕虎像。一面铸虎的头顶及虎的前躯，虎身绕骹侧迂回向上，双腿匍匐，虎尾伸直，尾尖上卷直至刺基。虎头的下颚则饰在骹的另一面前端。虎头硕大，瞪目竖耳，虎口大张，露出獠牙，伸出的长舌由骹前部和刺叶取代。虎首前的骹面上阴刻有"成都"二字，刺身脊上阴刻一"公"字。

"王"字纹巴蜀符号印（M21-B:17）

时代	战国晚期
尺寸	直径 2.7、厚 0.2、通高 0.7 厘米
来源	1985 年荥经同心村 21 号墓出土
收藏	荥经县严道古城遗址博物馆

铸造。圆形，桥形钮，体较薄且扁平。白文。两侧各铸有一"王"字，中间为心形等巴蜀符号。印面边沿微残。

"王"字纹巴蜀符号印（M24:24）

时代	战国晚期
尺寸	直径 3、厚 0.25、通高 0.9 厘米
来源	1986 年荥经同心村 25 号墓出土
收藏	荥经县严道古城遗址博物馆

铸造。圆形，桥形钮。印背素面，印面白文。印面下有横置"王"字，中有"⌒"符。上右有五角星、左有卷云与"↙↗"符，上部正中为七角星等巴蜀符号。边缘微残。

"王"字纹巴蜀符号印（M25:24）

时代	战国晚期
尺寸	横径 2.4、纵径 1.4、厚 0.3、通高 0.8 厘米
来源	1986 年荥经同心村 25 号墓出土
收藏	荥经县严道古城遗址博物馆

山形印，桥形钮。印背素面，印面白文。由"王"字、枝叶、心形等巴蜀符号构成。

*四花四叶纹铜镜

时代	战国
尺寸	直径 10.5、缘厚 0.3、钮厚 0.9 厘米
来源	2009 年汉源桃坪墓地出土
收藏	四川省文物考古研究院

该镜镜背中央为带穿的半球形钮，方形钮座。钮座四角外有水滴状草叶纹将铜镜分为四区，每区饰一朵花，花由四片桃形花瓣和凹圆状花蕊组成。全镜以折叠菱状格为地，菱格的边框饰碎点纹。

巴蜀符号虎钮錞于

时代	战国晚期到秦
尺寸	盘面：长径38、短径33厘米 底：长径28.8、短径25.2厘米 通高71.5厘米
来源	1930年万县地区出土
收藏	四川大学博物馆

整体略呈桶状，平顶，翻唇，溜肩，直腹。横截面呈椭圆形，最宽处在肩部。盘面正中有一立体虎形钮。虎作下蹲状，口大张，虎身装饰有云雷纹，尾部残失。虎钮四周阴刻十余个巴蜀符号，形状有人头纹、回形纹、船纹、鸟纹等。

宴乐武舞弋射攻战图纹豆（M33:18）

时代 战国早期

尺寸 口径17.4、底径10.4、通高20.4厘米

来源 2003年宣汉罗家坝33号墓出土

收藏 四川省文物考古研究院

带盖，盖直口，微侈，弧腹，圆形捉手。豆身直口，微敛，下收成子口，口沿两侧有一对圆环形耳，弧腹，喇叭形圈足，圈足下端内折。盖和豆身上布满了用铅类矿物质镶嵌成的图案。其中盖面捉手上以一人为核心，左右两侧各有四兽。盖下部有两两对称的四组纹饰，主要是宴乐、武舞和弋射图。腹部铸刻有两两对称的四组纹饰，左侧为水陆攻战图，上层为陆地攻战，下层为水面攻战图；右侧为攻城图，上层绘有三组人正在拼杀格斗，下层绘有云梯攻城图像。圈足部分也有两组图案，左侧为狩猎图，右侧为采桑图。1981年河北平山出土一件战国早期的宴乐狩猎纹铜壶与这件形制纹饰均一致，上海博物馆收藏有一件类似的壶出自山西浑源，该器为三晋两周地区风格的青铜器。

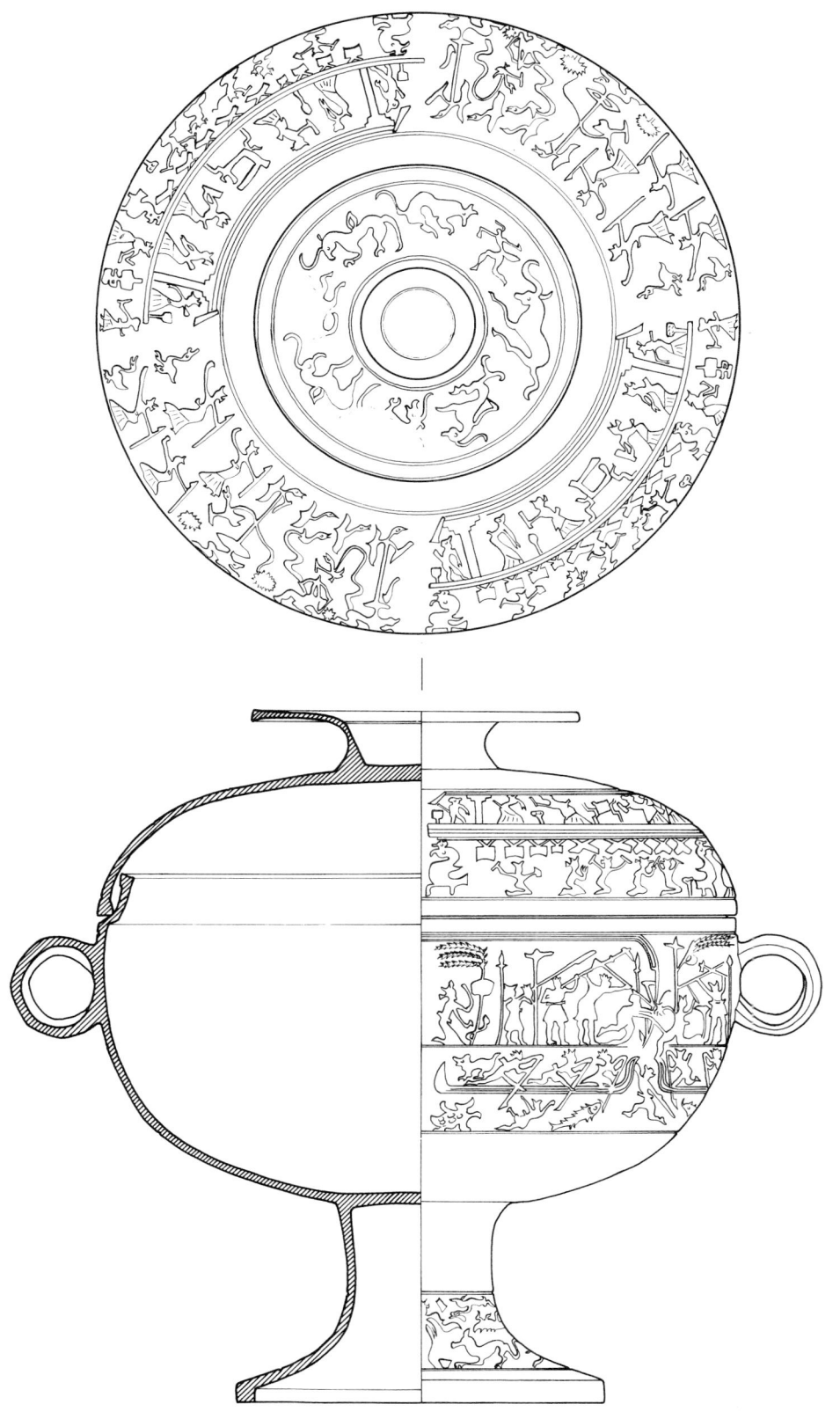

155

蟠虺纹蹼足簠（M33:19）

时代　战国早期
尺寸　口长 30.4、宽 22.8、通高 21.5 厘米
来源　2003 年宣汉罗家坝 33 号墓出土
收藏　四川省文物考古研究院

全器由上下对称等大的器身和器盖两部分组成，均为长方形直口，斜腹，平底。簠盖口沿四边各置有兽首形卡边，长边两个，短边一个。盖、器身两端附竖环耳，耳残；四角附四只对称的蹼形足，足作内凹弧形外撇。器表、盖顶及足面均满饰蟠虺纹。该器为楚式风格铜器。

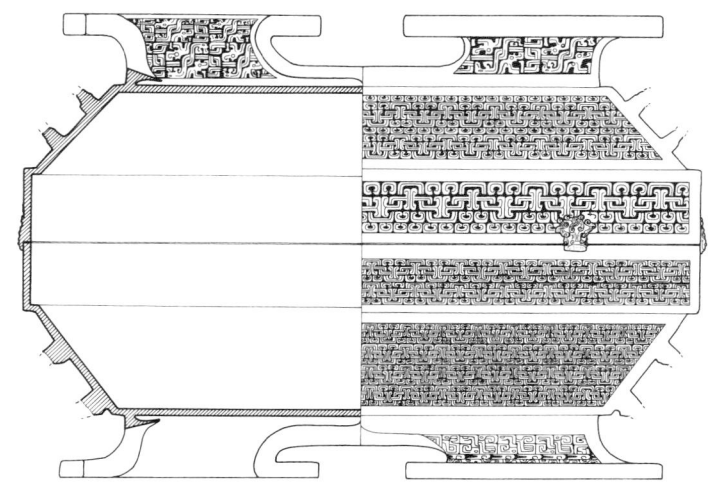

窃曲纹兽足钮敦（M33:50）

时代　战国早期
尺寸　口径 19、通高 20.5 厘米
来源　2003 年宣汉罗家坝 33 号墓出土
收藏　四川省文物考古研究院

由器盖与器身上下扣合而成，器盖与器身大小、形状相同，均为半球形。器盖顶部环立三个兽形钮，近口沿处均有两个对称的环形钮，钮上饰窃曲纹，口沿处有三个兽形卡边。器身下部接三个兽形蹄足。该器为楚式风格铜器。

*夔龙耳带盖浴缶（M33:201）

时代	战国早期
尺寸	口径23、腹径39、底径22、高25.6厘米
来源	2003年宣汉罗家坝33号墓出土
收藏	四川省文物考古研究院

圆形盖，平顶，顶中部内凹，中央有四夔龙纹绕成的圆形捉手。器盖外缘对称分布六个大小相同的椭圆形凸钮，凸钮内凹，器盖底部口沿处有一圈宽凸棱。器身厚方唇，矮直颈，广肩，圆鼓腹，下腹内收，底内凹，矮圈足。肩腹部上端对称分布八个大小相同的椭圆形凸钮两侧附有两个对称的夔龙形耳。器盖及器身上铸有多圈蟠螭纹、绚索纹、三角形纹等。这件浴缶的时代早于新都马家木椁墓出土的浴缶。

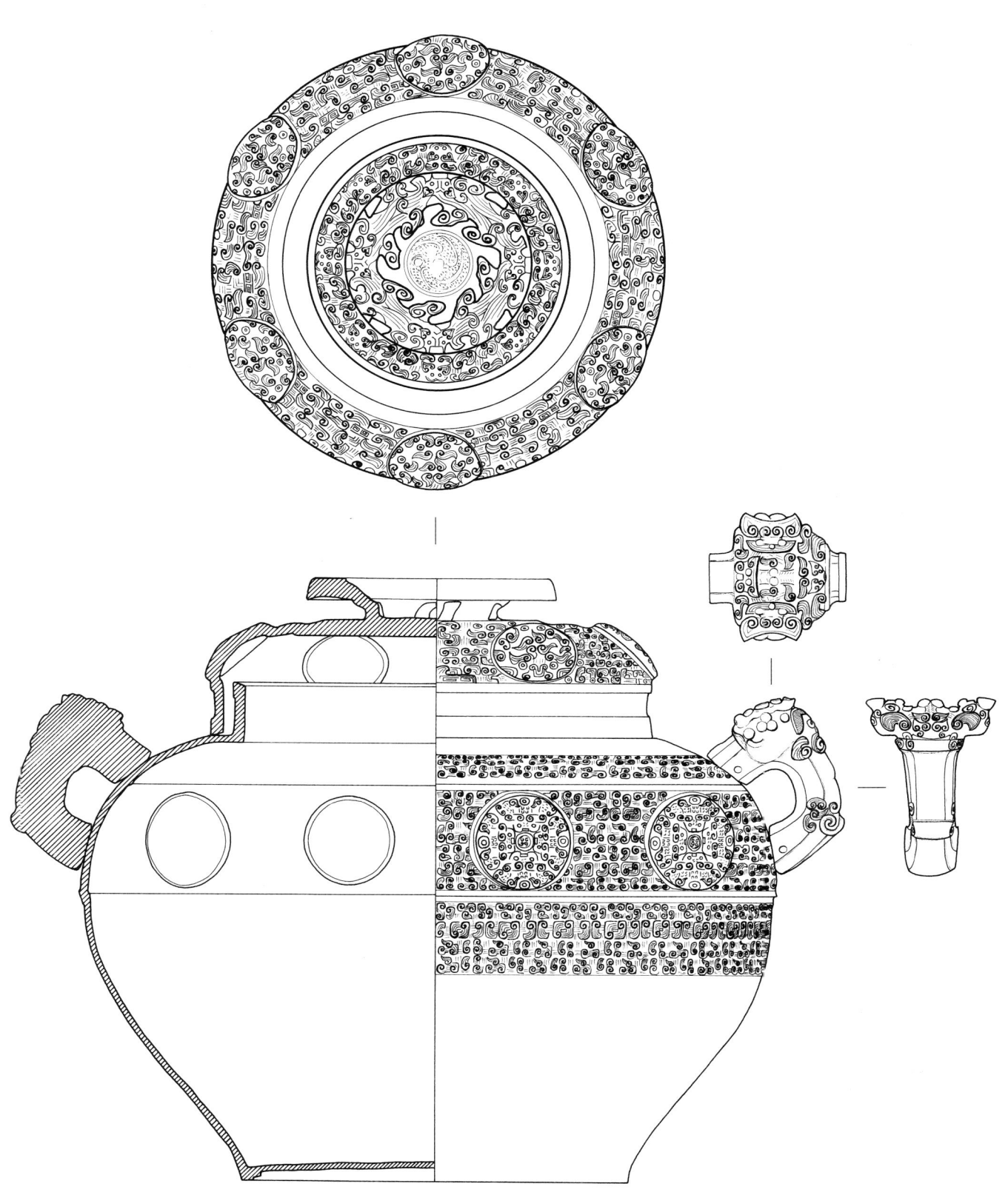

狩猎纹长颈壶（M2:2）

时代 战国早期

尺寸 口径 5、腹径 19.7、底径 10.4、高 33.5 厘米

来源 2003 年宣汉罗家坝 2 号墓出土

收藏 四川省文物考古研究院

方唇，口微侈，束颈，溜肩，鼓腹下垂，矮圈足。口部饰一圈卷云纹，颈部饰四组垂叶纹，叶面上饰两背向的兽纹。颈下部饰两圈凹弦纹，之间饰卷云纹。肩部对称有一对兽面辅首衔环，环上饰卷云纹。腹部用花卉纹和菱形纹隔成四组相同纹饰，是由奔兽、鹿和人组成的狩猎纹。圈足上饰一圈间隔的菱形纹。该器为三晋两周地区风格的铜器。

巴蜀符号印（M25:11）

时代 战国晚期

尺寸 直径 3.6、通高 0.8 厘米

来源 2003 年宣汉罗家坝 25 号墓出土

收藏 四川省文物考古研究院

圆形，桥形钮，铸造。白文。印面左右分别有树、中部上层有星月、中层有台与案，下层由似太阳等图符组成。是等级较高的巴蜀印。

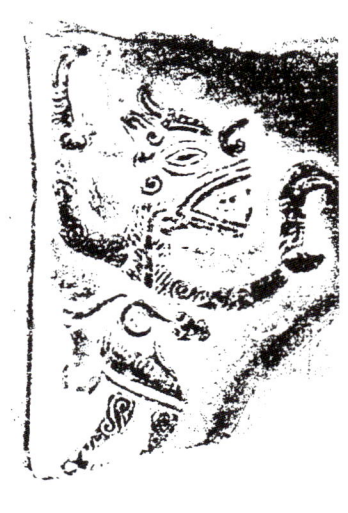

虎首人身纹戈（01130）

时代	战国中晚期
尺寸	援长 18.2、内长 7、内宽 5.1、通长 25.2 厘米
来源	2004 年渠县城坝遗址出土
收藏	渠县博物馆

直援，中部起脊，胡部残断，有阑，近阑处有两个长方形穿。长方形内，中心有水滴形穿。援及胡部两面均饰有虎首人身纹饰。

巴蜀符号钲（01123）

时代	战国晚期
尺寸	铣距 15.6、通高 43.6 厘米
来源	2004 年渠县城坝遗址出土
收藏	渠县博物馆

柄首为圆形，长柄呈八棱状，近横部外侈，横部有圆涡纹图案。钲身扁圆形，两铣上凸，口不平齐。钲身内壁有凸起的四棱，外壁铸有虎、鸟、鱼、弯曲菱形等巴蜀符号。

*四环钮涡纹尊缶（M1:25）

时代 战国晚期到秦
尺寸 口径 19.5、通高 49 厘米
来源 1972 年涪陵小田溪 1 号墓出土
收藏 四川博物院

带盖，盖上有四环形钮，盖沿有三个凸起的小铺首；直唇，圆腹，平底，矮圈足。腹部有四环形耳。盖、颈部、肩部有云纹、勾连雷纹，腹部饰四个圆涡纹。这件尊缶是楚文化的典型器物，楚地青铜尊缶在春秋中期开始出现，一直到战国时期都比较流行，与该件形制纹饰相近的尊缶曾发现于绵竹清道乡和荥经同心村，与江陵望山 M1、M2 出土的尊缶很接近。

编钟（M1:79-92）

时代　战国晚期到秦

尺寸　最大者高 27、铣间 19.5、于宽 14.3 厘米
　　　　最小者高 14.6、铣间 6.5、于宽 5.4 厘米

来源　1972 年涪陵小田溪 1 号墓出土

收藏　四川博物院

此套编钟由十四件甬钟和四个虎头饰件组成，每件铜钟都有一个单独的穿钉插销固定在钟架上，大小依次递减。出土时除一件破损外，其余基本完好。铜钟形制相同，均为长方形鼻钮，扁圆形身，两铣下垂，口部不平，两侧各有乳钉状凸起六组，每组三个，共三十六枚。各钟的舞、鼓、篆等部位饰有蟠螭纹、云雷纹、旋涡纹、三角纹、绳索纹等，部分编钟的钲、于、铣部位还有错金纹饰。各钟舞部及枚间均有槽，应当是用以校正音高的，与音律有关。小田溪出土的编钟仅十四件一组，不搭配镈钟，与此前西周、春秋时期南北方发现的编钟组合不同，是一种全新的乐钟埋葬方式。

虎钮錞于（M2:20）

时代 战国晚期至秦

尺寸 通高 47 厘米

来源 1972 年涪陵小田溪 2 号墓出土

收藏 四川博物院

整体略呈桶状，平顶，翻唇，鼓肩，直腹，横截面呈椭圆形，最宽处在肩部。盘面正中有一立体虎形钮，虎仰头张口，四腿略蹲，尾部高翘，虎身上有云雷纹装饰。

巴蜀符号钲（M2:16）

时代　战国晚期至秦
尺寸　通高 29.2 厘米
来源　1972 年涪陵小田溪 2 号墓出土
收藏　四川博物院

柄首为圆形，柄身为八棱柱形。钲衡部为圆形，饰有圆涡纹。钲身扁圆，两铣上凸，口部不平。钲身前后正中部分均有巴蜀符号，依稀可见其中有两个形似篆体"王"字的符号。

蟠虺纹带盖鼎（K3:1）

时代　春秋中期
尺寸　口径 19.4、腹径 23.8、通高 25.5 厘米
来源　1992 年茂县牟托村 3 号器物坑出土
收藏　茂县羌族博物馆

子母口盖，平顶，中有一兽头桥形钮，边缘均匀分布三个立鸟。盖面内圈素面，中圈及盖沿饰蟠虺纹，外圈有篆书铭文"隹八月初吉丁亥与子共（？）自乍繁鼎其眉寿无疆子孙永宝用之"。鼎身附耳，鼓腹，圜底，三蹄足。腹部饰夔纹、弦纹、三角形纹。腹外壁有烟炱痕。

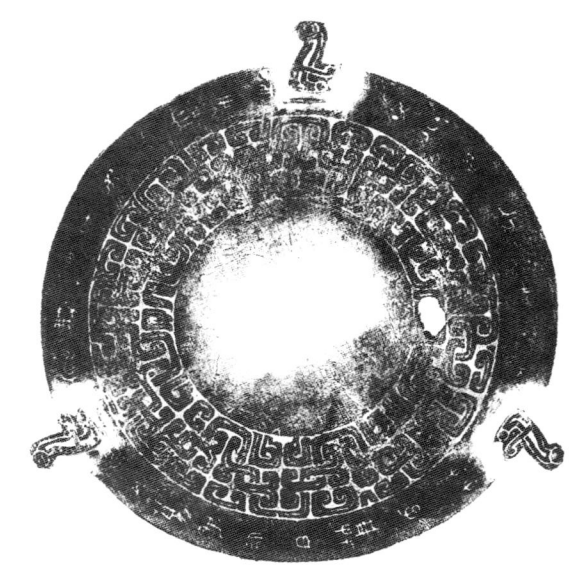

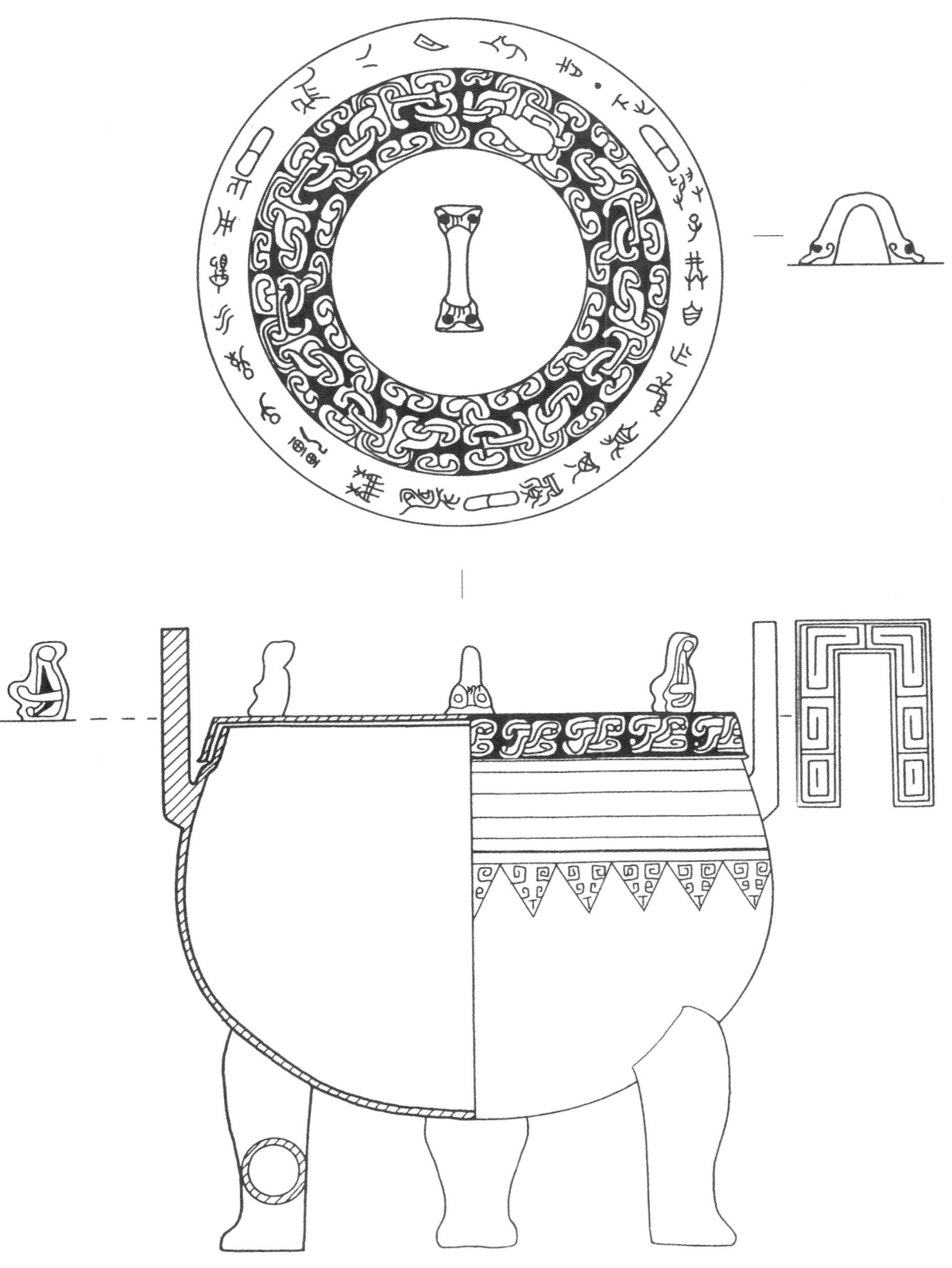

169

牛首耳夔龙纹罍（M1:172）

时代　春秋

尺寸　口径 6.4、底径 24.8、高 31.2 厘米

来源　1992 年茂县牟托村 1 号墓出土

收藏　茂县羌族博物馆

敞口，卷沿，束颈，广肩，肩部饰两个对称的牛首形耳，平底，喇叭形圈足。肩部饰夔龙纹、瓦纹，腹部饰三角形夔龙纹，圈足主题纹饰已模糊不清，仅见其下部饰水波纹一周。该型罍在广西有发现，属于越式风格青铜器。

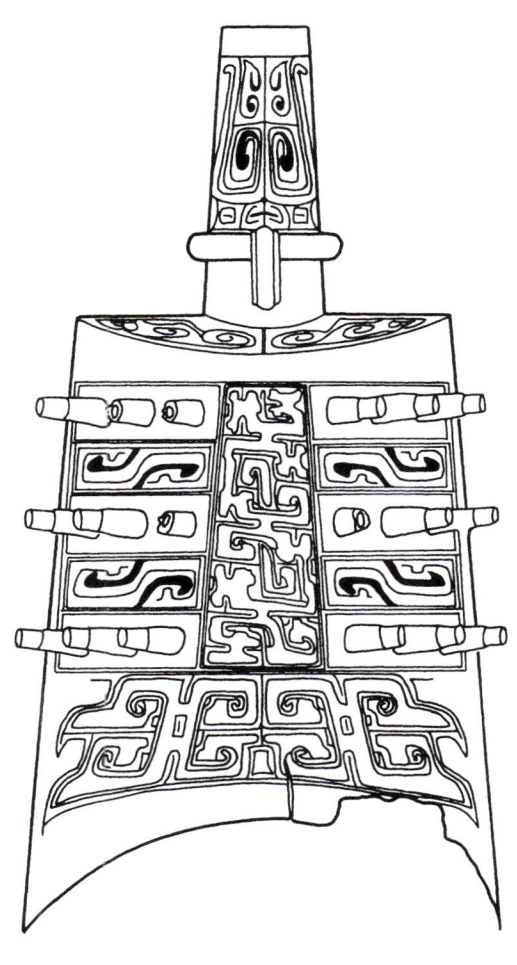

蝉纹甬钟（M1:173）

时代　春秋
尺寸　甬高 16.7、枚径 1.4、枚高 4.8、通高 53.5 厘米
来源　1992 年茂县牟托村 1 号墓出土
收藏　茂县羌族博物馆

椭圆形柱状甬，封衡，旋上有环形干钮，两铣下垂，口不平齐。钲部正面左右各有三排柱状枚，共 18 个，背部柱状枚共 12 个。甬部和舞部饰兽面纹，钲部、篆部饰有窃曲纹和云纹，鼓部饰窃曲纹。该器带有越式钟的特征，与其形制最接近的是 1984 年湖北广洛鸭儿洲江底出土的一件甬钟。

圆泡纹镈钟（K1:2）

时代	春秋
尺寸	甬高 5.2、舞长 11.2、舞宽 8.1、枚径 1.2、通高 22.7 厘米
来源	1992 年茂县牟托村 1 号器物坑出土
收藏	茂县羌族博物馆

变形夔龙钮，钲部素面，左右各有三排九颗圆泡形枚，于部平口，断面呈覆瓦状。舞部饰鸟纹，中心有一穿孔，篆部和鼓部饰变形夔龙纹。出土该钟的一号器物坑，坑内表土经过焚烧且坑底放置一大石块，出土时铜钟空腔内填有泥土和 15 件石器。

太阳纹镈钟（M1:133）

时代	春秋
尺寸	钮高 5.2、舞长 7.8、舞宽 5.1、通高 23.7 厘米
来源	1992 年茂县牟托村 1 号墓出土
收藏	茂县羌族博物馆

桥形钮，中间有一横梁，钟体两侧各有六个鱼尾状扉棱，于部为平口。钟体两面用两条平行的宽带线分隔成上中下三段，每段各有三个圆泡形枚，其中第二排的中枚和第三排的三颗枚为圆涡状枚。

龙纹镈钟（M1:124）

时代　春秋

尺寸　钮高 5.7、通高 26.3 厘米

来源　1992 年茂县牟托村 1 号墓出土

收藏　茂县羌族博物馆

圭形钮，上有两排六个长方形穿孔，钟身两侧各出六个鱼尾形扉棱，于部平。钟体一面饰圆涡纹、四瓣花纹、十字纹和星纹等，中心有一微凸的椭圆饼状枚。另一面饰一条似背负山爬行的翼龙。表面较粗糙，有砂眼。该器的总体风格与南方青铜镈钟接近，应仿制于南方系青铜镈钟。

173

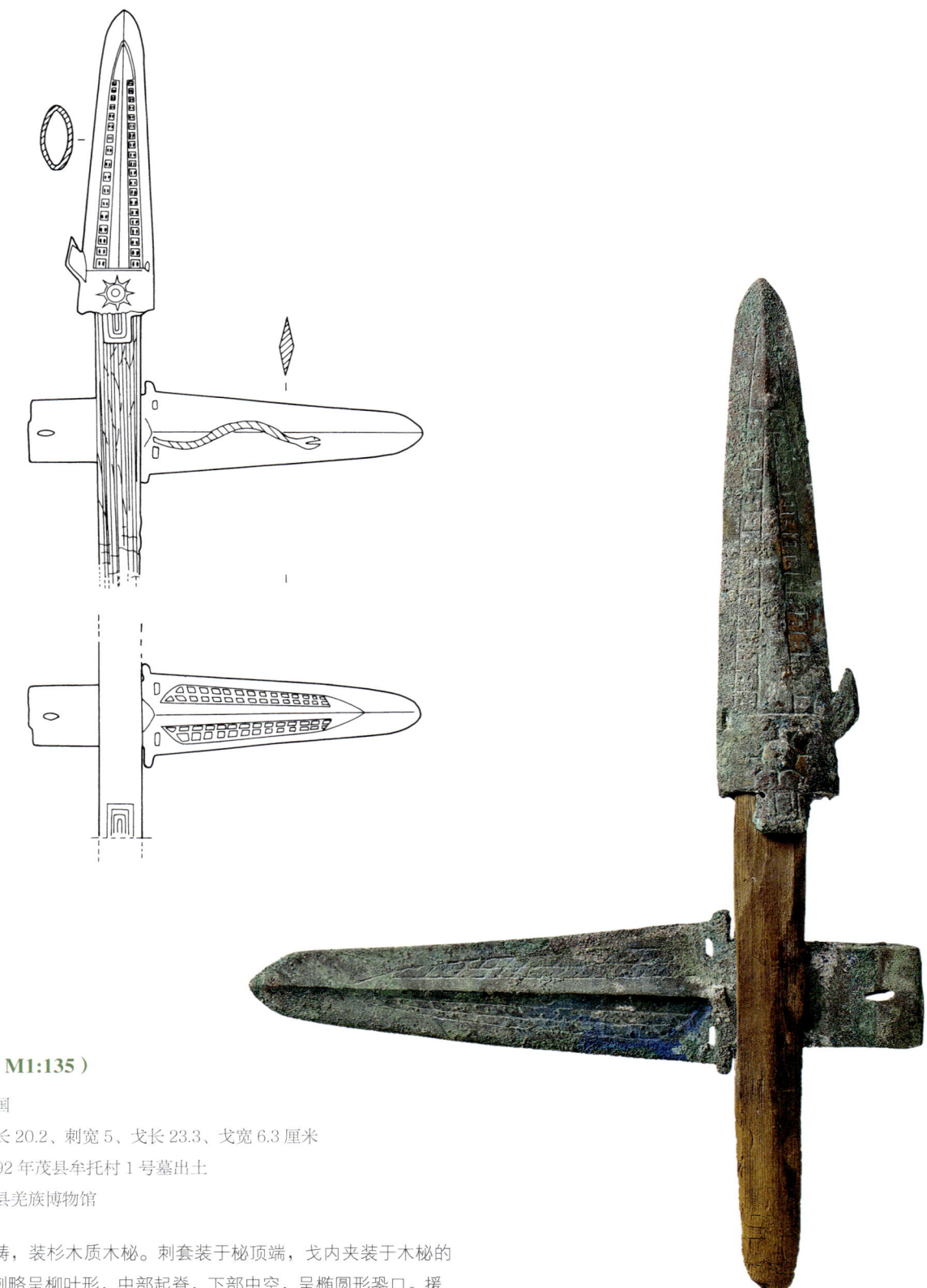

蛇纹戟（M1:135）

时代　战国
尺寸　刺长 20.2、刺宽 5、戈长 23.3、戈宽 6.3 厘米
来源　1992 年茂县牟托村 1 号墓出土
收藏　茂县羌族博物馆

刺、戈分铸，装杉木质木柲。刺套装于柲顶端，戈内夹装于木柲的穿孔中。刺略呈柳叶形，中部起脊，下部中空，呈椭圆形銎口。援、本相交处一侧有一倒刺，另一侧有一小穿，本后部有一方形舌。刺身沿中脊两侧对称饰连续方框纹，本部饰太阳纹，舌部饰长方形回纹。出土时刺銎口内装有木柲，保存较完整。戈长援，中部起脊，前锋锋利，后援平直，阑部上下各有一长方形小穿，直内，内后部有一椭圆形小穿。援部一面中脊两侧对称饰排列整齐的连续方框纹，另一面沿中脊饰一条由阑部向锋部张口爬行的蛇纹。

宽首剑（M1:160）

时代　战国

尺寸　通长 25.9、剑首宽 4.6 厘米

来源　1992 年茂县牟托村 1 号墓出土

收藏　茂县羌族博物馆

匕首式短剑。宽体，弧刃，中部有脊，脊两侧有窄血槽，格向一侧伸出一钩，扁平茎，中部起脊，一字形首，两侧各有一小穿。茎中脊两侧分别为四个上下分布的长方形框，每框内各饰有一同心圆圈纹。

宽首剑（K1:10）

时代　战国

尺寸　通长 39.2、剑首宽 9.2 厘米

来源　1992 年茂县牟托村 1 号器物坑出土

收藏　茂县羌族博物馆

剑身呈宽柳叶形，叶中部起脊，剑格外展伸出两个倒刺，近"山"字格状，扁茎，宽枕形首。剑基部饰斜线纹，茎部饰镂空米点锥状纹。

龙首带鞘剑（M1:152）

时代	战国
尺寸	剑长32.6、剑宽3.5、剑鞘长20、剑鞘宽5.3厘米
来源	1992年茂县牟托村1号墓出土
收藏	茂县羌族博物馆

剑身窄长，中部起脊，竹节状椭圆柱形龙首弯柄，柄内中空。龙首及柄身两面各饰同心圆圈纹，节上饰索纹。铜质剑鞘，素面，平底，弧面盖，两侧有半环形双翼。剑鞘铸造粗糙，未经打磨，盖底有焊补及浇铸痕迹。出土时剑身外裹红色丝织物。

铜柄铁剑（M1:148）

时代	战国
尺寸	通长46.5、格宽6.4、厚0.8厘米
来源	1992年茂县牟托村1号墓出土
收藏	茂县羌族博物馆

螺旋纹铜柄，山字形格，柄首有十字形镂孔。铁剑身，椭圆形，中部起脊。出土时附有皮剑鞘残片。

蝉纹戈（K1:13）

时代　战国
尺寸　援长 19.2、阑宽 8.6、通长 26.8 厘米
来源　1992 年茂县牟托村 1 号器物坑出土
收藏　茂县羌族博物馆

圆尖形前锋，援部窄长，中部起脊，其上饰有一阴刻蝉纹，蝉纹腹部有一圆穿，近阑两侧有两个长方形穿孔，窄阑微弧。长方形直内，后缘略呈弧形，中间有一水滴形穿，近阑处各有两条平行短线纹饰，后缘处饰有回形纹样。

蜥蜴纹戈（K1:12）

时代　战国
尺寸　援长 15.8、阑宽 11、通长 21.8 厘米
来源　1992 年茂县牟托村 1 号器物坑出土
收藏　茂县羌族博物馆

前锋圆钝，三角形宽援，其上饰有一蜥蜴纹，蜥蜴纹尾部成为援部中脊，头部置于本部圆穿内，近阑两侧有两个长方形穿孔，弧形宽阑。长方形直内，后缘平直，内中有一水滴形穿，近阑处有两组平行短线纹。

兽面纹戈（M1:129）

时代	战国
尺寸	援长 16.3、阑宽 11.2、通长 24.3 厘米
来源	1992 年茂县牟托村 1 号墓出土
收藏	茂县羌族博物馆

前锋较为圆钝，三角形宽援，中部起脊，其上饰有兽面纹和云雷纹，本部有一圆孔，近阑侧有两个矩形穿孔，弧形宽阑。长方形直内，后缘内弧，内前部有一水滴形穿孔，后部矩形边框内饰有云纹。戈出土时装有木质柲，有长方形穿孔以容戈内。

鸟（M1:21）

时代	战国
尺寸	通长 12.5、高 11.6 厘米
来源	1992 年茂县牟托村 1 号墓出土
收藏	茂县羌族博物馆

高冠，尖喙，圆眼凸出，双翅收缩上翘，长尾向后平伸，巨爪并立，中空平置，左四趾，右三趾。尾羽和翅膀阴刻卷云纹。

动物纹牌饰（M1:65）

时代	战国
尺寸	通高 13.5、宽 12.7 厘米
来源	1992 年茂县牟托村 1 号墓出土
收藏	茂县羌族博物馆

平面呈带柄扇形，短柄，柄断面近圆形。牌饰外圈饰一圈小乳钉纹，顶上铸有八只相向而立的禽鸟。牌饰内用同心圆泡分为三层，间铸动物造型，第一层为七只鹿，头向一致整齐排列；第二层为三只昂首张口的虎；第三层为三条曲身卷尾的蛇。

A 面　　B 面

夔龙纹剑（K2:18）

时代	战国
尺寸	通长 25.6、宽 3.2、厚 0.8 厘米
来源	1992 年茂县牟托村 2 号器物坑出土
收藏	茂县羌族博物馆

柳叶形剑身，中部有脊，脊两侧饰有云纹，末端饰有变形夔龙纹和云雷纹。无格，茎部扁平，有二圆穿。

带柄钮镜

时代	战国
尺寸	直径 8、柄长 2.3 厘米
来源	1980 年茂县别立村或勒石村石棺墓出土
收藏	茂县羌族博物馆

镜主体呈圆形，背面中心有钮，四周围绕菱形方格纹组成的图案。镜下端芀有短柄，椭圆形銎，銎部可观察到有两圆孔，可以穿系。

*曲柄戈（M219:2）

时代	春秋至战国
尺寸	长 33.6、援最宽处 5 厘米、木柄残长 32.6、直径 4 厘米
来源	1984 年炉霍卡萨湖石棺墓出土
收藏	甘孜州博物馆

蛇头形锋，援中部起脊，一侧内弧，另一侧外拱并且由锋至阑约四分之三处折收至脊，两侧开刃，援末有阑，近阑处有四个乳突。内弯曲，前段平薄，后段突起呈扁圆形，中有凸棱，末端向四周凸出。此戈出土时尚存一节木柄，内前段平薄部分插在木柄上端的插槽里，并由皮绳捆扎，非常牢固。

带銎鱼尾形内戈（M215:2）

时代	春秋至战国
尺寸	长 28.6、柱高 11.4、銎径 0.8～2.8 厘米
来源	1984 年炉霍卡萨湖石棺墓出土
收藏	甘孜州博物馆

蛇头形锋，援前段呈三角形，后段两侧均向内弧，两侧开刃，中部起脊，脊呈三角形，援末无胡无阑而有中空的椭圆形銎。鱼尾形内，两侧开刃，中部有三角形脊。

带柄镜（M2:12）

时代	战国
尺寸	直径 6 厘米
来源	2009 年炉霍呷拉宗遗址 2 号墓出土
收藏	四川省文物考古研究院

圆形镜，带柄，柄端有一圆穿。背部饰四组蛇纹，蛇身卷曲。铜镜中间有一小穿孔。

蛇纹镜

时代	战国
尺寸	直径 9、缘厚 0.5 厘米
来源	1985 年新龙县谷日乡 6 号墓出土
收藏	甘孜州博物馆

镜正面光滑平整。背面中心有一个拱形环钮，钮四周用细密的凸点组合成五条卷曲的蛇形图案，大小不一，边缘有一圈略微凸起的棱。出土时放置于墓主胸右侧。

月牙格剑

时代	战国
尺寸	茎长 10、剑身长 19、剑身近格处宽 4、中部宽 4.4、通长 29.3 厘米
来源	1985 年新龙县谷日乡 6 号墓出土
收藏	甘孜州博物馆

剑身宽而薄，中部起脊。剑格呈凸起的月牙形。剑柄较长，实心扁圆茎，茎两面各饰有两排卷云纹，柄首向外伸出三个角，呈倒山字形。

秦汉时期

QIN & HAN PERIODS

约公元前 **221** ~ 公元 **220** 年

秦汉时期是汉文化形成和发展的重要时期，同时也是巴蜀文化发生重大变化的时期。秦灭六国结束了分裂局面，为各地经济文化的交流开辟了新的前景。至此，四川地区的文化成为汉文化的重要组成部分。四川盆地由青铜时代步入铁器时代，青铜器也以质朴的气息开始了写实的传统。

四川地区发现的秦汉时期的青铜器主要出自墓葬。这一时期的青铜器在随葬品中所占比例较之前减少，生活用具占比增大，越来越多的礼器也逐渐成为日常用具。传统礼器中占首要位置的鼎很少出现，出土较多的器物是壶、扁壶、盆、樽、釜、镰斗、熏炉、熨斗、耳杯、盘、案、水注、虎子、车马器、带钩、镜、玺印、量器、剑、戈、摇钱树、钱范等。

秦代及汉初，青铜器所带秦文化因素较多，从器类、形制、纹饰来看还有不少战国遗风，但从以素面为主、人物和动物造型更加写实这些特点来看，则已开启了整个汉代青铜器之风。汉武帝时，完整形态的汉文化已经形成，西汉中期至东汉早期是汉代青铜器最发达的时期，这一时期素面铜器居多，但常使用鎏金银和错金银技术，人物和鸟兽形象相比较先秦而言，更多是对现实的写照。东汉中晚期是青铜器最后的辉煌时期，神仙思想体系盛行，也影响了当时的青铜器艺术，例如将熏炉做成想象中的神州仙山状，在铜镜和摇钱树上出现西王母东王公形像，还有羽人及珍禽异兽等，表现理想境界的手法从写实转变为超写实。东汉中期以后，中国青铜器逐渐走向衰落。

错银云纹壶（M3:23）

时代 秦

尺寸 口径 14.5、腹径 31.5、通高 50 厘米

来源 1972 年涪陵小田溪 3 号墓出土

收藏 四川博物院

带盖，盖面微拱，上立三鸟形钮，盖面饰卷云纹、弦纹与云水纹。器身侈口，束颈，溜肩，肩部有对称兽面衔环双耳，鼓腹，圈足。壶身错银，饰大小不同连续对称的云纹、水纹，圈足上饰嵌银的水波纹。

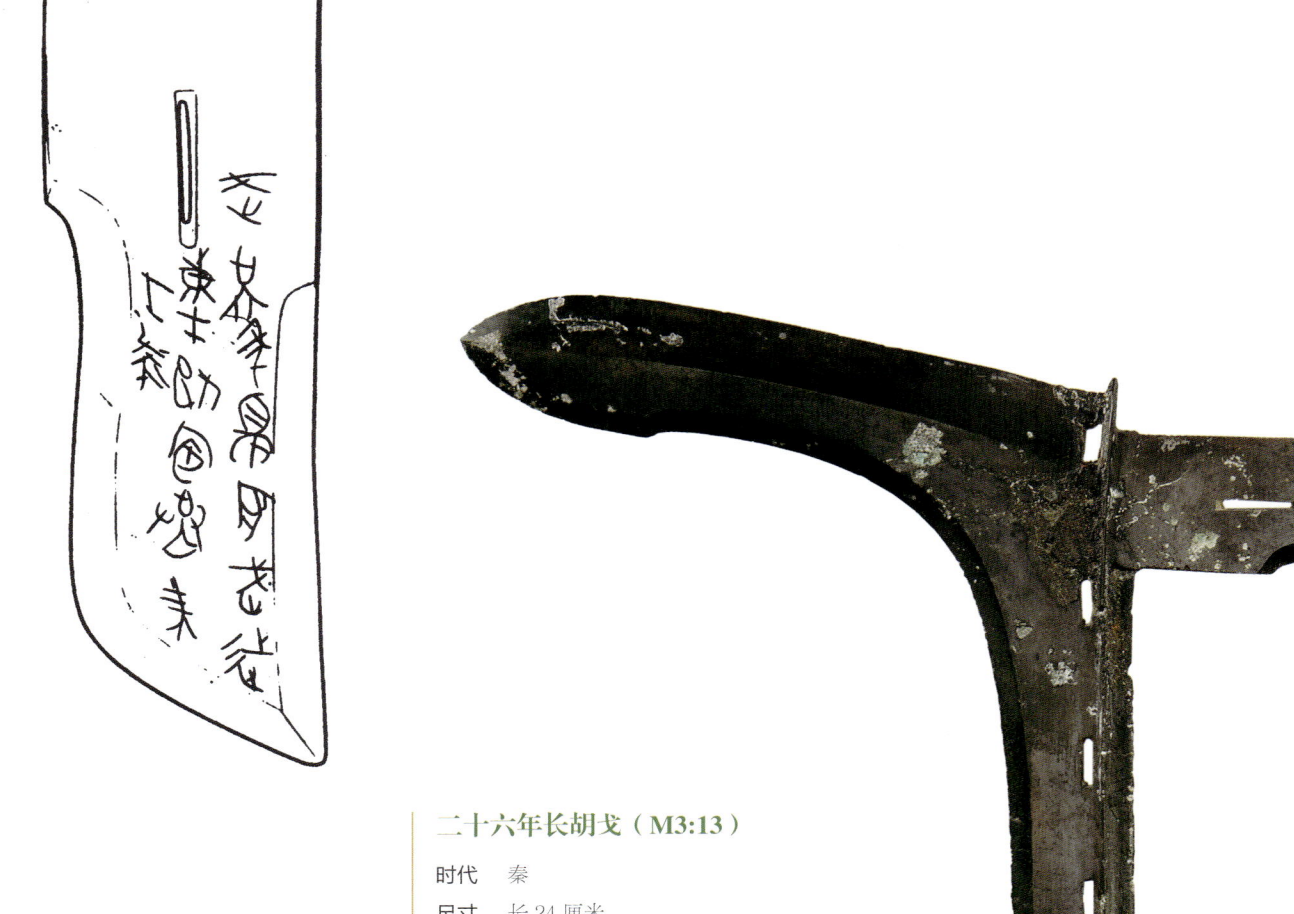

二十六年长胡戈（M3:13）

时代	秦
尺寸	长 24 厘米
来源	1972 年涪陵小田溪 3 号墓出土
收藏	四川博物院

援部细长，单侧开刃，中部有脊状凸起，长胡，近阑处有四个长方形穿。长方形内，后端也开刃。内上一面有铭文，笔划纤细且浅，内容为："武，廿六年蜀守武造，东工师宦，丞业，工□。"

巴蜀符号戈（M59:21）

时代	秦
尺寸	援长 13.6、内长 7.4、通长 21 厘米
来源	什邡城关墓地 59 号墓出土
收藏	什邡市博物馆

器体较薄，蛇头锋，窄长援，隆脊，援上刃内凹，长胡，有阑，阑侧三穿，齿部残。内中部阴刻长方形勾云纹，内有一钥形穿，一端饰三角齿纹一列五个，阑侧一面阴刻直行排列的巴蜀符号六个。

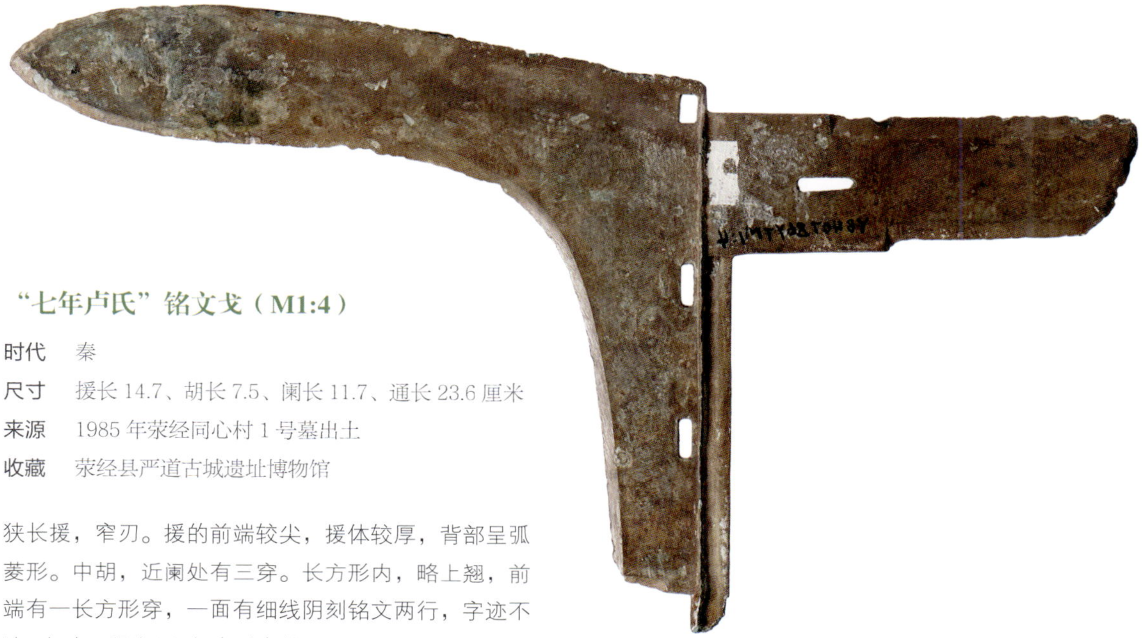

"七年卢氏" 铭文戈（M1:4）

时代　秦
尺寸　援长 14.7、胡长 7.5、阑长 11.7、通长 23.6 厘米
来源　1985 年荥经同心村 1 号墓出土
收藏　荥经县严道古城遗址博物馆

狭长援，窄刃。援的前端较尖，援体较厚，背部呈弧菱形。中胡，近阑处有三穿。长方形内，略上翘，前端有一长方形穿，一面有细线阴刻铭文两行，字迹不清，大致可释为 "七年卢氏命韩□厥工师司马队作□"。

"云子思士" 印

时代　秦
尺寸　长 1.1、宽 1.1、高 1 厘米
来源　宜宾向家坝库区出土
收藏　四川省文物考古研究院

铸造。方形，鼻钮，白文。印面施以田字印格，两行四字，篆书，印文 "云子思士"，为秦代古语。印面布局规正，线条圆润中略参方折，浑朴高古。

凤钮神兽纹樽

时代 西汉晚期至东汉早期
尺寸 底径 24、高 33 厘米
来源 成都大湾汉墓出土
收藏 成都博物馆

樽设有盖，盖呈重山形，顶部立一展翅凤鸟。盖表面饰龙、虎等瑞兽，盖沿饰一圈锯齿纹。樽身呈桶形，直口，肩部有一对兽首衔环耳，直腹，平底，底部有三个熊形足。樽身中部有一道较粗的凸弦纹，将樽身分为上下两部分，上半部分上面饰一圈菱形回纹，下面饰锯齿纹和菱形回纹各一圈，中间饰四重羽状锦纹；下半部分纹饰与上半部分大致相同，仅偏上部多一圈锯齿纹。

樽是古代盛酒的容器，在四川地区很少出土，类似造型的樽多出土于河北、陕西、甘肃、广东等地。

扁壶

时代 西汉晚期至东汉早期
尺寸 长 33、宽 6、高 30 厘米
来源 成都大湾汉墓出土
收藏 成都博物馆

盖微隆起，顶部中央有一半球形钮，盖缘两侧有一对带穿钮，每个钮上套一圆环。壶身小口，直颈，椭圆形扁腹，方形圈足。鸟首提梁与链条将壶盖与壶身肩部的圆环相连。肩部有一对兽形铺首衔环。壶身颈部饰锯齿纹，肩部刻相向鸣舞的对鸟，腹部用锯齿纹和菱形回纹带间隔，中间饰四重羽状锦纹。

带盖圈足壶

时代	汉
尺寸	口径 12.5、腹径 24、圈足径 19、高 29 厘米
来源	1975 年绵阳开元公社六大队出土
收藏	绵阳市博物馆

壶设有盖，盖作覆盆形，平顶，盖缘有一对带穿钮，其内各衔一圆环。侈口，平沿，束颈较长，斜肩，肩部有一对兽首衔环耳。鼓腹，高圈足外撇，微呈八边形。肩、腹部饰多道凹弦纹和凸弦纹。

带盖提梁壶

时代	西汉
尺寸	口径 13.6、腹径 30、圈足径 16、高 36 厘米
来源	旧藏
收藏	绵阳市博物馆

壶设有盖，盖微隆起呈弧面，顶部有一带穿钮，内衔圆环，盖缘两侧有一对带穿钮。侈口，平沿，束颈较长，球形腹，高圈足外撇。肩部有一对兽首衔环耳。双龙形提梁与链条将壶盖、壶身两侧的钮相连。肩腹部饰数周凸弦纹。

铜车马

时代 西汉
尺寸 通高 114 厘米
来源 2006 年资阳兰家坡墓地出土
收藏 四川省文物考古研究院

单马双辕轺车（经修复）。马右蹄抬起，昂首阔步作前进状，不见辔头、镳衔等马具。车双辕，衡部弯曲。车身设有屏泥，方形舆，无伞盖。车轮十六辐，毂部突出。铜马的驾挽方式是秦汉新兴的双辕式，而非两周流行的独辀式，表现了秦汉车制的革新。此外，这种没有伞盖、不施彩绘的轺车通常被称为"小车"，往往是王侯显贵的随从或是下级官吏乘坐的马车，这也揭示了该墓主人的身份地位。

熏炉

时代 西汉

尺寸 长15.3、宽10.4、高11厘米

来源 1996年青白江区大同镇跃进村4号墓出土

收藏 成都市青白江区博物馆

熏炉头为鸟状，高冠，圆眼，尖喙，嘴里含一圆珠。细长颈前倾，身有双翼，背部为镂空形盖，用斜线和圆圈纹勾饰羽毛，盖与身后部有枢纽相连，可自由开合。腹部中空，内有一尖柱。腹部下接三兽蹄足。尾部残。

青白江跃进村几座西汉墓总体来看具有全国汉墓的基本特征，同时又具有一定的地方特点，可以认为是蜀文化和汉文化融合的产物。

铜柄铁剑（M1:133）

时代 西汉

尺寸 通长36.4、宽8.3厘米

来源 1986年都江堰中兴乡三溪村二组村民家征集

收藏 都江堰市博物馆

铁剑身，较短，菱形高脊，宽叶。齿状格，剑格齿状面上满饰凸棱纹和联珠纹。椭圆形扁茎，茎部密布小乳钉。柄首横面为菱形，边缘饰两周凸弦纹，中间饰一周梅花纹。

*四兽踞坐人像灯座

时代	西汉
尺寸	底径 10.8、通高 14.5 厘米
来源	1974 年芦山县清源乡大同村采集
收藏	芦山县博物馆

该座由人像、基座两部分组成。人像额部外凸，眉上挑，鼻隆起，张口露齿，耸肩，乳头凸出，肚脐凹陷，双臂微张下垂，双手搭在膝盖上，双腿岔开呈踞坐状。人像通体刻线纹，背部有鳞甲纹。基座分上下两部分，上部采用浮雕装饰，呈圆锥形，外环绕四兽，四兽均作侧面回首状，脚粗短，尾长大，各以一爪托前兽，三臂相环，兽立于实心饼形台上。基座台面刻菱纹，侧面则为锯齿纹。该器物应为铜灯的底座，人像头顶灯把可插接灯盘。

龙虎相斗饰

时代	汉
尺寸	长 13、前宽 3.7、高 4 厘米
来源	旧藏
收藏	芦山县博物馆

虎扑压龙，两脚后蹬。虎与龙肢体互交。虎口衔龙角处，呈撕咬状。虎身饰线条纹和麦穗纹，龙身饰圆圈纹和齿纹。

蒜头壶

时代 西汉

尺寸 口径3.3、腹径23.7、底径23.5、高37.9厘米

来源 2010年荥经高山庙西汉墓群3号墓出土

收藏 四川省文物考古研究院

六瓣蒜头形口,中有小直口超出蒜头,平沿,方唇,长颈,鼓腹下收为喇叭形圈足,底部中央有一环形鼻钮。通体素面,颈部凸起一节,节上饰有一圈箍棱。蒜头壶是一种储酒器,因口沿有蒜头状装饰而得名。它是秦文化的代表性器物,起源于陕西关中地区,多见于秦墓中,沿用至西汉初年。这件高山庙西汉墓群出土的铜蒜头壶,反映出西汉时期严道古城文化因素的多样性。

龙凤纹提梁扁壶

时代	西汉
尺寸	宽 10、高 10.3 厘米
来源	2009 年汉源桃坪墓地 74 号墓出土
收藏	四川省文物考古研究院

壶设有盖，盖微隆，小口，直颈微束，斜肩，椭圆形扁腹，方形圈足。肩部两侧及盖中央各有一带穿钮，钮系链锁，链锁与龙首形提梁相接。颈部及圈足上刻划有三角形蕉叶纹，肩部刻划有龙纹、凤纹。龙四足腾跃，回首，张口，吐舌，凤则振翅翱翔，龙凤间饰有云雷纹，其下各有两个填以菱格纹的相连圆弧。扁壶腹部上下以横线间断，刻划有菱格纹及细线。

铜灯

时代	西汉
尺寸	灯盘口沿 7.6、通高 16.8 厘米
来源	汉源县出土
收藏	汉源县文物管理所

整体由灯盘、灯把、灯座三部分组成。灯盘为铜行灯造型，圆形口、直壁、平底，一侧有长条形直柄，端部略尖。盘底有三瓦状足，盘底中部有一圆孔，用以与灯把相连接，可转动。灯把是一站立的人物形象，头顶一兽首，兽首口部咬住上方灯把，人物形象为胡人，戴尖顶胡帽，高鼻、深目、长髯，双手叉腰，裙上满刻线纹。灯座呈四角支钉状，整体形象似仙山，中部有圆孔，用以安插灯把。

这类胡人俑座铜灯，造型奇特，有陶质和铜质两种，陶质多为明器，铜质多为实用器；在陕西、广东、广西、河北、河南、云南、贵州等地有出土，但出土数量较少，在四川则更为罕见；是汉代中外文化交流的重要遗物。

四川文物精品 **青铜器** / 194

铜鼓（TOQ0002）

时代	西汉
尺寸	面径 44.5、足径 50、高 30.5 厘米
来源	1975 年会理三元倮倮冲出土
收藏	会理县文物管理所

铜鼓为石寨山型。鼓面中心饰以太阳芒纹、翔鹭纹，外侧饰以锯齿纹、云雷纹、弦纹组成的晕圈；鼓胸较丰，上部饰锯齿纹、云雷纹、弦纹，中间饰有四组竞渡船纹和羽人纹；胸与腰间铸有四对辫耳；腰部饰以几何斜线纹分隔的四组牛纹、鸟纹，下部饰以锯齿纹、云雷纹、弦纹；鼓足素面外撇。

编钟（TOQ0001）

时代	西汉
尺寸	通高 41～51、宽 18.9～25.5、厚 14～17 厘米
来源	1977 年会理黎溪转场坝出土
收藏	会理县文物管理所

编钟一组共六件，环钮，中空，上丰下杀，两侧有一至三个音孔不等，口部呈椭圆形。钟体两侧各饰有两两相对的蜿蜒蛇形图案，其间饰以勾连云雷纹、点线纹或锯齿纹；下部为弦纹、斜线纹组成的纹饰带。

蛇蛙俎

时代　战国晚期至西汉
尺寸　长45、宽16.3、通高17.1厘米
来源　盐源老龙头墓地出土
收藏　凉山州博物馆

俎面作长方形，四缘共有头尾相连的三十二只立体蹲蛙，俎面上有相背的两条蛇。蛇头位于俎的两端，蛇头上昂，口内各衔一条鱼，蛇身盘桓于俎中部，用阳线表现。俎足由两片栅栏形铜片构成，栅栏间的间隙呈三角形。俎足上铸有鱼纹，两端各有一个圆孔，有一条铜条穿过将俎足相连。

圆形牌饰

时代　战国晚期至西汉
尺寸　直径7.2、厚0.6厘米
来源　盐源老龙头墓地出土
收藏　凉山州博物馆

圆形，中部有一凸起的圆心，纹饰分内外两圈，内圈饰镂空车辐纹，辐上有圆珠纹，外圈饰镂空螺旋纹。

带饰

时代　战国晚期至西汉
尺寸　直径4.3～4.8、厚0.3～0.5厘米
来源　盐源老龙头墓地出土
收藏　凉山州博物馆

圆形，中间有一圆形凹窝，四周饰镂空八角或九角星纹，星纹上饰联珠纹。

蛇尾形杖

时代	西汉
尺寸	长 54.5、通宽 31、杖身宽 2.5、厚 1.5 厘米
来源	盐源老龙头墓地出土
收藏	凉山州博物馆

杖身为长条片形，上宽下窄，杖首如卷曲蛇尾状，杖末端略呈弧状。杖首满饰圆圈纹，杖身中部饰菱形纹，两侧饰折线纹。杖身上部与中部合焊两片左右对称的条形饰片，饰片的两端作回首兽头状。两侧饰片上各有一兽，相对而行，长颈弓背，身体细长，作回头行走状。

三女背水杖首

时代	战国晚期至西汉
尺寸	长 15.9、宽 6.6、銎长 7.2、銎孔直径 1.8 厘米
来源	盐源老龙头墓地出土
收藏	凉山州博物馆

杖首为锥形分节平台，台上环立三个少女，头带尖顶小帽，上身着紧身衣，下着齐膝筒裙，裙上有刺绣花纹；三少女各背一敞口深腹平底水罐。杖首下部为銎，圆筒形，上饰螺旋纹，銎中可安插木杖。

编钟

时代 战国晚期至西汉

尺寸 口径长 18.2、口径宽 14.8、通高 37.2 厘米

来源 盐源老龙头墓地出土

收藏 凉山州博物馆

桶形，中空，断面呈橄榄形。顶端有一弓形挂梁，肩部饰两个对称的同心圆。钟两侧有明显的合范铸造留下的范线。此件与云南晋宁石寨山 M6 出土的钟形制相近，带有浓郁的滇文化青铜器特征。

花瓣形缘铃

时代	战国晚期至西汉
尺寸	口长径 3.6、口宽径 2、高 6.8 厘米
来源	盐源老龙头墓地出土
收藏	凉山州博物馆

顶有一钮，下缘作花瓣状，横剖面呈橄榄状。铃体为部有一圆形条状横梁，下挂一长柄铃舌。

人马纹树形器

时代	战国晚期至西汉
尺寸	长 13.6、上宽 9.1、下宽 7.5、厚 0.1 厘米
来源	盐源老龙头墓地出土
收藏	凉山州博物馆

薄片状，树形。树干两侧各斜伸三枝，枝端有两枚上下相连的圆璧衔接三枝。两边顶端圆璧上各立一只长尾兽，兽立耳细腰。树干顶端立一人，肩宽腰细，似男性，一手上举牵二兽缰绳。

鹰纹铃

时代	战国晚期至西汉
尺寸	口长径 4.5、口宽径 3.4、通高 7 厘米
来源	盐源老龙头墓地出土
收藏	凉山州博物馆

顶有一钮，铃身横断面呈橄榄形。近下缘处饰有一道凸弦纹，铃体两面各饰一鹰，鹰大喙扇形尾，作展翅状。铃体内部有一圆形条状横梁，下挂一长柄铃舌。

人兽纹树形器

时代	战国晚期至西汉
尺寸	长 16.5、上宽 8.8、下宽 7.3、厚 0.3 厘米
来源	盐源老龙头墓地出土
收藏	凉山州博物馆

薄片状，树形。树干两侧各斜伸一枝，每枝枝端有两枚上下相连的芒纹圆璧。两边顶端圆璧上各立一马，马上骑一人。树干顶端立一人，肩宽腰细，似男性，一手上举牵二马缰绳，腰间斜佩一棍。

货泉钱范

时代 新莽

尺寸 长 10.5、中宽 7.4、边缘厚 1 厘米

来源 1976 年西昌黄联镇石嘉公社出土

收藏 凉山州博物馆

范似盘状，呈圆角长方形，四周有边框，背面为素面。正面整齐排列八枚"货泉"钱模，钱分二排，每排四枚，正反相交。钱面阳刻着垂针篆体的"货泉"二字，"货"字在右，"泉"字在左，钱面穿上无廓，仅背穿有廓。范的两侧等距离的列有棱形公母定位销各二道，以便浇铸时固范，范正中还有凸起的圆柱体浇铸口一个，柱体下有浇槽四道，槽成斜坡状，分别通向四方。此范所列"货泉"钱模，形制、大小、字体均与洛阳烧沟汉墓出土的第二种"货泉"相同，故可能为官范。

五铢钱范

时代 东汉

尺寸 残长 10、宽 7.5、厚 0.5 厘米

来源 1984 年西昌东坪废品站拣选文物时发现

收藏 凉山州博物馆

范似盘状，呈圆角长方形，四周有边框，背面为素面。范残，但可见正面整齐排列八枚"五铢"钱模，钱分二排，每排四枚。钱文特征"五"字交笔弯曲，与上下两横相接处呈垂直状，字体宽大；"铢"字"金"字头呈三角形，较大，四点较长；"朱"字头圆折，与洛阳烧沟汉墓Ⅲ型五铢钱相同。范的两侧等距离的列有棱形公母定位销各二道，以便浇铸时固范，范正中还有凸起的圆柱体浇铸口一个，柱体下有浇槽四道，槽成斜坡状，分别通向四方。钱范是中央政权统一下发各地的铸钱标准，这件钱范的出土，印证了东汉政权对其西南边疆的统治。

"蜀郡工官" 盆

时代	东汉
尺寸	口径 59.7、底径 33.5、高 18 厘米
来源	1978 年成都永丰公社省供销机械厂出土
收藏	成都博物馆

敞口，宽折沿，深腹，平底。盆壁内侧有一圆孔，外侧连接一短流口。盆内底部下凹呈圆形，左侧饰枝蔓、仙鹤和乌龟各一，右侧中央饰一只羊，上下均饰有花卉枝蔓，两侧纹饰中间用一列竖排隶书铭文隔开，铭文为："中平五年，蜀郡工官造作，周君，吉祥，宜王。"在器具上刻画仙草、珍禽瑞兽作为装饰在汉代十分盛行，是当时社会上普遍弥漫的追求成仙、长寿等思想的实物写照。这件铜盆的铭文，既有官府手工业的铭文内容，又有私人手工业的铭文内容，表明它是由蜀郡工官监制而由周姓作坊所承制，说明当时国家对手工业的控制不像先前那样严格了。

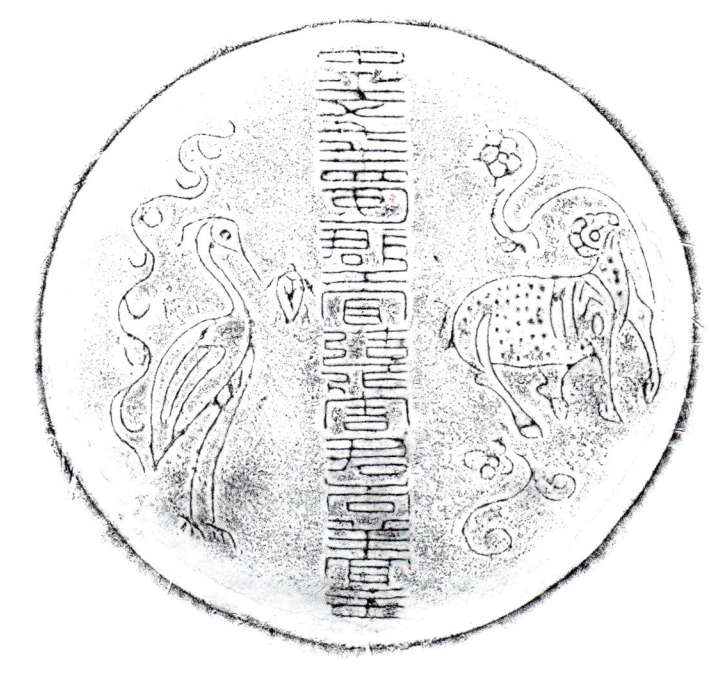

"都市平"铭文量器

时代	东汉
尺寸	长 20、宽 7.7、高 3.4 厘米
来源	征集
收藏	成都市郫都区文物管理所

长方形，底略内收小于口，底部一角略有缺损。设有长方形把手，内部中空，弧壁。此器内底铸有竖行隶书"都市平"三字，"市平"一词为王莽所创。东汉初，度量衡制度较混乱，建武帝曾"平铨衡，平斗斛"，对混乱的情况予以纠正，制定了度量衡统一标准。东汉时，将"市平"二字铸在各标准器上，意谓它符合市场府所定称量标准。出土的市平标准器，基本上可分两类，一类不指明市平器所用地，一类明确指出市平器所用地，如"洛阳市平""成都市平"。"都市平"器中"都"字当为某地名或地名简称，是否为"成都"有待进一步考证。

"永元元年朱提堂狼铜官造作"铭文鉴

时代	东汉
尺寸	口径 67、底径 36、高 28 厘米
来源	征集
收藏	通江县红四方面军总指挥部旧址纪念馆

敞口，宽折沿外侈，圆唇，深腹微鼓，下收至平底。上腹饰四道宽窄不一的瓦棱纹，内底铸有"永元元年朱提堂狼铜官造作"十二字阳篆铭文。颈部有一不规则椭圆形的小洞，双耳环缺失。"朱提堂狼"是地名，对于东汉时期出土较多较著名的带有"朱提堂狼"铭文的器物的具体产地，学术界观点不一。"铜官"是汉王朝设置的专门管理铜矿采冶和生产铜器的一个机构。铜鉴用于盛水，可供代替镜子或沐浴。此鉴形体较大，川内少见。这件铜鉴不同于其他地区出土的铜鉴之处在于其铭文是由年号、纪年、地名及监制机构组成，是汉代通江与外界交流的实证，具有较高的价值。

铜马、铜牵马俑

时代 东汉

尺寸 马长110、宽50、高134厘米；俑高68厘米

来源 1990年绵阳何家山2号墓出土

收藏 绵阳市博物馆

马由头、颈、前身、后身、尾、四肢等九个部分分别模制再组合而成。马呈站姿，左前蹄微举，呈行走状，体态矫健，尾末梢梳成球形髻。马眼球涂黑，腰和颈部等连接处尚存朱绘痕迹。

侍从俑戴平顶冠，着右衽短袍，腰系带，脚穿靴，右手上举作牵马状，左手执长盾于胸前左侧。

这类铜器在汉墓中发现较少，在南北朝墓葬中大量出现。甘肃武威雷台墓中有类似发现，出土成组的仪仗出行队列，其中有多套铜马与牵马俑。此套铜马与俑的发现一方面表现出东汉方兴未艾的丧葬观念，另一方面也体现了墓主人生前的社会地位。

*变形四叶对凤铜镜

时代	东汉
尺寸	直径 12.1、缘厚 0.3 厘米
来源	2001 年绵阳高新区河边镇白沙包崖墓出土
收藏	绵阳市博物馆

镜背中央为半球形带穿钮,圆形钮座。以钮座为中心,向外辐射成柿蒂纹,再向外是四组两两相对的凤鸟。宽素缘,缘内侧饰连弧纹。

龙虎铭文镜

时代	东汉
尺寸	直径 11.4、缘厚 0.45 厘米
来源	1987 年征集
收藏	绵阳市博物馆

镜背中央为半球形带穿钮,圆形钮座。纹饰分为内外两区。内区浮雕相对的二神兽,均张口露齿,其中右兽脑后有一长角,应为龙,左兽下颌有须,形似虎。外区从里至外分别由铭文带、柿齿纹带、三角形齿纹带、双线波折纹带与宽素缘组成。铭文为隶篆,内容为:"铜槃(盘)作大毋伤,巧工刻之成文章,左龙右虎辟不详,朱雀玄武顺阴阳,子孙备具居中央,长保二。"铭文中称镜为盘的实物还比较少见,只在以往的文献著录中出现过。

"青羊"铭文神兽镜

时代	东汉
尺寸	直径 9.4、缘厚 0.7 厘米
来源	1996 年绵阳游仙区白蝉乡朱家梁子 1 号崖墓出土
收藏	绵阳市博物馆

镜背中央为半球形带穿钮,圆形钮座。纹饰分为内外两区。内区浮雕相对的二神兽,均张口露齿,其中右兽脑后有一长角,应为龙,左兽下颌有须,形似虎,二兽尾间隶书"青羊"二字。外区从里至外分别由柿齿纹带、锯齿纹带、双线波折纹带与宽素缘组成。龙虎纹是汉晋时期铜镜中比较常见的题材。镜铭中常见"青羊作镜"或"青羊作",此镜"青羊"二字单独出现,十分罕见。

三段式神仙镜

时代	东汉晚期至六朝初期
尺寸	直径 18.5、缘厚 0.5 厘米
来源	1989 年绵阳市中区城郊乡何家山 1 号崖墓出土
收藏	绵阳市博物馆

镜背中央为半球形带穿钮，圆形钮座。纹饰可分为内外两区。内区由与镜钮平行的两条横线分割为上中下三段：上段中央有一华盖立于回首龟跌之上，右侧坐有一祠仙，其前后各立有一侍者，左侧有三人，均侧身面向右侧所坐之神仙，或躬或立，有可能为"帝尧赐舜之二女"及其随从或地位又低一级的神仙；中段镜钮两侧各正坐一神仙，右为东王公，头戴山字冠，坐于鹿背之上；左为西王母，头戴胜，坐于龙虎座之上；下段中央立一两相交缠的神树，上部的枝干向两侧延伸，树的两侧各坐有两名神仙。外区从里至外分别由铭文带、栉齿纹带、连续五边卷云纹带与宽素缘组成。铭文以钱纹开头，隶书"余造明（镜），□□能（？）容，翠羽秘盖，灵鹅台祀，调（雕）刻神圣，西母东王，尧帝赐舜二女，天下泰平，风雨时节，五谷孰（熟）成，其师命长"。与这面铜镜在构图风格、纹饰内容上都基本相同的铜镜，除四川以外在陕西出土过几面，美国和日本也还有一些同类型藏品。这类三段式神仙镜中的题材内容都是《山海经》《淮南子》这类南方文化传统中出现的事物，说明这类三段式神仙镜有很大程度是在四川西部的"西蜀广汉"制作，所以其神仙系统具有浓厚的巴蜀文化色彩。

三段式神仙镜

时代	东汉
尺寸	直径 17.5、缘厚 0.5 厘米
来源	1976 年邛崃羊安镇汉墓出土
收藏	邛崃市博物馆

镜面略呈弧形。镜背中央为半球形带穿钮，圆形钮座。纹饰分为内外两区。内区由与镜钮平行的两条横线分割为上中下三段：上段中央有一华盖立于龟跌之上，右侧坐一仙人，其后右侧一人坐于兽背上，其后左侧两人坐于凭几高台之上；左侧有三人，一须髯老者手持节杖面向右侧仙人躬腰而立，其后一人头戴高冠拱手朝向仙人作揖拜状，最后一人作蹲跪状。中段镜钮两侧各正坐一仙人，左侧为东王公，头戴山字形冠，跽坐于双兽座上；右侧为西王母，头戴胜，跽坐于龙虎座上。下段中央立一两相缠绕的神树，上部枝蔓向两侧延伸，树下两侧各坐两位仙人。外区从里至外分别由铭文带、栉齿纹带、连续多边形卷云纹带与宽素缘组成。铭文带上的铭文为隶篆，内容为："余造明镜，九子作，上刻神圣，西母东三，央赐妻元女，天下泰平，禾谷孰（熟）成"。此镜中段东王公西王母的位置与通常所见的"东王公在右，西王母在左"的位置正好相反。

鎏金龟钮"关内侯印"印

时代	东汉
尺寸	长 2.2、宽 2.2、通高 2.4 厘米
来源	1979 年芦山县龙门乡采集
收藏	芦山县博物馆

铸造。方形，顶部有一龟形钮，龟首上昂，表面鎏金。文字镶嵌金线，印文为凿刻篆书，白文两行四字，文曰"关内侯印"。《后汉书·百官志》记载："关内侯，承秦赐爵十九等，无土，寄食在所县，民租多少，各有户数为限。"可见关内侯为爵位名，在秦汉二十等爵位中位列第十九等，有封号，但无封国，可按规定户数征收租税。

*螭龙凤鸟绶"李宜私印"印

时代	东汉
尺寸	长 1.3、宽 1.2、高 7.5 厘米
来源	1989 年芦山县清源乡采集
收藏	芦山县博物馆

铸造。方形，印台背顶部有带穿钮，套一蟠龙状圆环形绶，盘龙顶端栖有一鸟。印面凿刻篆书，白文两行四字，文曰"李宜私印"，应为汉代私印。螭龙凤鸟绶印章在汉代印章中少见，目前四川仅此一例。

B

*羊灯

时代	东汉
尺寸	长 14、宽 6.4、高 9.7 厘米
来源	茂县南新镇牟托村出土
收藏	茂县羌族博物馆

灯作卧羊形，昂首，双角绕耳卷曲，颔下有长胡须，下端交于羊脖处，身躯浑圆，四肢蜷曲于身下，小短尾。羊背部和身躯分铸，羊头后设活钮使背部与身躯相连，以羊尾作提钮，可将羊背向上翻开，平放于羊头上作为灯盘。羊腹腔中空，应是储存灯油之用。全器用细线依形刻画羊毛，形象生动逼真。

A

单耳铜斗

时代 东汉
尺寸 口径 20.4、底径 12.8、高 10.5 厘米
来源 征集
收藏 汉源县文物管理所

直口微敛,深腹,平底,绳纹竖耳。口沿外有宽棱一周,近底部饰凸弦纹二周,底部有十字形凸弦纹。这是一件铜量器,与成都西郊罗家碾出土的铜斗形制相似。这件铜斗为研究汉代的量器和度量衡制度提供了又一件实物资料。

傩戏纹耳杯

时代 东汉
尺寸 口长 11.3、口宽 8.8、底长 6.4、底宽 3、高 2.5 厘米
来源 1996 年西昌马道镇杨家山 1 号东汉墓出土
收藏 凉山州博物馆

侈口,平底,杯呈椭圆形,两侧各有一耳,耳上饰有菱形纹,分为四段。内底饰一椭圆形三角锯齿纹条带,中间饰浅阳线傩戏图。杯内壁及底部有破损,其余保存完好。这件傩戏纹耳杯刻画了汉代西南少数民族地区的民间祭祀活动,为研究西南夷的宗教信仰提供了新资料。

摇 钱 树

摇钱树是东汉六朝时期主要流行于西南地区的一种随葬器物，是厚葬风气盛行的产物。这类器物产生于东汉早期，初兴于东汉中期，盛行于东汉晚期，初衰于三国西晋时期，终亡于东晋南朝时期，它的兴衰是当时西南地区政治局势变化、经济发展盛衰、人口结构巨变、丧葬风俗与宗教信仰变迁等因素共同作用的结果。成都平原一带是摇钱树最早产生之地，也是其分布的核心区域，而后逐渐传播到重庆、云南、贵州一带，甚至传播到陕西南部、湖北西北部和甘肃东南部。可以说，摇钱树实为东汉六朝时期西南地区地域文化的一种代表性器物。

摇钱树通常由铜树体和陶（石、砖）树座两部分组成。铜树体由主干、枝叶和顶饰构成，分段铸造，其上有西王母、羽人、佛像、杂耍人物、凤鸟、芝草等图案；树座上往往有西王母、仙人骑羊、有翼神兽、鹿、野猪、摇钱场景等浮雕图案。这些图案对于研究当时的风俗习惯、宗教信仰、宗教艺术以及早期佛教与本土宗教的关系等，均具有重要的学术价值。

摇钱树

时代　东汉
尺寸　树高148.5、座高49.5、通高198厘米
来源　1990年绵阳何家山2号墓出土
收藏　绵阳市博物馆

摇钱树有铜树体和陶树座两个部分。铜树体由顶饰、主干和枝叶组成。顶饰分上、中、下三个部分，下部为一大一小相套的双璧，大璧饰凤鸟、羽人纹，两侧下端各有一龙，上端有一人首兽身的神怪，其右侧一人右手持节站立。中部为西王母端坐龙虎座上，额中有一白毫相，头戴冠，冠侧各有一方胜；肩生双翼，翼弯曲向上托住一圆璧，龙、虎头上各有一束盛开的莲花。上部为一展翅凤鸟。主干五节，中空，呈杆形。枝叶有四层，大体可分为象与象奴、力士与璧、凤鸟与二兽、凤鸟与三兽、龙首五种，图像非常丰富，有大象、象奴、灵芝、莲花、龙、羽人、力士、玉璧、凤鸟、神怪等图形。陶钱树座分为上下两个部分，上部为一圆雕狮子，张口、昂首、胁生双翼，背立一圆柱；下部浮雕五羊，或吃草，或奔跑，或回首，姿态生动。

白毫相本为佛教如来佛的三十二相之一，是表现如来佛神格的标志图像之一，但在这株摇钱树上，它却出现在了中国传统宗教神人西王母的额头上，这反映了佛教艺术对中国传统宗教美术的影响，对于探寻早期佛教艺术与中国传统宗教艺术的关系，以及早期佛教与中国传统宗教的关系，均具有重要的参考意义。

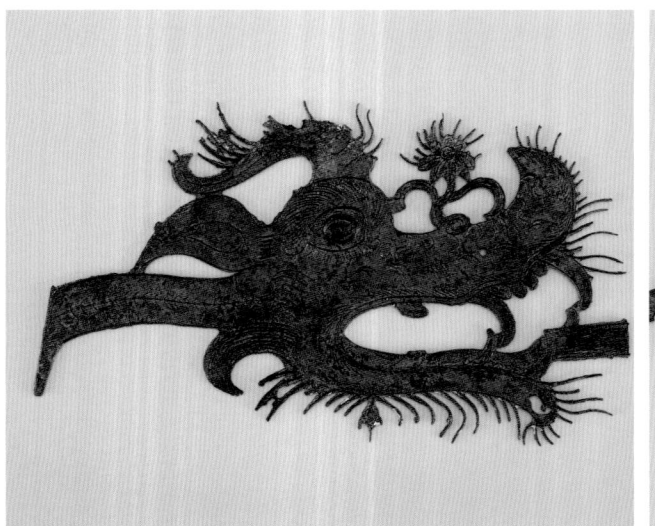

摇钱树

时代	东汉
尺寸	树高 98、座高 52、通高 150 厘米
来源	1982 年绵阳石塘乡崖墓出土
收藏	绵阳市博物馆

摇钱树顶饰为一只凤鸟，凤鸟前有小人、马及藤蔓植物等。主干六节，为实心圆柱形。枝叶有五层，可分为西王母、杂技两种题材。

西王母枝叶分为左右两区，右区有五枚钱币，三枚大钱居上，中间一枚上有龙、虎构成的瓶形龛和台座，龛内端坐西王母，左边为"五利后"铭文钱币，其右下有一人骑马举物奔向西王母，西王母右下侧钱币上一人举物面向西王母，二枚小钱居下，左边一钱站一人，穿右衽长袍，右手持一臼杵作捣药状，右边一钱立一马，马侧站立二人作交谈状；左区有三枚钱币呈品字形分布，左边上钱站立二人相对作交谈状，下钱上立一人，钱侧依附一龙，右边一钱上栖一鸟，右侧一人以手逗鸟，左侧有一人骑驴，下方一鹿。陶树座为泥质红陶，表面施低温透明釉。上部塑一羊，羊角后卷，双眼圆睁，四腿有羽翼，前肢下跪，后肢站立，腹下有一小羊吮其乳，臀后有二人拥抱。羊背立一圆柱，一人骑于羊背，头竖长耳，肩生羽翼，双手抱柱。下部自上而下分为三层，第一层一面中央一人跪坐抚琴，其旁一人跪坐扶几，作抚耳侧身倾听状，听琴者右侧坐一人，身体前倾，以手抚耳，亦作听琴状，抚琴者身后有一圆拱形龛，其内卧一兽，另一面为二人培植灵芝图；第二、三层为龙蛇图和狩猎场景及二鹿交配图。

杂技枝叶分成上下两区，上区有三人表演倒立、托罐、耍刀等杂技；下区悬挂六枚带芒五铢钱币，两面皆有星象图。汉代杂技表演风行于上自皇家下到平民百姓的社会各个阶层，东汉时著名天文学家、文学家张衡曾在《西京赋》中，以生动的笔触描绘了西汉皇家杂技表演盛况。这株摇钱树上的杂技枝叶再现了汉代杂技表演之风，为我国古代杂技艺术研究提供了重要的图像资料。

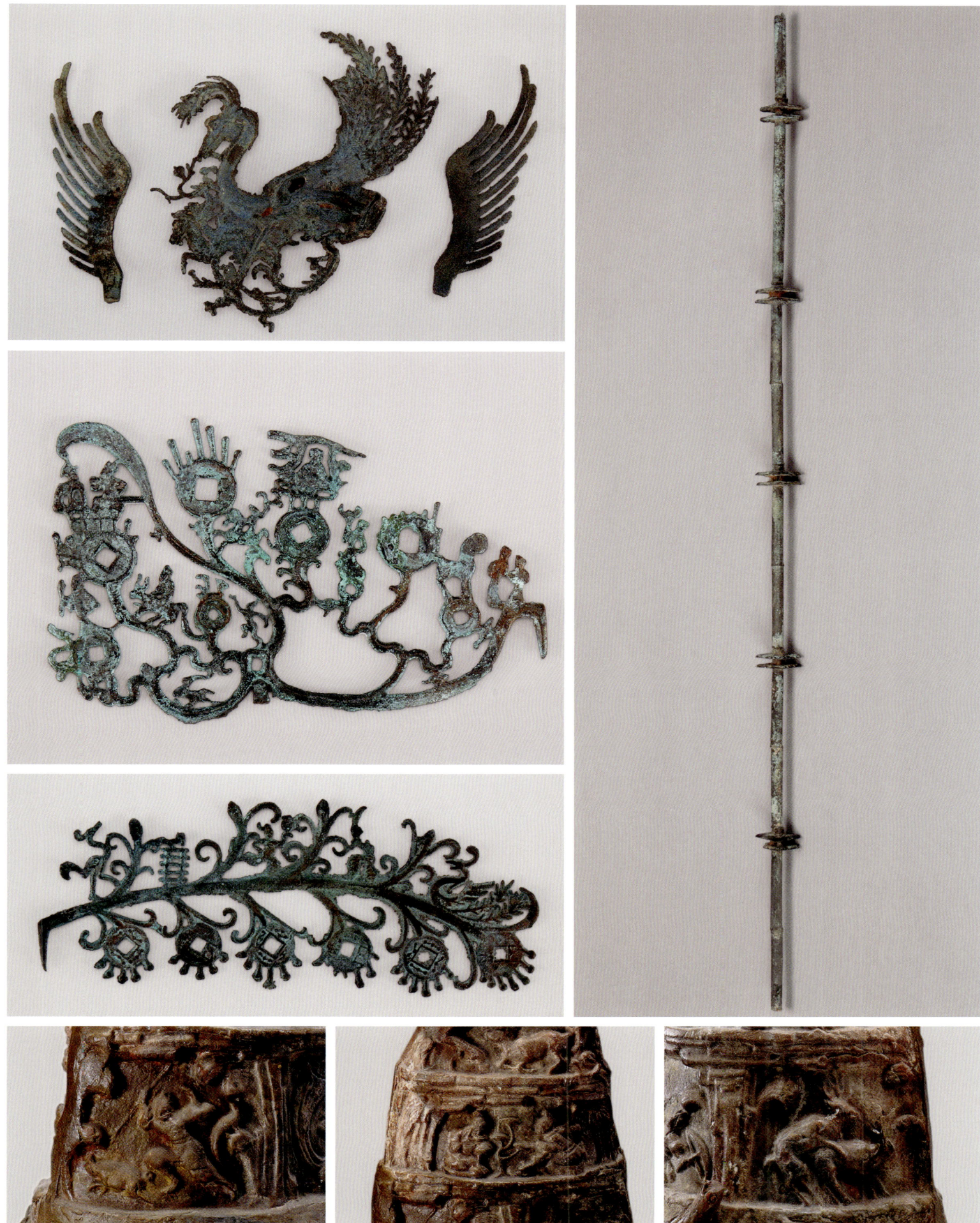

211

摇钱树

时代 东汉

尺寸 树高 105.5、座高 57.5、通高 163 厘米

来源 1989 年绵阳市中区城郊乡何家山 1 号崖墓出土

收藏 绵阳市博物馆

摇钱树顶饰分上下两个部分，上部为一展翅凤鸟；下部为一柱，柱顶有一插头，柱左右各立一人，右者以一手扶柱，左者右手上举，左手下垂执一物，二人身后皆有枝蔓连接的钱币数枚。主干五节，每节中央皆有一佛像，佛像双眼微合，上唇有髭，头顶有肉髻，头后有一椭圆形项光，上身穿通肩衣，左手握衣角，衣角下垂呈 U 字形，右手施无畏印，结跏趺坐，佛像两侧装饰钱币。枝叶有四层，图像丰富，有龙、凤鸟、仙人骑鹿、玉璧、藤蔓等图形。

陶树座为红陶，上部塑一羊，羊四腿有羽翼，微曲，腹下有一小羊作吮乳状，羊背立一圆柱，柱旁一人骑于羊背作抱柱状。下部浮雕两层图案，上层为二人培植、观察灵芝图，下层为狩猎场景图。

佛教大约于公元元年前后传入中国内地，以佛像为代表的佛教艺术也随之逐渐传入。魏晋南北朝时期的文献中，对汉晋时期佛教在中原地区和江南地区的传播情况多有记载，而蜀地此时的情况则缺乏明确的记载，以至隋代费长房在《历代三宝记》中发出感叹："魏、蜀、吴三国鼎峙，其蜀独无代录者何？岂非佛日丽天，而无缘者莫睹，法雷震地，比屋者弗闻哉！"以绵阳何家山 1 号墓出土的佛像摇钱树为代表的摇钱树佛像，填补了早期文献记载的空白，对于探寻汉晋时期佛教及其艺术在西南地区的传播，提供了十分难得的图像资料，具有非常重要的宗教意义和学术价值。

摇钱树

时代	东汉
尺寸	树高 90、座高 45.3、通高 135.3 厘米
来源	1972 年彭山县双江公社崖墓出土
收藏	四川博物院

摇钱树顶饰为一只展翅凤鸟，昂首，口衔珠丸，胸前有数枚钱币。主干五节，均素。枝叶五层，分为西王母与人物、西王母杂技两种题材，前者位于第一至第四层，后者位于第五层。西王母与人物枝叶大略分为左右两区，右区错落分布四枚五铢钱币，居中一枚上有一台，台上有一龙虎座与华盖构成的瓶形龛，龛内端坐西王母；左区有五枚五铢钱相连，有人物、动物活跃于其间。西王母杂技枝叶分为上下两区，上区居中为西王母端坐龙虎座，西王母杂技枝叶分为上下两区，上区居中为西王母端坐龙虎座。西王母一边饰玉兔跪坐持臼捣药，玉兔旁边是一人手执花束和一人持环状物，最后有一只凤鸟，翘尾。另一边饰持物跪坐的蟾蜍和一人持物，旁边是舞者、有正在表演跳丸和表演叠案的人，最后有一人跪坐。

树座分为上下两个部分，上部为二兽重叠状，似为狮子，前后腿皆有羽翼，上兽昂首张嘴，头顶有一独角，下兽低首拱背；下部浮雕卷云纹和连续菱形纹。

西王母是两汉时期广受尊奉的神灵，在西南地区甚至处于独尊的地位。这株摇钱树丰富的图像，一方面反映了当时西王母独尊的状况，另一方面再现了当时人们歌舞娱神祠祀活动的盛况，对于研究汉代西王母信仰具有重要的学术价值。

摇钱树

时代	东汉
尺寸	树高 104、座高 48、通高 152 厘米
来源	1983 年 8 月广汉万福狮象村出土
收藏	广汉市文物管理所

摇钱树顶饰为一只展翅凤鸟。主干七节，细长，无图案装饰。枝叶有六层，大体分为两种：第一种分为左右两区，左区五枚钱币，分两层排列，上层三枚，中间一枚上有一台，台上西王母端坐龙虎座，头顶华盖，座下有人作击鼓、舞蹈状，西王母左右各有一枚"五利后"铭文钱币；右区呈品字形分布三枚钱币，上边一枚带芒刺，其上有二人端坐案前，二人左右各有一人作骑驴、舞蹈状，下方二枚钱币，颇似剪轮钱，左钱上方和左侧各有一人作执剑搏斗状，下方一人作拉弓射猴状。第二种枝叶分为上下两区，上区中央有一台，台上西王母端坐龙虎座，肩生双翼，双翼向上托一屋形顶，西王母左侧有二人作持花、舞蹈状，其后又有二人在三层叠案上倒立，枝叶最左端一人跽坐观看杂技，西王母右侧有二人，或站立，或弯腰击鼓；下区悬挂六枚带芒钱币，中间三枚钱币之间有二人作攀爬枝条状。

陶树座绿釉红陶。上部塑二兽，一大一小，状似狮子，小兽站立于大兽背上。小兽抬首张嘴，头顶有一三角形突出物，背立一圆柱；大兽低首，拱背，四足站立。二兽前后腿皆有羽翼；下部浮雕卷云纹和连续菱形纹。

这株摇钱树图像丰富，不仅展现了汉代西南地区西王母图像的典型样式，而且第二种枝叶上的西王母、杂技图案，更是让人联想到《汉书·五行志》所载哀帝建平四年（公元前 3 年）夏"京师郡国民聚会里巷仟佰，设张博具，歌舞祠西王母"的祠祀活动，为探寻汉代祠祀西王母的活动提供了颇为直观的图像材料。

下编 研究论文
Research Papers

四川商代和西周时期的青铜器
陈德安　四川省文物考古研究院研究员

三星堆文明的青铜铸造技术
许　杰　旧金山亚洲艺术博物馆馆长、美国人文与科学院院士、
　　　　上海大学文学院特聘教授

四川东周秦汉时期的铜器——以巴蜀文化时期铜器为中心
孙　华　北京大学考古文博学院教授

四川商代和西周时期的青铜器

陈德安

四川省文物考古研究院研究员

一、四川盆地新石器时代文化的来龙去脉

四川盆地位于长江上游，西依青藏高原和横断山脉，北近秦巴山脉，东接湘鄂山地，南连云贵高原。盆地中部为丘陵，西部为成都平原。成都平原是由发源于川西北高原的岷江、沱江及其支流的冲积扇重叠连缀而成的复合型冲击平原。约在中更新世末期，四川盆地由内流型盆地演化为外流型盆地。

成都平原河流最早形成在距今 6700 年左右，河流切割平原成台地地貌也是从这时期才开始形成，这一进程晚至距今 2500 年左右的春秋战国之际才基本结束。河流之间出现条状台地后才适合人类定居。由于盆底出露和成都平原的出现都较晚，四川盆地内的新石器时代文化产生也较晚。所以，盆地周缘地区的新石器时代文化晚于盆地以外相邻地区，成都平原的新石器时代文化晚于盆地周缘地区。

（一）四川盆地以外相邻地区

在盆地相邻的陇东地区，距今 20000～13000 年，人类完成了从旧石器时代向新石器时代的过渡，出现细石器和大地湾一期陶片，产生了以大地湾为代表的新石器时代早期文化，之后历经了整个仰韶早、中、晚期三个阶段[1]。在盆地以东长江三峡出口发现的长阳桅杆坪遗址底层文化，说明距今 1 万年左右这里已进入新石器时代早期[2]。距今 8000～6800 年，江汉平原的城背溪文化向西辐射进入西陵峡内；三峡东端还出现楠木园文化[3]，楠木园文化与城背溪文化在西陵峡相遇，二者都未进入四川盆地的峡江地区。在距今 7000 年的新石器时代中期，四川盆地东北大巴山以北汉水流域的河谷地带，出现了李家村文化[4]。

---

[1] 甘肃省文物考古研究所：《秦安大地湾——新石器时代遗址发掘报告》，文物出版社，2006 年。
[2] a. 王善才：《长阳桅杆坪新石器时代遗址》，中国考古学会编《中国考古学年鉴（1993）》，文物出版社，1995 年，第 200～201 页；
　　b. 湖北省清江隔河岩考古队、湖北省文物考古研究所：《清江考古：长阳地区考古发掘报告》，科学出版社，2004 年。
[3] 国务院三峡工程建设委员会办公室、国家文物局：《巴东楠木园》，科学出版社，2006 年。
[4] 陕西省考古研究所、陕西省安康水电站库区考古队：《陕南考古报告集》，三秦出版社，1994 年。

（二）四川盆地周缘地区

1. 盆地北缘和北部

四川盆地北缘的秦岭南坡属陕甘境内的长江水系区域，除嘉陵江正源外，还有白水江、白龙江、白峪河纳入嘉陵江。在这些区域，分布着以大李家坪新石器时代遗址为代表的遗存，学者综合这些遗存将其分为四期文化：第一期属于半坡类型文化；第二期属于庙底沟期文化；第三期接近马家窑文化"石岭下类型"，相当于大地湾第四期文化；第四期相当于大李家坪遗址第三期，大量仰韶文化和马家窑文化因素共存，同时地方特点明显[1]。

盆地北部大巴山西端嘉陵江中上游的新石器时代文化，以广元中子铺遗址[2]时代最早，距今6700～5700年，相当于新石器时代中期。另外，还发现距今6000～5000年的新石器时代遗址数处，如张家坡遗址[3]，年代距今6000～5500年；邓家坪遗址[4]，年代距今5500～5000年；鲁家坟遗址[5]、阆中灵山遗址[6]，年代距今5000～4500年。根据第三次全国不可移动文物普查资料显示，在盆地东北部嘉陵江支流渠江流域上源的通江河以及渠江支流的州河等河流两岸，都广泛分布着距今5000～4500年的新石器时代末期至龙山时代早中期的古遗址[7]，这些遗址较早的遗存与汉水流域的李家村文化有一定的渊源。进入玉溪坪文化时期，大巴山地区新石器时代文化已发展至繁荣时期，文化面貌也与三峡地区的玉溪坪文化较为相似。进入新石器时代末期后，这旦的文化面貌又与三峡地区的中坝文化基本相似[8]。

2. 盆地东部三峡地区

盆地东部三峡地区，是盆地周缘新石器时代文化产生较早的地区，在距今9000～8000年间出现了以鱼腹浦遗址和藕塘遗址为代表的新石器时代早中期之际的文化[9]。距今7600～5300年间，三峡西端出现了以丰都玉溪遗址为中心的新石器时代中期后段至新石器时代晚期的玉溪文化。玉溪文化分玉溪上层文化和玉溪下层文化[10]，玉溪上层文化距今6300～5300年；这一时期李家村文化向南发展越过大巴山，抵达大巴山南坡东西两端的河流谷地，与当地文化融合，在西端产生了"中子铺遗存"，在东端产生了玉溪上层文化。玉溪上层文化在三峡西端和大巴山东端地区有广泛的分布。在玉溪上层文化和"中子铺遗存"中，带有较多的李家村文化因

---

[1] 张强禄：《白龙江流域新石器时代文化谱系的初步研究》，《考古》2005年第2期。
[2] a. 中国社会科学院考古所四川工作队：《四川广元市中子铺的细石器遗存》，《考古》1991年第4期；b. 王仁湘、叶茂林：《四川盆地北缘新石器时代考古新收获》，李绍明、林向、赵殿增主编《三星堆与巴蜀文化》，巴蜀书社，1993年，第257～265页；c. 或被学者推定为距今7000～6000年，见白九江、蒋晓春、赵秉清：《川东北地区先秦时期考古发现与考古学文化》，《四川文物》2013年第2期。
[3] a. 中国社会科学院考古所四川工作队：《四川广元张家坡新石器时代遗址的调查与试掘》，《考古》1991年第9期；b. 王仁湘、叶茂林：《四川盆地北缘新石器时代考古新收获》，《三星堆与巴蜀文化》，第257～265页。
[4] a. 叶茂林：《广元邓家坪新石器时代遗存》，中国考古学会编《中国考古学年鉴（1991）》，文物出版社，1992年，第259～269页；b. 王仁湘、叶茂林：《四川盆地北缘新石器时代考古新收获》，《三星堆与巴蜀文化》，第257～265页。
[5] 郑若葵、唐志工：《广元市鲁家坟新石器时代遗址调查记》，《四川文物》1992年第3期。
[6] 四川省文物考古研究院、南充市文物管理所、阆中市文物局：《四川阆中市灵山遗址新石器时代遗存发掘简报》，《四川文物》2018年第2期。
[7] a. 四川省文物考古研究院：《渠江流域古遗址调查简报》，《四川文物》2005年第6期；b. 白九江、蒋晓春、赵秉清：《川东北地区先秦时期考古发现与考古学文化》，《四川文物》2013年第2期。
[8] 白九江：《重庆地区的新石器文化——以三峡地区为中心》，巴蜀书社，2010年，第33～43页。
[9] 中国科学院古脊椎动物与古人类研究所等：《奉节鱼腹浦遗址旧石器时代考古发掘报告》，重庆市文物局等编《重庆库区考古报告集（1997卷）》，科学出版社，2001年，第144～159页。
[10] 重庆市文化遗产研究院、丰都县文物管理所：《重庆丰都玉溪遗址北部新石器时代遗存2004年度发掘简报》，《江汉考古》2013年第3期。

素，两者均以小石器、细石器、绳纹红陶和"覆烧"呈内黑外红的陶器为其特征。

距今5300～4600年间，由玉溪上层文化发展演化而来的玉溪坪文化在三峡地区发展十分繁荣，呈现向四周扩张的态势：向西发展进入嘉陵江流域，在嘉陵江上游和渠江流域发现的新石器时代晚期遗址中能见到较多的玉溪坪文化因素[1]；向西南发展顺长江干流西上达金沙江下游，在屏山县叫化岩遗址中发现有玉溪坪文化和中坝文化因素[2]；向东发展辐射到西陵峡地区，与大溪文化晚期和屈家岭文化都有过接触；还向南辐射到乌江和酉水流域。继玉溪坪文化之后是中坝文化[3]，年代上限为距今4600～3700年或更晚。中坝文化向东已经越过瞿塘峡，与鄂西的白庙遗存有过接触；向西影响到渠江及其支流区域，在这些地区的文化遗存中均带有较多的中坝文化因素。

3. 盆地西部岷江和涪江上游

盆地西部岷江上游新石器时代遗址以茂县为中心有广泛的分布，其中茂县营盘山遗址最为典型。营盘山主体遗存被命名为营盘山文化[4]。营盘山遗存初步分为三个阶段[5]：

第一阶段以茂县波西遗址下层灰沟遗存为代表，年代上限可到距今6000年，出土的陶器除本地因素外，另有较明显的庙底沟类型文化因素。

第二阶段遗存是营盘山遗址主体遗存，年代距今5300～5000年。陶器多为矮圈足，掺粗石英砂，表面饰绳纹、线纹、凹弦纹、附加堆纹、箍带纹，石器多小型磨制石器和细石器。这些特征是同时期岷江上游和大渡河上游新石器时代文化的共性特征。遗存中还存在大量的黄河上游马家窑文化石岭下类型、马家窑类型文化因素和大地湾第四期仰韶文化因素，反映出黄河上游的马家窑文化、仰韶文化越过川西高原和秦巴峡谷，来到大渡河中上游和岷江上游，融入当地先前的文化中，产生了营盘山文化。

成都平原北部什邡桂圆桥遗址第一期遗存属于营盘山文化[6]，是成都平原目前发现最早的新石器时代遗存，说明营盘山文化是最早进入成都平原北部边缘的一支新石器时代文化。

第三阶段遗存距今4500年左右。在岷江流域，这一阶段的遗址有茂县南新白水寨遗址[7]、沙乌都遗址[8]、汶川县高坎遗址[9]等。这些遗址出土遗物较单调，陶器种类有绳纹加锯齿花边口沿装饰的夹砂灰陶侈口罐、喇叭口长颈泥质磨光陶壶、沿面施绳纹的夹砂褐陶罐等，陶器特征与涪江上游的茂县下关子遗址[10]、江油大水洞遗址[11]、绵阳边堆山遗址[12]有一些共同之处。营盘山文化第三阶段遗存陶器特点与成都平原宝墩文化的同类陶

---

[1] 代玉彪：《玉溪坪文化扩张动因考察》，《四川文物》2013年第5期。
[2] 刘志岩：《金沙江下游与重庆峡江地区新石器时代末期考古学文化比较研究》，《四川文物》2011年第5期。
[3] 于孟洲：《重庆峡江地区中坝文化研究》，《考古与文物》2010年第3期。
[4] 成都市文物考古研究所、阿坝藏族自治州文管所、茂县博物馆：《四川茂县营盘山遗址试掘报告》，成都文物考古研究院编《成都考古发现（2000）》，科学出版社，2002年，第1～77页。
[5] 陈剑：《波西、营盘山及沙乌都——浅析岷江上游新石器文化演变的阶段性》，《考古与文物》2007年第5期。
[6] a. 四川省文物考古研究院、德阳市博物馆、什邡市博物馆：《四川什邡桂圆桥新石器时代遗址发掘简报》，《文物》2013年第9期；b. 万娇、雷雨：《桂圆桥遗址与成都平原新石器文化发展脉络》，《文物》2013年第9期。
[7] 成都市文物考古研究所、阿坝藏族自治州文物管理所、茂县羌族博物馆：《四川茂县白水寨和沙乌都遗址2006年调查简报》，《四川文物》2007年第6期。
[8] 陈剑：《四川盆地西北缘龙山时代考古新发现述析》，《中华文化论坛》2007年第2期。
[9] 同上。
[10] 成都市文物考古研究所、阿坝州文管所、茂县羌族博物馆：《四川茂县下关子遗址试掘简报》，《四川文物》2008年第2期。
[11] 四川省文物考古研究院、绵阳市博物馆、江油市文物管理所：《四川江油大水洞新石器时代遗址发掘简报》，《四川文物》2006年第6期。
[12] a. 中国社会科学院考古研究所四川工作队：《四川绵阳市边堆山新石器时代遗址调查简报》，《考古》1990年第4期；b. 王仁湘、叶茂林：《四川盆地北缘新石器时代考古新收获》，《三星堆与巴蜀文化》，第257～265页。

器有相近之处，而与营盘山文化第二阶段的主体遗存差距较大，说明宝墩文化在兴盛时期势力范围扩展到岷江上游下段和涪江上游地区，阻止了营盘山文化进入成都平原。营盘山文化走向衰落时期则是宝墩文化繁荣兴盛时期。

4. 盆地西部大渡河上、中游

大渡河发源于青海果洛山南麓。上源足木足河流经马尔康县接纳梭磨河、绰斯甲河后称大金川，在纳入小金川后称大渡河。大渡河上源和岷江上源都靠近黄河河曲地带，为黄河上游的先秦文化南下提供了地利之便。由于受到相同文化的影响，大渡河上游和岷江上游的新石器时代文化表现出很大的一致性。

大渡河上游的新石器遗存，经碳十四测年被推定为距今5500～4700年，以金川县刘家寨遗址[1]和马尔康县哈休遗址[2]最为重要，初步分为四个时期[3]：第一期个别陶器接近半坡文化晚期的器物；第二期陶器接近陇东南和陕南半坡文化晚期至庙底沟文化中晚期的器物；第三期的陶器特点是马家窑文化辐射到该地区、营盘山文化和马家窑文化共存的一种文化面貌；第四期年代相当于龙山时期，陶器具有本地新石器时代文化特色。

大渡河中游的石棉、汉源，是四川盆地西部地区新石器时代至商周时期东西南北文化交汇之地。大渡河大峡谷以上大树乡一带为广阔的河谷阶地，其上分布着距今4700～4000年的新石器时代遗址和商代晚期至西周早期的古遗址数十处[4]。其中以麦坪遗址面积最大，堆积最丰富，年代序列也较为完整，文化遗存可以分为四类[5]：第一类遗存最早，年代距今4700～4400年，部分陶器与安宁河流域横栏山遗址有较多的关联性；第二类遗存以石棺墓为代表，随葬的陶器有侈口鼓腹罐、长颈壶、大口尊、提梁壶、鸭形壶，在狮子山遗址还发现彩陶片，用石棺的葬俗和石棺墓出土的陶器与甘青地区的马家窑文化马厂类型接近，年代在距今4300～4000年之间；第三、四类文化遗存中出土的尖底陶器和成都平原的三星堆遗址第四期、金沙遗址出土的尖底陶器近似，说明在晚商至西周早期，成都平原的蜀文化已经辐射到大渡河中游地区。而大渡河中游基本不见营盘山文化的因素，说明大渡河上游的营盘山文化未南下至大渡河中游。

（三）成都平原的宝墩文化及三星堆遗址

1. 宝墩文化——成都平原史前聚落群

约在新石器时代晚期，成都平原出现适合人居的环境。岷江上游处于鼎盛时期的营盘山文化的一部分先民，开始顺江来到成都平原北缘沱江冲积扇上定居。距今5100年的什邡桂圆桥遗址第一期遗存，具有明显的营盘山文化因素[6]；在宝墩遗址和高山古城遗址宝墩文化遗存之下，也发现有早于已知宝墩文化且与营盘山文化有

---

[1] 四川省文物考古研究院、阿坝藏族羌族自治州文物管理所、金川县文化体育局、壤塘县文化体育局：《四川金川县刘家寨遗址调查简报》，《四川文物》2012年第5期。
[2] 阿坝藏族羌族自治州文物管理所、成都文物考古研究所、马尔康县文化体育局：《四川马尔康县哈休遗址2006年的试掘》，四川大学博物馆等编《南方民族考古》第六辑，科学出版社，2010年，第295～374页。
[3] 陈苇：《大渡河上游新石器时代遗存分期及性质》，重庆市文物考古所等编《"早期中国文化的交流与互动——以长江三峡库区为中心"学术研讨会论文集》，科学出版社，2012年，第304～310页。
[4] a. 王瑞琼：《汉源县瀑布沟水库淹没区文物古迹调查情况》，《四川文物》1990年第3期；b. 叶茂林、唐际根：《四川汉源县大树乡两处古遗址调查》，《四川文物》1991年第5期；c. 大渡河中游考古队：《四川汉源县2001年度的调查与试掘》，成都文物考古研究院编《成都考古发现（2001）》，科学出版社，2003年，第306～383页。
[5] 刘志岩：《麦坪遗址的初步分析》，重庆市文物考古研究所等编《"早期中国文化的交流与互动——以长江三峡库区为中心"学术研讨会论文集》，第326～335页。
[6] a. 四川省文物考古研究院、德阳市博物馆、什邡市博物馆：《四川什邡桂圆桥新石器时代遗址发掘简报》，《文物》2013年第9期；
b. 万娇：《桂圆桥遗址与成都平原新石器文化发展脉络》，《文物》2013年第9期。

一定关联性的遗存[1]；在三星堆遗址一期陶片中，也会隐约看到营盘山文化的一些因素。三星堆遗址一期偏早的地层和绵阳边堆山遗址提取的碳十四标本，测出的年代可以早至距今4800年以上[2]。这些新材料和碳十四测年数据，比目前大家所认知的宝墩文化年代还要早一两百年。

在距今4600～3700年间，成都平原岷江冲积扇和沱江冲积扇上出现了一大批史前聚落，三星堆遗址一期遗存和宝墩遗址分别是沱江冲积扇和岷江冲积扇上两个超大型聚落。三星堆遗址一期遗存年代最早，面积超过5平方千米；而宝墩遗址是距今4600～4300年间成都平原上面积最大、时代最早、文明化程度最高的城市聚落。这一时期偏早的古城址多在岷江右岸发现，如新津宝墩古城[3]、大邑高山古城[4]和盐店古城[5]、崇州双河古城[6]和紫竹古城[7]、都江堰芒城[8]等；偏晚的古城址多在岷江左岸和靠近沱江冲积扇发现，如温江鱼凫城[9]和郫都区三道堰古城[10]属于这一时期的政治中心，在这些区域还分布着较为密集的一般性聚落。遗址分布区域的变化反映出宝墩文化在晚期由成都平原西南向东北发展的趋势。宝墩文化古城址都有堆土夯筑的城墙，城墙体量宽大，壕沟深阔，有的甚至在城壕外侧还增筑一道"城墙"构成"双重城墙"[11]，具有较强的防御功能。城址未见陆路城门和大道，但发现有的城址在城墙转角处留有缺口，城内有水道经过缺口通往城壕，城壕又和河道沟通，形成城内通往城外的水路。这样，缺口应是城的水门，可以推测宝墩文化时期的城内外交通是通过城壕与河流连接的水道进行的。在宝墩文化城址中，以宝墩遗址年代较早，面积最大，仅郭城面积就达2.76平方千米，城内有面积达0.6平方千米的小城和单体建筑面积达300平方米的公共用房。由此推测，宝墩遗址是成都平原史前时期的一处超大型中心聚落，在成都平原史前时期聚落中具有政治中心的地位。

宝墩遗址的文化遗存可以分为两期三段，年代上限约在距今4600年、下限在距今4300年，处于成都平原史前文化的早中期阶段。与宝墩遗址的年代相当和晚于宝墩遗址年代的成都平原史前遗址的文化面貌具有很强的一致性。学者以宝墩遗址的文化内涵演变为分期的基本坐标，结合晚于宝墩遗址的成都平原史前文化遗存进

---

[1] 江章华、何锟宇：《成都平原史前聚落分析》，《四川文物》2016年第6期。
[2] 三星堆一期偏早遗存的放射性碳素测年数据为1986年发掘三星堆Ⅲ区第14层测年标本，年代距今4864～4475年和距今4873～4502年（均为高精度校正）；在1989～1990年三星堆遗址的东城墙的发掘中，采集的碳十四标本测出的年代也在距今4800年以上。绵阳边堆山遗址的碳十四测年为公元前2883～2050年和公元前2330～1630年，见中国社会科学院考古研究所编《中国考古学中碳十四年代数据集（1965～1991）》，文物出版社，1991年，第222～230页。笔者认为，这些年代偏早的测年数据不应该随意摒弃，桂圆桥遗址一期的年代数据已超过距今5000年，这使我们不得不重新思考三星堆遗址一期的一些测年偏早数据的使用价值问题。
[3] a.成都市文物考古研究所、四川大学历史系考古教研室、早稻田大学长江流域文化研究所：《宝墩遗址——新津宝墩遗址发掘与研究》，（日本）有限会社阿普（ARP），2000年；b.成都文物考古研究所、新津县文物管理所：《新津县宝墩遗址鼓墩子2010年发掘报告》，成都文物考古研究所编《成都考古发现（2012）》，科学出版社，2014年，第1～63页。
[4] 成都文物考古研究所、大邑县文物管理所：《2012～2013年度大邑县高山古城遗址调查试掘简报》，成都文物考古研究所编《成都考古发现（2013）》，科学出版社，2015年，第1～43页。
[5] a.成都文物考古研究所：《成都市大邑县高山古城2014年发掘简报》，《考古》2017年第4期；b.成都文物考古研究所、大邑县文物保护管理所：《大邑县盐店古城遗址2013年发掘简报》，《成都考古发现（2013）》，第45～64页。
[6] 成都市文物工作队：《四川崇州市双河史前城址试掘简报》，《考古》2002年第11期。
[7] 成都文物考古研究所、崇州市文物管理所：《崇州市紫竹古城调查、试掘简报》，成都文物考古研究所编《成都考古发现（2014）》，科学出版社，2016年，第40～57页。
[8] 成都市文物考古工作队、都江堰市文物局：《四川都江堰市芒城遗址调查与试掘》，《考古》1999年第7期。
[9] 成都市文物考古工作队、四川联合大学历史系考古教研室、温江县文管所：《四川省温江县鱼凫村遗址调查与试掘》，《文物》1998年第12期。
[10] 成都市文物考古工作队、郫县博物馆：《四川省郫县古城遗址调查与试掘》，《文物》1999年第1期。
[11] 笔者认为，一些被称作"双重城墙"的城壕外侧的夯土埂子，其功能是防止水土流失壅塞城壕的提坝，因此不具有"双重城墙"的意义。

行综合分期研究，将成都平原距今 4600～3700 年的史前遗存命名为"宝墩文化"[1]，将宝墩文化分为四期七段，为成都平原史前文化建立起较为清晰的考古学文化年代序列[2]。

距今 4600～4300 年间是宝墩文化发展的鼎盛时期，这时期宝墩文化主要分布在成都平原西面靠近邛崃山边缘。宝墩遗址处在西河、斜江河、蒲阳河与岷江交汇的冲积扇扇锥地带，是宝墩文化八个古城中海拔最低的一个古城址。最新的考古调查发掘表明，宝墩聚落的城墙在晚期曾经遭遇洪水冲毁[3]，这也许是距今 4300 年以后，宝墩聚落逐渐失去成都平原史前中心聚落地位的主要原因。这以后，成都平原的史前聚落主要分布在岷江左岸冲积平原上，宝墩文化的政治中心已经开始向平原东北转移，三道堰古城和鱼凫城应是这一时期先后建立起的政治中心。此外，面积达 4~5 平方千米的三星堆遗址一期遗存、青白江三星遗址也属这一时期的超大型聚落。而以今成都市区为中心也分布着十分密集的宝墩文化晚期聚落，较前一阶段聚落数量明显增多。

2. 宝墩文化向三星堆文化转变的动因

在四川盆地，与宝墩文化年代相当的是三峡地区的中坝文化[4]。在中坝文化中存在一定的中原龙山文化、江汉平原的石家河文化和宝墩文化因素，表明这时期成都平原连接江汉平原乃至中原地区的文化通道已经形成。此后，三峡地区作为先秦时期沟通成都平原与江汉平原、中原地区，乃至长江中下游地区的文化通道发挥着十分重要的作用。

在距今 4000 年以后，从屈家岭文化发展而来的石家河文化，在中原龙山文化影响下进入了"后石家河文化"阶段[5]。该文化向西发展对宝墩文化产生很大的影响，但这时还未动摇宝墩文化的基本架构体系。在距今 3700～3600 年的二里头文化第二、三期阶段，二里头文化发展到全盛期，二里头文化在对周边文化大范围吸收和向四周大规模扩张中，经江汉平原和长江三峡进入成都平原。至商代早期的二里头第四期阶段，江汉平原的二里头文化因素与"后石家河文化"因素再次进入成都平原，彻底打破了宝墩文化的架构体系。

从二里头第三、四期（早商时期）文化因素和"后石家河文化"因素进入成都平原开始，到三星堆遗址第二期之间的遗存，是宝墩文化向三星堆文化转变的过渡遗存。目前这一阶段遗存或被归入宝墩文化中，或被归入三星堆遗址第二期文化遗存中，有学者在识别这一阶段的遗存过程中，提出将其单独文化命名的建议值得重视[6]。

这一阶段的典型遗存是 1980 年发掘的三星堆遗址早期遗存、1999 年发掘的三星堆遗址月亮湾一期晚段

---

[1] a. 江章华、颜劲松、李明斌：《成都平原的早期古城址群——宝墩文化初论》，《中华文化论坛》1997 年第 4 期；b. 江章华、王毅、蒋成：《成都平原早期城址及其考古学文化初论》，成都文物考古研究所编《成都考古研究》，科学出版社，2009 年，第 63～87 页；c. 江章华、王毅、张擎：《成都平原先秦文化初论》，《考古学报》2002 年第 1 期。

[2] 需要说明的是：1. 这个年代序列上限将随着一些资料的整理研究会进一步提前，如在三星堆遗址一期遗存和绵阳边堆山遗址的部分碳十四年代数据都在距今 4800 年左右，什邡桂圆桥遗址第一期遗存年代达距今 5100 年左右，近年大邑高山古城 M3 等墓葬"其年代可能略早于目前所认知的宝墩文化第一期遗存"，因此，宝墩文化的年代上限应提早到距今 4800 年以上。2. 三星堆遗址发现二里头文化因素进入成都平原最早约在二里头三期，结合夏商周断代成果，二里头因素进入成都平原的绝对年代应在距今 3700～3600 年左右，不会更早。

[3] 何锟宇：《关于"新津宝墩遗址聚落形态研究"的收获》，四川广汉三星堆博物馆等编《三星堆研究》第五辑，巴蜀书社，2019 年，第 69～77 页。

[4] 中坝文化又称"哨棚嘴文化"或"老关庙文化"，以忠县中坝遗址和哨棚嘴遗址最丰富、最典型。参见四川省文物考古研究所等《忠县中坝遗址 1999 年度发掘简报》，重庆市文物局、重庆市移民局编《重庆库区考古报告集（2000 卷）》，科学出版社，2007 年，第 964～1042 页；孙华《四川盆地的青铜时代》，科学出版社，2000 年，第 116～137 页。

[5] a. 孟华平：《长江中游史前文化结构》，长江文艺出版社，1997 年，第 162～170 页；b. 王劲主张后石家河文化遗存命名为"三房湾文化"，见王劲《后石家河文化定名的思考》，《江汉考古》2007 年第 1 期。

[6] 李明斌：《再论温江鱼凫村遗址第三期文化遗存的性质》，《华夏考古》2011 年第 1 期。

遗存、1997年发掘的三星堆遗址仁胜村土坑墓、温江鱼凫村第三期遗存、青白江三星遗址的早期遗存和成都南郊十街坊遗址等遗存。如成都十街坊M6出土的圆形骨器[1]、三星堆仁胜村土坑墓出土的涡旋状玉器[2]，与二里头遗址出土的斗笠状白陶器形制一致[3]。此外，仁胜村土坑墓出土的玉锥形器与石家河遗址晚期遗存AT1215②:2玉笄形制一致[4]，说明江汉平原的二里头第三、四期（早商时期）文化因素，在进入成都平原的过程中，是裹挟着"后石家河文化"因素（包括之前融入到石家河文化中的良渚文化因素）一并进入成都平原的。早在二里头二、三期阶段，宝墩文化的架构体系已被逐渐动摇，二里头第四期早商文化进入成都平原后，成都平原史前文化走向结束，进入青铜文明时代。三星堆遗址是早商文化进入成都平原后的商时期古蜀国青铜文明中心。

3. 三星堆遗址——从史前聚落到商代蜀国都城

二里头三、四期文化和"后石家河文化"动摇了宝墩文化的架构体系后，在成都平原出现了一支以三星堆遗址命名的新考古学文化——三星堆文化。三星堆文化年代在商至西周初期阶段[5]，主体遗存和早期遗存在成都平原，平原周边的青衣江中游、大渡河中游、嘉陵江流域、汉中盆地和长江三峡地区，是三星堆文化晚期（殷墟后期至西周初期）向外扩散影响的地区。三星堆遗址是商至西周初期四川盆地蜀文化的中心遗址、蜀国开明王迁都成都之前的都城遗址。

三星堆遗址分布在鸭子河南岸和马牧河南北两岸，主体遗存在马牧河两岸台地上，重要遗存有居住区、宫殿宗庙区、手工业作坊区、祭祀区和墓葬区等，分布面积达12平方千米。目前还未发现宝墩文化时期（三星堆遗址一期）的城墙，但是三星堆遗址一期遗存分布范围已经超出了后来的郭城范围，分布面积达4～5平方千米。现存的郭城墙始建于三星堆遗址第二期，宫城墙始建于二期之末，比郭城墙略晚。东郭墙长1840米，南郭墙长1140米，西郭墙长1200米，北面未见北郭墙，可能是以鸭子河为天然屏障。郭城内面积达3.5平方千米以上。另在郭城内南面筑有年代和南郭墙相当的三星堆城墙。

在郭城北面正中筑有月亮湾城墙纵隔在鸭子河与马牧河之间的台地上，将郭城北部分隔成东、西两翼。在两翼北缘顺鸭子河南岸筑有"北墙"，南面有一段城墙位于西水门，和西郭墙形成拐角；东翼南面和西面筑有"南墙"和"西墙"。这样，在郭城北部形成两个四面合围的小城。倚东、西郭墙修建的小城，墙的体量小于郭墙，年代也晚于郭墙，这两座小城应是郭城形成后再修筑的宫城。青关山宫殿宗庙基址在西小城正中的夯土高台上，东小城地势较低，可能为手工业作坊区。

从城址规模和出土的遗存看，在二里头三、四期文化入川后，这里就逐渐成为商王朝政治版图以外最大的方国都城——蜀国都城。

三星堆文化中有一批特征鲜明的陶器。大宗器物有：深腹罐、敛口缸、侈口瓮、高领瓮、尊形器、敞口壶、长颈壶、贯耳壶、盉、小平底罐（钵）、高柄豆、圈足豆、圈足盘、平底盘、鸟头柄勺、器盖等。这些器物从

---

[1] 朱章义：《成都市南郊十街坊遗址年度发掘纪要》，成都市文物考古研究所编《成都考古发现（1999）》，科学出版社，2001年，第1～28页。
[2] 四川省文物考古研究所三星堆遗址工作站：《四川广汉三星堆遗址仁胜村土坑墓》，《考古》2004年第10期。
[3] 中国社会科学院考古研究所二里头工作队：《二里头遗址宫殿区考古取得重要成果》，《中国社会科学院古代文明研究中心通讯》第⑤期，2003年。
[4] 湖北省荆州博物馆、湖北省文物考古研究所、北京大学考古学系石家河考古队：《肖家屋脊——天门石家河考古发掘报告之一》，文物出版社，1999年，第329页，图二六〇。
[5] 目前学术界对三星堆文化的内涵、面貌和年代分期存在较大分歧。笔者主张三星堆文化的年代上限在距今3550左右，下限在距今3000年左右；金沙遗址主体属于三星堆文化第二阶段；从西周初期周文化进入四川盆地后到春秋中期的蜀文化可以另外命名。

三星堆遗址第二期开始陆续出现，之后按照器物自身的演变轨迹发生形制变化，直到三星堆文化的最后阶段。在三星堆遗址第二期出土的陶器中，高领罐、深腹罐、盉、高柄豆等明显具有二里头文化的风格；其他一些陶器如圈足豆、长颈壶、器盖、器座等在石家河文化中可见到相似形制的器物。可以推测，三星堆遗址第二期文化创造者除本土先民外，主导文化内涵的族群主要是二里头的夏人，其次为当时江汉平原的先民，所以在整个商至西周早期的三星堆文化的陶器中，都能看到先前二里头文化因素滞留的现象，甚至在三星堆文化中占据主导地位，像陶盉、陶高柄豆等器物不仅在整个三星堆文化中发展演变，甚至还延续到整个西周时期。

从总体上看，三星堆遗址经历了以折沿器为特色的宝墩文化发展阶段；经历了宝墩文化向三星堆文化的过渡阶段；经历了以小平底罐为特色的三星堆文化兴盛阶段；最后经历了小平底罐演变为尖底罐（杯）为特色的文化扩张阶段。这是三星堆遗址文化遗存分为四大期的主要依据。

周灭商后，周文化进入蜀地使三星堆和金沙的青铜文化失去原来的特色而逐渐衰退。虽然西周早期周人的青铜文化在蜀地一度繁荣，但从西周中期至春秋中期由于秦楚的崛起，阻隔了蜀与周三朝的联系，蜀地的青铜文化也进入萧条期，直到春秋晚期楚文化进入蜀地，蜀地的青铜文化再度得到复苏。

三星堆遗址出土的器物，第一阶段和第二阶段之间差别明显，属于不同文化之间的差异；第二、三阶段与第四阶段是一个文化的连续发展。有的学者将三星堆遗址第四阶段遗存归入十二桥文化[1]。目前学术界对三星堆文化的年代下限和十二桥文化的上限在分期上还未形成一致的意见，与十二桥遗址年代相当的金沙主体遗存中的陶器、青铜器、玉石器，都属于三星堆文化一脉相承的延续，因此，这类遗存有无必要再命名一个文化，值得进一步探索，目前已有学者将十二桥早期和金沙主体遗存归入三星堆文化中[2]。

已发掘三星堆遗址的主体遗存可分为四期：第一期为宝墩文化，绝对年代在距今4800～3700年；第二期是宝墩文化向三星堆文化过渡阶段遗存，绝对年代在距今3700～3500年；第三期为三星堆文化早期遗存，绝对年代在距今约3500～3200年（可分早、晚两段，早段距今约3500～3400年，晚段距今3400～3200年）；第四期为三星堆文化晚期遗存，绝对年代在距今约3200～3000年。距今约3000～2600年期间的遗存，不属于商代蜀国政治中心时期的主体遗存，应在文化性质、分期上区别对待。

二、四川商至西周时期的青铜器出土情况

（一）二里岗上层至殷墟前期——以三星堆一、二号祭祀坑出土铜器为代表

公元前1550年左右商灭夏，在偃师尸乡沟修建城邑，管控了夏人的青铜器铸造业和玉石器加工业，并从夏人那里学到了青铜器冶铸技术和玉石器生产技术。

约在二里头遗址第四期的早商时期，商人为获取冶铸青铜器合金矿料等资源，开始向南扩张进入长江流域。商人以盘龙城为据点，继续向西扩张进入成都平原。二里头遗址第四期出土青铜器的铅同位素测试结果表明，已有一部分青铜器合金成分中含有地质上十分罕见的高放射成因铅。根据相关地质资料对比，该青铜合金矿料来源地指向了中国西南地区[3]。但是，在西南地区目前还未发现相当于二里头第四期的青铜器或与青铜器合金

---

[1] a. 孙华：《试论广汉三星堆遗址的分期》，四川大学博物馆等编《南方民族考古》第五辑，四川科学技术出版社，1993年，第10～24页；
b. 江章华、王毅、张擎：《成都平原先秦文化初论》，《考古学报》2002年第1期。
[2] 刘庆柱主编：《中国考古发现与研究（1949～2009）》，人民出版社，2010年，第287页。
[3] 金正耀：《二里头青铜器的自然科学研究与夏文明探索》，《文物》2000年第1期。

矿料有关的古矿址。

1986年在广汉三星堆遗址先后发现一号祭祀坑和二号祭祀坑[1]，出土了一大批青铜器。

一号祭祀坑出土铜器、金器、玉器、琥珀、石器、陶器等各类器物420件，骨器残片10片，象牙13根。另外，还出土较完整的海贝62枚和约3立方米的烧骨碎渣；二号祭祀坑出土青铜器、金器、石器、玉器、绿松石等共计1300件，另外还出土象牙器残片4片、象牙珠120颗、虎牙3颗、象牙67根，海贝约4600枚。

一号祭祀坑出土青铜器共计178件。容器有龙虎尊、羊首牺尊、瓿；盛食器有盘、器盖；祭祀品有环璧形器、方孔戚形器，仪仗用兵器仅有直援双侧锯齿戈；"人—神"雕像有人头像、跪坐人像、人面像；龙虎神兽有龙柱形器、龙形饰、夔龙形插饰、虎形器。

二号祭祀坑出土青铜器735件。容器有圆尊和方尊、圆罍和方罍、圆壶和方壶；祭祀器有环璧、方孔戚形器；"人—神"雕像有大型立人像、兽首冠人像、小人像、人身鸟爪足人像、圆座顶尊跪坐献祭人像、正跪坐人像、侧跪坐人像、人头像、人面具、纵目兽面具、兽面、眼形器、眼形饰、眼泡和眼眉；动物类包括浇铸成型的龙、蛇、兽、鸟、鸡和铜皮制作的鱼形、兽形、兽面形挂饰；自然崇拜物有神树和太阳形器；神灵居所有神坛和神殿；还有浇铸成型的铜牙璋和冷锻铜皮制作的璋形饰件。

这两个祭祀坑出土物品是两个宗庙先后被毁后埋下的。两坑与遗址的年代关系主要是根据地层叠压打破关系得出，器物的历史年代关系则是根据出土具有商文化风格的铜容器对比得出。

一号祭祀坑的遗址年代约在三星堆遗址三期早段。一号坑出土的铜瓿形制和纹饰与小屯YM232、YM338，武官M1，以及河北藁城台西村商代墓葬出土的铜瓿相似，年代相当于殷墟一期；羊首牺尊与郑州白家庄期至殷墟一期铜器上的花纹相似，年代相当于殷墟一期偏早；龙虎尊与安徽阜南台家寺遗址润河里打捞出土的龙虎尊十分接近，年代当于殷墟一期；盘的形制与湖北黄陂盘龙城李家嘴二号墓出土的相似，年代在郑州白家庄期至殷墟一期偏早阶段；器盖背面所饰的斜角目云纹，其年代下限应不晚于郑州白家庄期。上述铜容器的年代早的可到二里岗上层一、二期，晚的到殷墟一期偏早，不见晚于殷墟一期的器物。宗庙使用时期应在二里岗上层至殷墟一期，宗庙被毁后下埋时间在殷墟一期之末至二期之初。

二号祭祀坑的遗址年代在三星堆遗址三期晚段至四期之初。二号坑出土有年代特征的铜器主要为礼器，有圆尊、方尊、圆罍、方罍、器盖等。器物之间有时间跨度，发掘报告分为早晚两组：

早期组有Ⅰ～Ⅲ式牛首圆尊，Ⅰ式、Ⅱ式圆罍，年代可以早到殷墟二期前段。

晚期组有Ⅳ式牛首圆尊、Ⅴ式牛首圆尊、Ⅴ式羊首圆尊和方尊（K2②:184）、圆罍（K2②:159）、方罍（K2②:159，K2③:205、205-1），年代相当于殷墟二期后段。

综合分析二号祭祀坑青铜容器的形制和纹饰风格，推断这批青铜器的年代应在殷墟二期的年代范围内。二号坑下埋的时代应在殷墟二期之末至三期之初。

另外，在三星堆遗址内，因生产活动动土和洪水冲毁遗址，还零散出土了一些青铜器，绝大多数器物年代属于二里岗上层时期至殷墟前期，个别器物的年代属于殷墟后期至西周早中期。

1970年真武生产大队二队在青关山冷家院子前2号支渠"切弯取直"动土时，挖出一批青铜器，被中兴公社废品收购站收购用于化铜，其中1件铜质品相较差的单翼铜铃未被运走化铜[2]，出土位置在现青关山大型夯

---

[1] 四川省文物考古研究所：《三星堆祭祀坑》，文物出版社，1999年。
[2] 敖天照：《四川广汉三星堆博物馆、广汉市文物管理所采集文物》，王居中、阙显凤主编《三星堆研究》第四辑，巴蜀书社，2014年，第110～178页。

土基址南面，通高10.2厘米，是夏商时期青铜铃中较大的一件。2004年在同一地点又出土1件双翼铜铃，铃高8.3厘米[1]。这两件铜铃是典型的二里头风格的铜铃，年代已经在商代晚期。1981年7月在西城墙内侧的鸭子河边采集到1件镶嵌绿松石虎斑纹的青铜立虎形饰件[2]，长43.4厘米、高13.2厘米，与金沙遗址出土的虎形饰极为相似，年代在商代晚期。1976年9月，广汉高骈公社机砖厂挖排水沟时发现一批玉器和1件铜牌饰，铜牌饰高12.3厘米，形状呈薄瓦片状，圆角梯形，两侧有半圆形环耳，拱面镶嵌绿松石纹饰五排[3]。1987年，真武砖厂在三星堆遗址仓包包城墙内侧面取土挖出一祭祀坑，其中出土3件铜牌饰[4]，分A、B、C三型。A型、C型，出土时粘有朱砂；B型粘有布纹。A型高14厘米，两侧有半圆形环耳，表面镂空出纹饰，两端纹饰分别为双眉形和八字形，中间为连续的S形和三角形纹饰。B型残长13.8厘米，出土时两面均有碳化的编织纹，两侧有半圆形环耳，拱面为绿松石镶嵌而成四组眼目形纹饰。C型长13.8厘米，为平板梯形状，中间有一凸脊。在三星堆遗址出土的菱形眼形器最早出现于殷墟二期，这件菱形目纹铜牌饰的年代也不会早于殷墟一、二期。1986年春，在三星堆遗址第III发掘区出现陶尖底器的第7层层面上出土1件青铜柳叶形短剑[5]，是三星堆遗址中年代最晚的青铜器，时代约在西周早中期，该层位的碳十四测年数据为距今2800年左右。

（二）殷墟中晚期至西周早中期——以金沙遗址和竹瓦街窖藏出土铜器为代表

1. 金沙遗址出土的青铜器

金沙遗址因发现于成都市青羊区苏坡乡金沙村而得名。2001年2月中房集团兴建蜀风花园城居住区时，在开挖的下水道基槽中出土一批铜器、石器、玉器和象牙，金沙遗址从此被发现[6]，后经数年考古勘探和发掘，遗址分布和堆积情况基本被弄清楚。金沙遗址位于清水河以北，摸底河由西向东穿过，文化遗存主要分布在摸底河的两岸，以金沙村为中心，分布范围包括青羊区金沙村、龙咀村，金牛区黄忠村、红色村、郎家村，分布面积达5平方公里以上。年代跨度从商代晚期到春秋初期，西周中期至春秋时期的文化堆积较少，且有地层年代上的缺环，所以金沙主体遗存应该是商代晚期至西周早期。在金沙遗址摸底河下游一带至摸底河与清水河汇流后的府河一带，包括十二桥、抚琴小区、方池街、君平街、指挥街、盐道街、岷山饭店、岷江小区等遗址，以及羊子山土台遗址等商至西周早期的遗存，都被纳入金沙遗址群的范围。

在遗址内发现有大型建筑区、祭祀区和居住区，墓葬区在居住区内，与居住区之间有一定距离。大型建筑区在摸底河东北，由8个单体建筑构成面积达5000平方米的大型建筑群。其中商代晚期至西周早期的6号建筑基址规格最高，至少有5个开间，面阔54.8米，进深8米，面积达430平方米。这种大跨度的建筑基址，其性质应是一处具有宫殿或宗庙功能的大型公共建筑。祭祀区位于大型建筑区摸底河对岸，分布在河岸至漫滩上，为晚商至西周早中期祭祀活动举行后瘗薶祭祀物品的区域，其中一些遗迹甚至可以晚至春秋早期。在金沙遗址宫庙、祭祀瘗薶区外一定距离，分布至少有5处普通居住区，其中以三和花园处的居住区规模最大，在遗址西南部居住区的一组房屋体量最大。

---

[1] 敖天照：《四川广汉三星堆博物馆、广汉市文物管理所采集文物》，王居中、阚显风主编《三星堆研究》第四辑，巴蜀书社，2014年，第110～178页。
[2] 同上。
[3] 敖天照、王有鹏：《四川广汉出土商代玉器》，《文物》1980年第9期。
[4] 四川省文物考古研究所三星堆工作站、广汉市文物管理所：《三星堆遗址真武仓包包祭祀坑调查简报》，四川省文物考古研究所编《四川考古报告集》，文物出版社，1998年，第78～90页。
[5] 资料现存四川省文物考古研究院三星堆遗址工作站。
[6] 成都市文物考古研究所：《成都金沙遗址I区"梅苑"地点发掘一期简报》，《文物》2004年第4期。

金沙遗址居住区出土器物，总体上与三星堆遗址居住区第四期器物接近，特别是出土的石器、陶器和三星堆遗址第四期器物风格基本一致。但是，三星堆遗址第四期主体遗存的陶器风格仅仅相当于金沙遗址的前段，即殷墟中晚期；同期的一些非主体遗存年代可能和金沙遗址的年代下限接近。这反映出三星堆遗址在第四期后段已经失去蜀国都邑的地位，但仍有居民在这里生活，而金沙遗址从殷墟中晚期至西周初期处于蜀国次中心的地位，至迟从西周早期开始，这里作为蜀国都城的地位已经确立。

金沙遗址出土器物种类有玉器、石器、金器、铜器、漆器、象牙器、象牙、野猪獠牙、鹿角和卜骨等。这些物品主要出土于祭祀区，居住区和墓葬内也有少量发现。祭祀区出土器物数量最多的是石器和玉器，其次为青铜器、金器、象牙和野猪獠牙。

总体看，祭祀区出土器物的种类绝大部分和三星堆一、二号祭祀坑基本相同，一部分玉石器和晚于一、二号祭祀坑的1929年燕家院子出土的玉石器基本相同。将金沙遗址祭祀区出土祭祀物品进行分组研究，发现它们是分别继承了三星堆一号祭祀坑、二号祭祀坑和燕家院子玉石器坑这三个不同时期宗庙的祭祀器物的形制及宗教内容，并且器物的形制、种类在金沙继续发展。此外，金沙遗址较早的一部分器物和三星堆遗址二号祭祀坑的年代相当，表明二者有一段共时关系。

金沙遗址和祭祀区出土青铜器约1100余件，种类有立人像、人头像、龙形饰、鸟形饰、牛首、眼形器、眼球、喇叭形器、铜铃、璧形器、戚形方孔器、铜戈、铜钺、铜剑、动物形挂饰、璋形器、器圈足、罍残片、大型铜器镂空纹饰残片等。金沙遗址铜器中，流行在具有神灵性质的器件上贴附金箔，在神灵的眼睛上用黑或黛色绘眼线，眼眉、口、鼻器官孔洞处涂朱砂的做法，和三星堆二号祭祀坑出土铜器的情况基本相同，目的是让神灵更生动鲜活，保持神力青春永驻。这种做法可能和古代的衅礼有一定联系。

金沙遗址出土的铜器不见三星堆祭祀坑出土较多的商文化风格的罍、尊、壶、盘、器盖；多见礼仪用的戈、璋和作为祭品用的有领璧环、方孔形器、铃形挂饰以及蝉形挂饰等，这些器物又与三星堆祭祀坑出土的器类相似，反映出在宗教信仰上，金沙遗址和三星堆两个祭祀坑基本相同。金沙遗址出土的铜立人戴"太阳帽"和玉器璧环类周边出现凸饰的情况在三星堆不见，这又反映出金沙遗址的宗教信仰在三星堆祭祀坑基础上有新的发展。金沙出土大量的仪仗性质的铜剑和铜牛首可能是来自城洋地区的新器物；2008年在金沙遗址"青羊兴城建"地点出土1件方格乳丁纹铜簋[1]，形制风格与宝鸡地区出土的西周早期铜簋十分接近，反映出西周早期关中西部的周文化已经渗透到金沙遗址。

金沙青铜器形制多小型化，仅见少量大型器残片；一些器物为附件或部件，无法独立置放使用，需组装、镶嵌在木质或其他质地的物品上才能使用。反映出金沙遗址祭祀区出土器物不是为某几次祭祀活动专门制作，而是在宗庙或神庙中使用过后才埋下的。

金沙遗址的年代跨度从商代晚期至春秋时期。从考古发掘地层的层次最完整的地点看，从西周早中期至春秋之间的地层年代还有缺环，显然金沙遗址从商代晚期至春秋时期还不是一个持续的文化发展过程。简报公布最为完整的地层是金沙梅苑东北的地层，这里堆积层次最多，地层层次较完整，被施工挖掘的剖面可以分为16层，受现场文物保护限制，目前仅仅发掘到第14层。虽然遗址的年代上限暂时还不能确定，但从晚商至春秋这一阶段的文化发展状况还是比较清楚。第1～4层为汉代以后的堆积；第5层分布范围较窄，出土的陶器形制风格和新一村遗址第8层同类器物基本相同，时代约为春秋前期；第6层出土的陶器与第5层陶器相近，时

---

[1] 刘祥宇、周志清、王占奎：《成都金沙遗址出土铜簋》，《文物》2018年第9期。

代也应基本靠近，属于春秋前期；第 7 层出土的陶器种类、形制与十二桥一期晚段相同或相近，时代约在西周前期；第 7 层以下出现祭祀遗迹，出土大量的金器、铜器、玉器、石器和象牙器、象牙等；第 8～12 层地层中也有少量的玉器和铜器；开口于 8～12 层之间的遗迹单位也出土大量玉器、金器、铜器、石器。8～12 层并非年代上连续堆积形成的，其间有缺层。12 层以下的地层和遗迹单位未进行发掘，但从施工机械开挖处的剖面看，暴露的遗物仍以玉器、铜器、象牙为主，时代当早于第 12 层的文化层，出土的玉器、铜器和三星堆一号祭祀坑相似，早于一号祭祀坑的器物极少，因此 12 层以下遗迹单位的年代上限应和三星堆一号祭祀坑的年代下限相对接。考虑到 12 层以上的出土器物已在三星堆两个祭祀坑出土器物的基础上有一定形制变化，因此这批器物年代上限应晚于三星堆一号祭祀坑，应在殷墟中晚期至西周早期较为合适；其中一部分器物与三星堆一号祭祀坑出土器物形制比较，已有一定的变化，说明会晚于一号祭祀坑，其年代应相当于三星堆遗址二号祭祀坑的器物年代。

2. 竹瓦街窖藏出土的青铜器

1959 年冬在成汶铁路施工中，民工在彭县（今彭州市）竹瓦街北约 1 公里的五显庙铁路路基南侧发现一大陶缸内盛装一批铜器，这次发现被定为铜器窖藏[1]。出土青铜器共计 21 件，其中礼器大罍 1 件、小罍 4 件、尊 1 件、觯 2 件；兵器戈 8 件、戟 1 件、銎口钺 2 件、矛 1 件、镞 1 件。其中两件觯皆有铭文，一件铭文为"覃父癸"，另一件铭文为"牧正父己"。这两件带铭文的铜器对于研究这批青铜器的文化关系和社会阶层具有重要价值。

1980 年 2 月，当地农民挖取砖瓦土时又在原铜器窖藏位置西北约 25 米处发现一陶缸内装有铜器 19 件[2]，其中铜礼器罍 4 件，包括羊头大罍 1 件、象头罍 2 件、兽面小罍 1 件；兵器 15 件装于象头铜罍中，包括戈 10 件、戟 2 件、銎口钺 3 件。

竹瓦街两次发现共出土罍 9 件、尊 1 件、觯 2 件、戈 18 件、銎口钺 5 件、戟 3 件、矛 1 件、镞 1 件，共计 40 件。这两批窖藏铜器埋藏地点相近，埋藏方式相同，器物整体风格一致，埋藏时代也应相距不远，也许是同一宗庙器物的分别埋藏。

（三）四川其他地点出土商至西周时期青铜器

1956 年 10 月，四川省文物管理委员会在温江专区做文物普查时，从新繁水观音砖厂取土工地上收集到青铜兵器 8 件，计有戈、戟、矛、斧、銎口钺等[3]。1958 年 4 月，在水观音第二次发掘的 M1 和 M2 两座墓葬均出土铜兵器和工具。M1 出土戈 3 件、矛 1 件、銎口钺 1 件、斧 1 件、削 1 件。M2 出土铜器 8 件包括戈 3 件、銎口钺 1 件、削 1 件、矛 1 件等，以及小型铜器 15 件包括有方孔形器 1 件、小铜戈等[4]。这两批青铜器的时代约在商末至西周早期。

1986 年 10 月，广汉县兴隆乡毗卢村 13 组村民在修挖窖洞时挖出商代青铜兵器十余件，广汉市文管所收回戈、矛、銎口钺各 1 件[5]。1990 年又在同一地点出土一批青铜兵器，广汉市文管所收回铜戈 4 件、铜矛 2 件、

---

[1] 王家祐：《记四川彭县竹瓦街出土的铜器》，《文物》1961 年第 11 期。
[2] 四川省博物馆、彭县文化馆：《四川彭县西周窖藏铜器》，《考古》1981 年第 6 期。
[3] 王家祐、江甸潮：《四川新繁、广汉古遗址调查记》，《考古》1958 年第 8 期。
[4] 四川省博物馆：《四川新凡县水观音遗址试掘简报》，《考古》1959 年第 8 期。
[5] 资料现存广汉市文物管理所。

銎口钺 2 件 [1]。这两批铜器的时代约在商代晚期至西周早期。

1985 年，在广汉西街一建筑工地出土 1 件铜尊 [2]，高 35 厘米、口径 22 厘米，形制、纹饰具有商代晚期风格。圈足内侧铸有铭文 "覃覃" 字，李学勤先生将其释作 "覃"，通 "潜" 字。潜是水名，《华阳国志》载 "江、潜、绵、洛" 诸水是古蜀国池泽之地 [3]，古潜水指汉江的支流或嘉陵江上游支流潜溪河。该铜器可能来自汉江商文化圈。这件覃氏家族的礼器在三星堆附近出土，可能是汉江商文化圈内覃氏家族的一支在商末周初迁居到三星堆附近居住遗留下的。

1981 年 7 月，在阆中县彭城坝嘉陵江台地上发现 1 件虎纹铜钺 [4]，形制为直内、亚腰、圆刃、两面扁平，高 16.2 厘米、刃宽 16.5 厘米、腰宽 8.5 厘米，钺中部透雕出一老虎。该钺近似陕西城固五郎庙遗址出土的铜钺，时代约在商代晚期到西周早期。

1976 年初，成都印刷二厂在交通巷修建职工宿舍时挖出一批青铜器，其中 1 件蚕纹长援戈，长 26.5 厘米、宽 7.6 厘米 [5]。援部图像至今还无法辨认；内上主纹是一条龙，龙身上是 "蚕纹"。蚕生活在光线较暗的环境中，眼球已退化到很小，该铜戈上的蚕纹形体似蚕而眼球很大，值得玩味。该件戈的时代在西周中期左右。

1978 年 2 月在成都南郊工地出土 1 件兽头双耳罍 [6]，口径 38 厘米、腹径 57 厘米、足径 33.5 厘米、高 66 厘米。其时代约在西周中期。

1987 年 12 月在汶川龙溪乡阿尔村发现 1 件青铜罍，罍中装一件螺纹柄山字格柳叶形青铜短剑 [7]。铜罍口径 23 厘米、肩宽 40 厘米、足径 27 厘米、通高 46 厘米，宽肩，斜腹，圈足。肩部饰三旋涡纹和四夔龙纹，腹部饰蝉纹，罍环耳上部为牛头，下部为鸟头。该件铜罍和 1960 年陕西扶风齐家村窖藏出土的西周中期夔纹罍甲、夔纹罍乙形制大小基本相同 [8]，时代为西周中期。

2008 年 11 月，在炉霍雅德宴尔龙石棺墓地出土青铜戈 4 件、镞 4 件 [9]。经碳十四测年，墓葬的年代在公元前 830～公元前 670 年之间，相当于西周中晚期至春秋早期。M8 出土 1 件铜戈，无胡，援较狭长，上下出齿，与内蒙古朱开沟出土的 M1052:1 铜戈、郑州商城北墙出土的 CNM6 铜戈基本一致，其时代可以早至二里岗时期。

1976 年冬汉源大树乡农民在鹿鸣山挖出青铜器 8 件 [10]，计有直内钺 2 件、銎口钺 1 件、长援直内戈 2 件、斧 1 件、凿 1 件。其中 1 件钺单出，另 7 件集中出土，器物上有纺织物印痕。另在石棉宰羊放牛山也出土过 1 件青铜直内钺 [11]。大渡河瀑布沟以上汉源和石棉境内，是三星堆文化最南的一个集中分布区。

1994 年在西昌经久大洋堆遗址早期文化遗存的墓葬 M3 中出土的 1 件扁茎无格舌形青铜短剑，与甘肃灵台

---

[1] 四川省文物考古研究所、广汉市文物管理所、什邡县文物管理所：《四川广汉、什邡商周遗址调查报告》，《南方民族考古》第五辑，第 295～309 页。
[2] 敖天照：《从青铜尊铭文探索蜀都古城对外的水上交通》，肖先进主编《三星堆研究》第二辑，文物出版社，2007 年，第 158～161 页。
[3] （晋）常璩著，任乃强校注：《华阳国志校补图注》卷三《蜀志》，上海古籍出版社，1987 年，第 118 页。
[4] 张启明：《阆中县出土虎纹铜钺》，《四川文物》1984 年第 3 期。
[5] 石湍：《记成都交通巷出土的一件"蚕纹"铜戈》，《考古与文物》1980 年第 2 期。
[6] 平文：《西周铜罍》，《成都文物》1986 年第 3 期。
[7] 阿坝州文管所：《汶川发现西周时期蜀文化青铜罍》，《四川文物》1989 年第 4 期。
[8] 陕西省考古研究所、陕西省文物管理委员会、陕西省博物馆编：《陕西出土商周青铜器（二）》，文物出版社，1980 年，第 160～161 页，图版一三〇、一三一。
[9] 四川省文物考古研究院、日本九州大学考古系、甘孜藏族自治州文化旅游局、炉霍县文化旅游局：《四川炉霍县宴尔龙石棺葬墓地发掘简报》，《四川文物》2012 年第 3 期。
[10] 岳润烈：《四川汉源出土商周青铜器》，《文物》1983 年第 11 期。
[11] 雅安地区文物志编委会：《雅安地区文物志》，巴蜀书社，1992 年，第 31 页。

白草坡、陕西岐山何贺家村、成都十二桥出土的青铜短剑相似，推测其时代为西周早期[1]。

在四川晚期墓里出土早期青铜器的情况还比较普遍，如在成都地区的春秋战国时期的墓葬中，常见有西周时期形制的兵器出土。在成都以外的其他地区也有这种情况，如1984年在炉霍县卡萨湖发掘清理了275座春秋至战国中期石棺墓葬，出土铜器中个别形制的戈、矛时代可以早至西周中晚期[2]；1992年在茂县南新乡牟托村豹圈梁子发掘清理的1号战国石棺墓和3座器物坑，出土的早期形制的戈、剑、矛和容器罍，也是较为典型的西周时期的形制。这些器物的具体年代值得进一步研究。

三、四川青铜器的发生及与周边青铜文化的关系

研究表明，四川青铜器发生约在商文化二里岗期上层时期。三星堆真武仓包包祭祀坑及广汉高骈乡出土的铜牌饰，多数学者认为年代在二里头三、四期或早商时期。而近年研究表明，这几件铜牌饰的年代有可能早不到二里头三、四期或早商时期。高骈铜牌饰和三星堆铜牌饰的形制，都与二里头铜牌饰的形制相差较大；与高骈铜牌饰同出的玉斧两侧的齿牙是典型的殷墟前期的风格；高骈出土的玉刀形器在金沙遗址也见到，是殷墟时期的形制。三星堆仓包包出土的3件铜牌饰，其中一件带有眼目形镶嵌纹饰，虽然单个眼目纹在三星堆遗址第二期一件陶高柄豆圈足上就已经出现，但是如铜牌饰上的菱形眼目纹，在三星堆一号祭祀坑出土铜器中还未见到，直到属于殷墟二期的三星堆二号祭祀坑铜器才大量发现。因此，真武仓包包祭祀坑出土的菱形眼目纹铜牌饰，年代有可能属于殷墟二期或更晚。说明虽然二里头三、四期时期，二里头文化因素已经进入成都平原，但是二里头第四期之前中原青铜器生产技术还未传到四川，这几件铜牌饰不是四川最早的青铜器，其年代有可能还早不过三星堆一号祭祀坑出土的铜器。

四川地区目前发现年代最早的青铜器，是在三星堆一号祭祀坑出土的一批种类较多、造型不同的器物，这表明此时期青铜器冶铸技术已十分成熟。一号坑内出土的瓿、羊首圆尊、龙虎尊、器盖，是典型的商文化器物。如瓿的形制和纹饰，与小屯YM232、YM338[3]，武官M1[4]，以及河北藁城台西村商代墓葬出土的铜瓿十分接近[5]；羊首牺尊的纹饰是商文化二里岗期至殷墟一期的流行纹饰；龙虎尊的形制和纹饰都与安徽阜南小润河湾出土的龙虎尊一致[6]，唯阜南龙虎尊花纹更精美；盘、器盖十分接近盘龙城李家嘴的盘和器盖[7]，是典型的盘龙城二里岗上层时期铜盘风格。人头像、人面像、人面具等地方特点的青铜器，可以在更早的石家河文化玉器中的神人头像、神人面像中找到其文化渊源[8]。

二号坑出土的青铜器中，属于商文化的器物仅有尊、罍、壶三种，形制已不属于典型的商文化圈内的器物。与一号祭祀坑具有典型商文化容器相比，二号坑的青铜容器种类减少但数量较多。其中圆尊与殷墟同时期的圆尊形制和发展演变特点基本接近，但是三星堆青铜圆尊多使用三分范铸造法，不同于殷墟普遍使用的四分范铸

---

[1] 西昌市文物管理所、四川省文物考古研究所、凉山彝族自治州博物馆：《四川西昌市经久大洋堆遗址的发掘》，《考古》2004年第10期。
[2] 四川省文物考古研究所、甘孜藏族自治州文化局：《四川炉霍卡莎湖石棺墓》，《考古学报》1991年第2期。
[3] 李济：《记小屯出土之青铜器》（上篇），《中国考古学报》第三册，商务印书馆，1948年。
[4] 中国社会科学院考古研究所安阳工作队：《安阳武官村北的一座殷墓》，《考古》1979年第3期。
[5] 河北省文物研究所：《藁城台西商代遗址》，文物出版社，1985年，彩版三。
[6] 葛介屏：《安徽阜南发现殷商时代的青铜器》，《文物》1959年第1期。
[7] 湖北省博物馆：《盘龙城商代二里岗期的青铜器》，《文物》1976年第2期。
[8] 湖北省荆州博物馆、湖北省文物考古研究所、北京大学考古学系石家河考古队：《肖家屋脊——天门石家河考古发掘报告之一》，文物出版社，1999年，第314～338页。

造法。青铜罍高领、折肩、深腹，地方特点明显。早期罍、尊圈足低矮，年代愈晚者圈足愈加高，与长江中游和城洋地区罍、尊的形制发展演变和时代特征趋同。如发掘报告中的I式、III式圆尊，属于二号祭祀坑中形制较早的器物，与小屯M331出土的圈足圆尊相似[1]；较晚的IV式尊，与陕西城固苏村出土的饕餮纹尊[2]，重庆巫山[3]、湖北枣阳[4]和沙市[5]、安徽六安[6]出土的圆尊相似；V式圆尊上的云雷纹，与城固苏村出土的云雷纹尊的形制花纹非常接近[7]。年代较早的1式罍（K2:②70）、II式罍（K2:②88），与湖南岳阳荣湾鲂鱼山[8]、湖北沙市郊区出土的罍[9]（简报定名为尊）的形制和纹饰风格相似。除此以外，这时期三星堆圆尊、圆罍、圆壶和方尊、方壶等商文化风格的器物，其纹饰已经具有本地文化风格特点。

从三星堆一、二号祭祀坑出土的青铜器种类来看，仅仅有一部分以容器为代表的礼器与二里岗、殷墟商文化器物基本相同，而人头像、人面像、人面具、纵目面具、立人像、跪坐人像、眼形器、眼泡，各种大小神树等则是蜀人自己特色器物，反映出商王朝政权在蜀地的支配形式主要是推行青铜器矿冶铸造技术和为冶铸技术服务的礼制，蜀人自己的宗教信仰及表现形式则是独立存在的。流行使用跪坐和站立握物事神的巫祝身份的铜人像是三星堆青铜文化的特色，如铜跪坐人像在一号祭祀坑就出现，而在殷墟妇好墓和五官村大墓中出现石、玉跪坐人像的年代都晚于三星堆一号祭祀坑[10]；属于殷墟二期的三星堆二号祭祀坑出土多件跪坐事神和站立事神的青铜人像；金沙遗址仅见站立事神的铜人像而不见跪坐事神的铜人像，新出现面向张口露齿的石老虎、双手反缚的石跪坐人像，跪坐人像由原来表现的事神者转变为表现奴隶或魔鬼附体的罪人，在宗教礼仪形式上跪坐人像的身份发生了根本变化。这一变化是否意味着在殷墟晚期蜀地巫祝的身份地位已经开始发生改变？值得进一步探讨。

从一号祭祀坑出土青铜容器的风格分析，蜀地的青铜技术主要是从商王都二里岗、殷墟以及在长江中游的前沿阵地盘龙城输入的。而淮河流域的龙虎尊与三星堆龙虎尊惊人的相似，这一现象还很难用文化接触、文化辐射来解释两者之间的联系。如果从远程技术传播的角度考虑，或许商王朝在开发西南青铜合金矿料过程中还可能从更远的淮河流域抽调青铜冶铸工匠来到蜀地生产青铜器。

前面已经提到，在二里岗上层时期至殷墟一、二期长江中游的青铜文化与蜀地存在密切的联系，这种联系表现为在蜀地流行的罍、尊也在长江沿岸发现，而长江沿岸出土的罍、尊时代都略偏晚。另外，在长江中游二里岗至殷墟四期之前的青铜器和三星堆青铜器中，都普遍含有低比值高放射成因铅[11]，这种高放射成因铅无论

---

[1] 石璋如：《殷墟墓葬之五·丙区墓葬·下》，中国考古报告集之二《小屯》第一本《遗址的发现·丙编》，"中央研究院"历史语言研究所出版，1980年，图版三十八、三十九。

[2] 陕西省考古研究所、陕西省文物管理委员会、陕西省博物馆编：《陕西出土商周青铜器（一）》，文物出版社，1980年，第101页，图版一一一。

[3] 四川省文物管理委员会、四川省文物考古研究所、巫山县文化馆：《巫山境内长江、大宁河流域古遗址调查简报》，四川省文物考古研究所编《四川考古报告集》，文物出版社，1998年，第9页，图一〇、一一。

[4] 徐正国：《枣阳首次发现商代铜尊》，《中国文物报》1988年7月8日，第二版。

[5] 彭锦华：《一件商代大型铜尊在沙市出土》，《中国文物报》1988年3月18日，第二版。

[6] 安徽省皖西博物馆：《安徽六安出土一件大型商代铜尊》，《文物》2000年第12期。

[7] 唐金裕、王寿芝、郭长江：《陕西省城固县出土殷商铜器整理简报》，《考古》1980年第3期。

[8] 岳阳市文物管理所：《岳阳市新出土的商周青铜器》，湖南省文物考古研究所编《湖南考古辑刊》第二辑，岳麓书社，1984年，第26~28页。

[9] 彭锦华：《沙市近郊出土的商代大型铜尊》，《江汉考古》1987年第4期。

[10] a.梁思永、高去寻：《1550号大墓》，中国考古报告集之三《侯家庄》第八本，"中央研究院"历史语言研究所出版，1976年；b.中国社会科学院考古研究所编：《殷墟妇好墓》，文物出版社，1980年，第152~153页，图七九、八十。

[11] 金正耀：《铅同位素示踪方法应用于考古研究的进展》，《地球学报》24卷6期，2003年12月。

是来自铅料还是来自铜锡杂质，同位素组成特征的一致性表明它们是来自同一地区的多金属共生矿。根据现有的地质资料和金属矿山资料示踪指向，这种较为特殊的高放射成因铅多金属矿料仅存在于西南地区的滇东、川南一带[1]。这就说明可能从二里岗时期开始，商王朝在西南地区获得的铅锡铜合金矿料除了被输送到中原京畿之地，还被输送到了长江中游的两湖地区和淮河流域等商王朝的南方矿冶基地。在中原地区，从二里岗至殷墟三期的青铜器中也较为普遍的存在低比值高放射成因铅，同时也说明从殷墟二期以后三星堆青铜业虽已经走向衰落，但商王朝的势力还未完全退出西南地区，从西南到两湖、从西南到中原的"青铜之路"并未立即中断，一直存续到殷墟四期之前。而长江沿岸出现稍晚于蜀地的高圈足尊、罍，有可能正与在殷墟二期以后，西南的铅锡矿料与蜀地的青铜冶铸工匠转移到两湖地区的背景有关。

汉中盆地是商文明传入四川的北路。汉中城洋地区出土二里岗至殷墟三期的大量商文化青铜器，足以说明这里是商文化向西南辐射的另一个据点。金正耀等分析测试了27件城洋地区青铜器的铅同位素，其中绝大多数都含有高放射成因铅[2]，城、洋两县出土二里岗至殷墟二期的高圈足尊与三星堆高圈足尊就非常接近[3]，不论从资源的角度还是从文化联系的角度考察，都反映出在四川的北面，存在一条由汉中盆地经汉江到南阳盆地再进入中原的另一条青铜文化重要通道。

从殷墟二期以后，三星堆遗址极少见到青铜器；金沙遗址大型铜器残片也很少发现，主要是一些铜质环、璧类小型祭祀用器和用于镶嵌的饰件。之前在三星堆祭祀坑出现的两侧刃口呈连弧纹的铜戈，这时期在金沙遗址仍较流行。新出现较多的小型直援戈和柳叶形剑，但属于祭祀仪仗用器，可以作为实用器的较少。金沙遗址出土小型铜神人立像和"四鸟绕日"带柄铜璧很有特点。在三星堆、金沙遗址周边地区的殷墟晚期至西周初期的墓葬中，也有一些戈、钺、斧、斤、削等兵器和工具出土。

总体来看，从殷墟三期开始商王朝势力逐渐退出成都平原，在这一时期不论是三星堆还是金沙遗址，都显示出蜀地青铜器铸造业趋于衰落的状况，其原因可能是这时期商王朝将蜀地的青铜冶铸工匠抽调它地，或是商王朝在西南地区获取的青铜合金矿料减少并不像之前那样充足地供给蜀国，有限的资源被商王朝独占享用。在三星堆燕家院子出土的殷墟晚期玉石器[4]和金沙遗址出土的大量玉石器，都证明成都平原青铜冶铸业走向衰落后，三星堆、金沙两地蜀文化并未衰落，蜀国在难以得到青铜器合金材料或铸造技术匮乏的情况下，将玉石器生产推向了更高峰，在殷墟晚期中国礼玉逐渐走向式微之时蜀国礼玉反而繁荣兴盛，蜀国玉器在这一阶段成为中国礼玉发展史上的最后绝唱。

在殷墟晚期后段，商王朝势力彻底退出西南地区后，成都平原的蜀国势力向四方拓展，东出三峡，西达大渡河中游，北越巴山至汉中平原。三星堆二号祭祀坑和金沙遗址常见的璋形器，以及金沙遗址的人面像也在城洋铜器群第三阶段中出现[5]，金沙遗址常见的尖底罐、高柄豆等主要陶器类别在城固宝山遗址中大量出现[6]，说明殷墟晚期蜀人的某一支系已经居住在汉中平原，汉中平原逐渐由商王朝南下的据点成为蜀国北疆的前沿阵地。

---

[1] 金正耀：《中国铅同位素考古》，中国科技大学出版社，2008年，第43页。
[2] 金正耀：《宝山遗址和城固出土部分商代铜器的铅同位素组成与相关问题》，《中国铅同位素考古》，中国科学技术大学出版社，2008年，第132~147页。
[3] 西北大学文博学院、陕西省文物局：《城洋青铜器》，科学出版社，2006年，第237~245页。
[4] 燕家院子出土的玉石器牙璋、石斧、大石璧等与金沙遗址出土的同类器物形制风格基本一致，与三星堆祭祀坑出土同类器物形制风格差别较大，说明燕家院子玉石器晚于三星堆祭祀坑的玉石器，与金沙遗址出土的玉石器年代相当。
[5] 西北大学文博学院、陕西省文物局：《城洋青铜器》，科学出版社，2006年，第218~247页。
[6] 西北大学文博学院：《城固宝山——1998年发掘报告》，文物出版社，2002年。

周灭商后，周王朝势力迅速向蜀地推进，蜀地产生了新的青铜器风貌。1959年、1980年彭县竹瓦街窖藏出土的两批西周早期青铜器，铸造技术高，器物个体大，器上铸出的牛羊动物，涡纹（囧纹）、蟠龙、兽面和"象首"状神物等高浮雕图像[1]，既神秘奇特而又生动华美，展现出西周早期蜀地青铜器的新风貌。两个窖藏出土的青铜器风格一致，应属于同一宗庙祭祀用器。如此高规格的青铜器群，非官僚显贵阶层所不能拥有。竹瓦街窖藏出土这批青铜器很可能是周灭商后，周王朝从蜀国邻近地区派到蜀地的首领或贵族家族的宗庙用器。

总体看竹瓦街青铜器的特点，本地蜀文化因素较少而周文化因素较重。器物组合不是以鼎、簋为基本组合的"华夏""中原"礼制系统，器物风格也不完全是典型的周文化风格器物。其中长眼睑牛头纹钺、长喙鸟纹戈，以及戟（戈、矛组合）上的人面鸟纹，还带有晚商成都平原和汉中盆地蜀文化因素，属于地方纹饰特点的器物；戈、钺、斧的形制在晚商城洋铜器群中就存在；尊和觯可能来自周文化圈；9件罍不是典型的宗周地区周文化风格器物，而是属于在岐邑地区周文化影响下的汉江和成都平原共同拥有的地域风格器物。以上分析说明了这批器物的拥有者和技术工匠来自宝鸡和汉江周文化圈，这批器物中的多数有可能还是在蜀地铸造的。

竹瓦街出土的二觯有铭文"牧正父己"和"覃父癸"，这两件觯的铭文是祭祀先辈的庙祀铭文，"牧正"即牧官之长，"己"可能是人名，"癸"是周祭日。"覃父癸"的铭文还见于宝鸡竹园沟M13：6西周早期铜爵上[2]，"牧正"铭文还见于陇县韦家庄墓葬出土的尊上[3]。竹瓦街出土的涡纹罍与辽宁喀左县山湾子出土的涡纹罍非常相近[4]；牛纹罍也与喀左县山湾子出土的牛纹罍基本相同[5]；蟠龙纹盖兽面纹罍与喀左县北洞村2号窖藏出土的龙凤纹罍基本相同[6]。竹瓦街蟠龙纹盖罍上的蟠龙与随州叶家山2013·S·Y·M111西周早期曾国贵族墓出土的2件蟠龙纹盖罍的蟠龙造型极为相似[7]。竹瓦街的铜兵器戈分别具有窄长三角形援和宽体三角形援两种形制，窄长三角形援戈的本部两侧微内弧，已经脱离水观音遗址那种商式直援戈的风格，宽体三角形援戈多数能分出上、下刃。这两种形制的戈是城洋地区商代晚期流行的兵器，后在西周早期强国盛行，如在宝鸡茹家庄、竹园沟强国墓中都有大量发现。竹瓦街出土的鸟纹戟、鸟纹戈、长尖舌兽面纹戈，以及成都交通巷出土的蚕纹戈的纹饰，已经具有蜀地特点，其中一些纹饰甚至在春秋战国时期的巴蜀铜戈上仍在沿用。

成都平原西周早期青铜器与宝鸡强国墓地青铜器及燕国西周早期的个别青铜器存在的某些联系值得深入探究。

从城洋铜器群到宝鸡强国墓地铜器群的关系来看，西周早期的强国可能是来自汉中盆地的蜀人支系，或是受蜀文化影响较大的其他族系。这支族系在商末周初从汉中盆地翻越秦岭进入宝鸡渭河流域建立强国，在接受了周文化的同时又吸纳了当地的氐羌民族的文化。在西周早期，周文化向四方辐射的大趋势下，强国一部分又回转翻越秦岭来到嘉陵江流域和成都平原。西周初期宝鸡地区已是西虢的封地，强国在西虢封地之内，西周早

---

[1] 竹瓦街铜罍上所谓的"象首"在笔者看来应是龙首。在一些论著中描述该铜罍上的所谓"象鼻"，实际上是从动物口中伸出的舌头，而罍上所谓"象首"的鼻子是呈夔龙状往上高高竖起的。因此，"象首"铜罍应为龙首铜罍。
[2] 卢连成、胡智生：《宝鸡强国墓地》，宝鸡市博物馆编辑，文物出版社出版，1988年，第66页线图五十四，竹园沟十三号墓覃父癸青铜爵BZM13:6；第69页，拓片图五十七，5。
[3] 陕西省考古研究所、陕西省文物管理委员会、陕西省博物馆编：《陕西出土商周青铜器》（三），文物出版社，1980年，第158页，一五六。徐仲舒：《殷周全文集录》，四川人民出版社，1984年，第267页。
[4] 喀左县文化馆、朝阳地区博物馆、辽宁省博物馆：《辽宁省喀左县山湾子出土殷周青铜器》，《文物》1977年第12期，第30页，图三一；第32页，图五一。
[5] a.喀左县文化馆、朝阳地区博物馆、辽宁省博物馆：《辽宁喀左山湾子出土的殷周青铜器》，《文物》1977年第12期，图版贰：1、2；第25页，图五。b.黄凤春：《新出西周曾国铜罍与蜀国铜罍的比较研究》，《三星堆研究》第五辑，第267~276页。
[6] 喀左县文化馆、朝阳地区博物馆、辽宁省博物馆北洞文物发掘小组：《辽宁喀左县北洞村出土的殷周青铜器》，《考古》1974年第6期，图版壹；第368页，图五。
[7] a.李玲、谭文：《叶家山西周早期曾国墓地出土青铜罍的保护修复》，《江汉考古》2016年第4期；b.黄凤春：《新出西周曾国铜罍与蜀国铜罍的比较研究》，《三星堆研究》第五辑，第267~276页。

期强国文化向成都平原发展，可能是受到西虢势力挤压所致。

辽宁喀左在西周时期属于燕地。竹瓦街铜器群与燕国青铜器的密切关系，似乎从文献记载可以得到一点启发。《左传·公羊传》隐公五年："自陕而东者，周公主之；自陕而西者，召公主之。"西周早期的宝鸡是西虢的封地，属于召公奭管理的区域。强国在西虢封地内，也应属于召公奭管理范围。西周初期召公奭受封燕地，召公奭本人并未亲自就封，而是派其元子克赴燕受封。推测召公奭元子克在赴燕受封后，进而将西虢封地内的强国贵族和青铜工匠迁徙到燕地，这样自然会将强国的青铜文化风尚带到燕地。宝鸡茹家庄 BRM1 乙 :15 方鼎铭文铸在腹底壁而非腹壁的特例，也见于辽宁喀左北洞村出土的西周初年方鼎上，这也透露出强国和燕国青铜器在铸造技术上的联系。竹瓦街青铜器和强国青铜器的紧密联系，强国青铜器和燕国青铜器的技术联系，以及竹瓦街铜罍和燕国铜罍的相似性，应和强国贵族东迁的过程中将铸造竹瓦街青铜器的工匠和强国青铜器的工匠带到燕国去有关。而竹瓦街出土的这批青铜铸造的宗庙用器突然掩埋于地下，也许就是召公奭封燕后从蜀地撤走的强国官僚贵族埋下的。

四、三星堆、金沙青铜器的宗教内涵和表现形式

三星堆一号祭祀坑出土的一批青铜铸造的宗庙用器，是四川时代最早的一批青铜器。其中的尊、瓿、盘和器盖，是来自二里岗时期的郑州和盘龙城商文化的礼器形制和纹饰；另一部分如人面像、人面具、跪坐人像、人头像、龙柱形器等人物和动物形象不见于中原或其他地区，是独具蜀人文化的宗庙用器。从一号祭祀坑出土青铜器种类可以看出，在商代二里岗时期，蜀人的礼制表现形式，与商文化区既有一定联系又有较大区别。蜀人不同于商人的礼制表现形式，也并非完全是蜀人在这时期的独创，而是继承了郑州盘龙城商文化进入四川之前的二里头文化和石家河文化（包括其中的良渚文化）的宗教礼仪因素。如在二里头文化中流行的盉和高柄豆等陶制礼器，在成都平原青铜器出现之前就已经存在于三星堆文化中；一号祭祀坑出土的龙柱形器、龙形饰和虎形饰等龙虎神兽题材，也早就存在于二里头文化中；一号祭祀坑出土的人面像、人面具和人头像，与石家河文化的玉制神人面像有一定的联系，这种联系甚至可以再上溯到更早的良渚文化玉器的神人面像造型上。这些情况反映出商代蜀人的礼仪宗教形式既有中原夏商文化的因素，又有长江中下游史前文化的因素，多者结合形成了古蜀人自己的宗教礼仪体系。

在蜀地商、西周青铜礼器中，不见中原代表国家权力的鼎。商时期蜀地的青铜礼器仅仅是尊、罍、壶，以尊、罍数量最多。西周时期，蜀地青铜礼器中主要是一种小口、束颈、圆折肩、斜浅腹并带盖的圈足罍，不属于宗周文化圈内的常见青铜礼器形制，与商代在蜀地流行的深直腹罍也有较大的差别，这种形制的青铜罍分布范围主要在关西宝鸡地区和汉水流域以及岷江上游。在商周蜀文化遗址和墓葬中，常常出现一种高达 1 ~ 1.5 米的带盖的双耳陶瓮，有的还施以云雷纹，形制与青铜罍极其相似，实际上是一种陶礼器罍。

纵观三星堆、金沙商代蜀人的宗教礼仪形式及内涵，主要有以下几个方面的特点：

一是基于气象、天文观察而产生的日神崇拜；二是对山神的崇拜；三是对远祖和祖先的崇祀。这三者共同构成商代蜀人的宗教礼仪内涵。制作宗教礼仪用器的材质以青铜为主，兼及黄金、玉石等材料。祭祀用品除牺牲外，还有海贝、兽牙和象牙等。表现形式是将自然现象神性化并做出具象化的物件加以表现祭祀者和接受祭祀的对象，用铜人头像、人面具和纵目兽面具、兽面等做成祖先神灵和自然神灵降居之所，吁请神灵降临接受祭祀，表现祭祀者是将祭祀者制作出祭祀形态的雕像陈设在宗庙中，象征有人对神灵进行经常性的祭祀。还有

图一 太阳柱（引自[日]林巳奈夫《中国古代的日晕与神话图像》，《史林》七十四卷四号，1991年7月）

表现祭祀和被祭祀的场景物件——神坛和神殿，其上铸造出祭祀和接受祭祀的场面，将神坛、神殿具象模型陈设在宗庙中，象征神灵常驻宗庙接受经常性的祭拜。

（一）日神崇拜

1. 基于气象现象的崇日活动

中国古代神话传说中的神树，有扶桑、建木、若木等。扶桑和若木分别居天地东西两极，建木居天地之中。传说中的这些神树，实际上表现的是太阳升起或降落时出现的光柱——日柱（图一）[1]。日柱是太阳晕之一，是一种大气光学现象。古人对太阳晕非常敏感，往往被看作天象的象征，预示着人间的善恶吉凶，并设"眡祲"一职观察出现的太阳晕妖祥状态，以此判别未来吉凶福祸[2]。

日柱的形成原理是天空中的薄卷云遇到零下二十摄氏度以下的冷空气时就会形成冰晶，冰晶在下落时由于受到空气的阻力会形成几乎是水平状的平板分布，当太阳升起或降落时，太阳光照在这些平板状的冰晶上，反射光几乎呈垂直状的，因此产生日柱效应。日柱从产生到消失的时间约1分钟，日柱会随着太阳的升降而升降，让人感觉太阳是顺着日柱逐渐升高的，故有太阳从扶桑树爬升天空的神话传说。三星堆出土神树、太阳形器、眼形器等正是日柱、日晕的形象反映。

铜神树 在三星堆二号祭祀坑中出土铜神树共有8棵，其中大型神树有2棵，分别称为I号神树（86GSK2②:94）和II号神树（86GSK2②:194）；另有小型神树6棵。

图二 三星堆二号祭祀坑出土的I号铜神树

---

[1] [日]林巳奈夫著，杨凌译：《中国古代的日晕与神话图像》，《三星堆与巴蜀文化》，第116~135页。
[2] （汉）郑玄著，（唐）贾公彦疏：《周礼·春官·眡祲》，李学勤主编《十三经注疏·周礼注疏》卷二十五，第656~658页。

Ⅰ号神树形体最大,树干顶尖虽残损,高度仍有 3.59 米(图二、图三),神树枝桠高过树残尖,现残存神树通高 3.96 米,由带圈足的底座、树和龙三部分构成。底座三面弧拱,拱上有对称式目云纹,底座平面上饰斜角目云纹一周。目云纹则表示是幻日,底座造型表现出神树是生长在云气缭绕的天际神山,拱形的树苑出露在幻日的云雾中。神树从树兜以上部位就开始长出丫枝,每层树丫枝为三枝,一共三层九个丫枝。每个丫枝的中段长出一朝上的果子,果子上站立一鸟。丫枝端部长出一下垂的果子。树干的顶端残留部分下方有回纹一周,残缺部分为芽片状;在树干每个枝杈下方依次水平铸出囧纹圆盘代表日晕;每个枝桠的果托上也透雕出囧纹圆盘代表日晕。在下垂的果叶下缘上,铸出三个圆环钮,垂挂铜铃以及各种仿生的挂饰。在树干一侧有一龙呈波浪状援树游弋而下,龙的形状为方头,绹索状身躯,剑状鳍羽,手掌一样的爪子却比手掌更细长,龙前爪撑于座圈上。这棵铜树不是现实中的树木,被称为神树。

图三 Ⅰ号铜神树局部

Ⅱ号神树残缺较多,现已基本复原[1]。神树主要结构由树座、树身和座上三方平台上的跪坐人像构成(图四)。树座下为圈足,座上三面有透雕的纹饰。三面座圈上有一方台,台上铸一跪坐人像,人像两手平抬呈握物献祭姿势。树干上段残断,下段尚存两层枝桠的断茬。树干中段一枝桠尚存。枝桠上长出两果枝,立鸟站在端部果实的果叶上的情形与Ⅰ号神树立鸟站在果实上的情形不同;果枝的托柄上套铸出的圆盘无透雕囧纹和在底座上铸出跪坐献祭人像的情况也不同于Ⅰ号神树造型。

三星堆Ⅰ号神树和Ⅱ号神树究竟是神话传说中的哪两种神木,可以从两棵神树的特征大致判断出。首先,Ⅰ号神树树干和树枝上铸出的圆盘囧纹,表示是发光的日晕;Ⅱ号神树树干和树枝上铸出的是无囧纹的圆盘,表示是不闪烁发光的日晕。考虑到青铜未氧化前与黄金接近的光亮程度,Ⅱ号神树上铸出的无囧纹的圆盘仍旧是表现日晕而不是月晕。一般来讲,太阳升起光线逐渐变

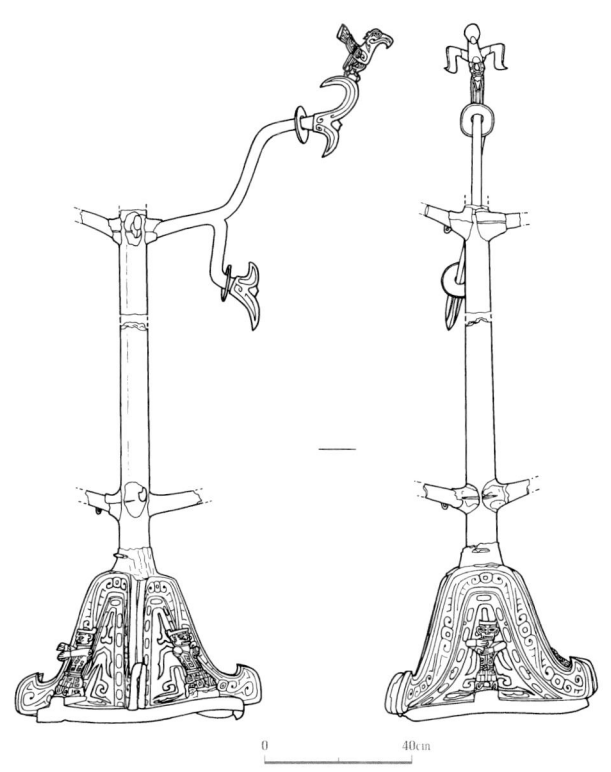

图四 三星堆二号祭祀坑出土的Ⅱ号铜神树

---

[1] Ⅱ号神树在《三星堆祭祀坑》报告发表时未完成修复,后由四川省文物考古研究院与三星堆博物馆复原陈列展出。本文描述参照了复原后的神树形态。

强，太阳降落光线逐渐变弱。I 号神树上有象征太阳晕发光的囧纹圆盘代表的日柱，与代表太阳从东方升起的扶桑特点较吻合；II 号神树上铸出无囧纹的圆盘代表的日柱，与代表太阳傍晚西下时的若木特点较吻合。其次，I 号神树有一龙从树干下来，龙代表太阳西下后由虞渊进入黄泉的夜晚要上天去执掌天空的神灵，清晨太阳从汤谷升起，龙就应该缘树而下由汤谷再回到黄泉下休息。从 I 号神树树端与龙呈相反方向运动的造型看，I 号神树也应是代表东极的扶桑，那 II 号神树就应是代表西极的若木。再次，II 号神树底座上有跪坐的献祭者，太阳已经从汤谷升起，把跪坐献祭者看成宾日者也不太合适，解释成迎日者较为合适，这也体现出 II 号神树是代表西极的若木。

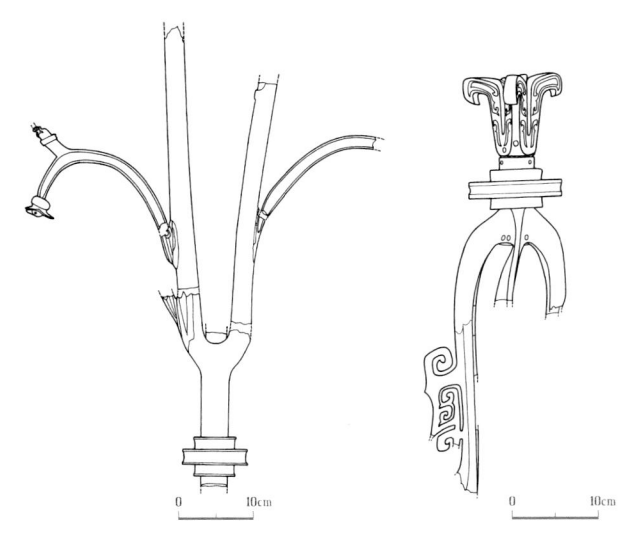

图五 三星堆二号祭祀坑出土套有玉璧的小铜神树　　图六 三星堆二号祭祀坑出土套有玉璧的小铜神树

三星堆二号祭祀坑出土的 5 株小型神树，造型都不一样。编号为 K2③:204、206 的小神树，树干上段分岔呈三丫枝，树干下段在铸造时就套铸 1 件两面均有凸缘的玉璧，以象征日柱上的日晕（图五）。编号为 K2③:20 的小铜树，树干呈三面弧拱相连的倒三杈状，在弧拱顶点的树干上端长出花蕾，在花托上也套铸出上、下凸缘的玉璧代表日晕（图六）。从这两棵小神树上套玉璧情况可以证明，史前至夏商考古发现的大量玉石璧环类，有可能是日晕的象征，是用于祭祀日神的礼器，所谓"苍璧礼天"就是指用环璧类玉石器对日神的祭祀。编号 K2③:273 小铜神树，下段树干残损。树干和枝桠都成两股相互缠绕的绳状（图七），从最下层树杈就等分成朝上和朝下的枝丫，在最下层枝丫之上歧出三根挺直向上的树干，树干上再生出两层树枝，树干顶端长出果实，上站立人面鸟。人面鸟是代表东方的司木之神，这棵神树也属于扶桑[1]。有传说扶桑的另一种形式是同根连理树，这株神树树干和枝桠都成两股相互缠绕的绳状，也许就是传说的同根连理树，属于神话传说的扶桑另一种表现形式。编号为 K2③:55 的铜神树残存呈两段结构的喇叭状的座子，上施联珠纹和云雷纹构成的水波纹，

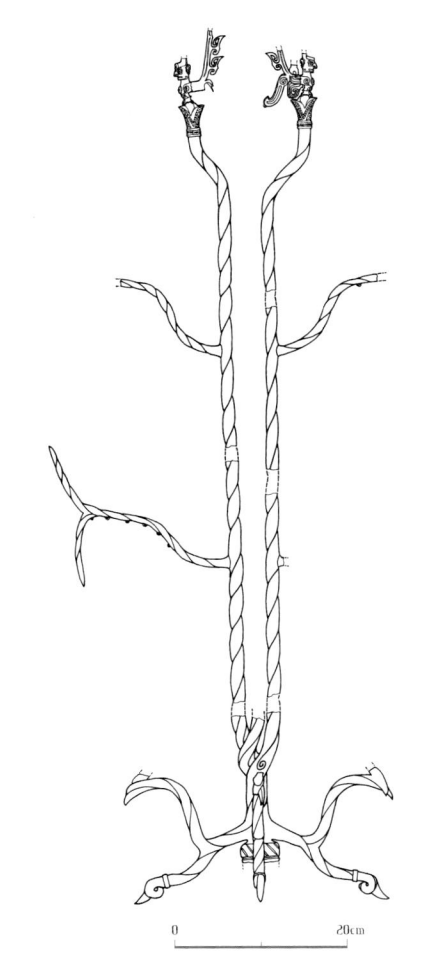

图七 三星堆二号祭祀坑出土站有人面鸟的小铜神树

---

[1] 《海外东经》："东方句芒，鸟身人面，乘两龙。"引自袁珂校注《山海经校注》，上海古籍出版社，1980 年，第 265 页。

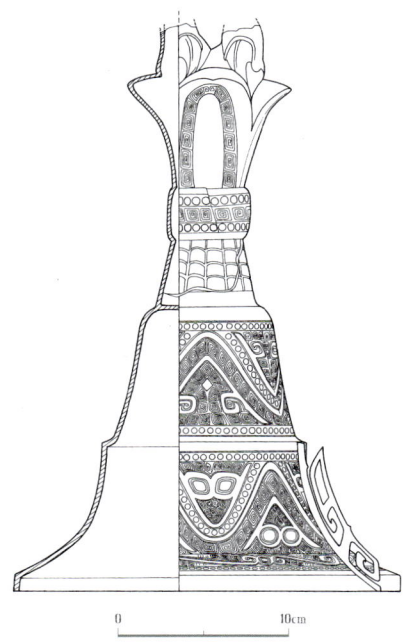

图八 三星堆二号祭祀坑出土花蕾状小铜神树

图九 日晕（引自[日]林巳奈夫《中国古代的日晕与神话图像》，《史林》七十四卷四号，1991年7月）

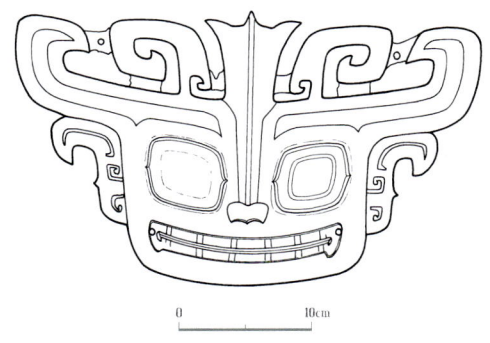

图十 三星堆二号祭祀坑出土A型铜兽面

图十一 三星堆二号祭祀坑出土B型铜兽面

图十二 山东莒县凌阳河大汶口文化陶器刻划符号

在波峰和波谷上填双目纹（图八）。在座子的顶端长出一花蕾，花蕾上站立的人像已经不存，留下的足爪和K2③:327铜人身鸟爪形足人像相同。这件神树的造型具有神树和神坛两种形态。

太阳形器 在二号祭祀坑还出土6件形如车轮的太阳形器，直径84～85厘米，阳部直径28厘米，阳部有五芒与晕圈相连[1]。太阳形器表示的是日晕（图九）。日晕也是一种大气光学现象，当太阳光通过卷层云冰晶时，经过两次折射分散成不同方向的各色光形成晕，晕围绕太阳呈环形，日晕不完整现出就是圆拱形的彩虹。三星堆祭祀坑出土的铜太阳形器就是日晕的形状，称之为"日晕形器"更准确。日晕和月晕的出现预示天气的突然转变，民间有"日晕三更雨，月晕午时风"的谚语。古蜀人将铜"日晕形器"陈设在宗庙中适时祭祀，目的是希冀太阳出没适时，四季风调雨顺。

兽面 三星堆祭祀坑出土兽面有A、B两种形制（图十、图十一）。A形为夔龙向两侧展开的形状，兽面

---

[1] 参本书第70页。

为卷角，尾上卷，菱形略弧边的大眼，头顶呈神树的花果状。有学者认为兽面的造型也是来自日晕[1]。B型只是在兽面的下颌处有眼睛特别突出的两夔拱抬着兽面，与大汶口文化被释为"旦"字的图像相似（图十二），也是属于日晕的一种表现形式。兽面下拱抬兽面的两条大眼夔龙，有可能是《开元占经》记载中的"气半如晕，在日下则名为承"[2]的"承"，是一种光气现象。这种兽面是太阳22°晕图像的神灵化。在三星堆和金沙遗址中，还出土一种眼睑拉长呈S形的铜眼形饰，实际上是一种大眼的夔龙的简化形式，和前文提到的"承"的意义一致。

眼形器 三星堆二号祭祀坑出土眼形器主要有菱形、两锐角三角形组合而成的菱形和四直角三角形组成的菱形三种，另外有前面提到的一种眼睑呈S形近似全无足夔龙的眼形器。

眼目纹在新石器时代已经出现，如良渚文化的陶器上的目纹，中间为圆圈，两边以弧边三角形构成。在三星堆遗址第二期的一件高柄豆（80GSBaT1②:36）上，出现了单个的眼目图像。目纹在陶礼器豆上出现，应和祭礼有一定关系。商周时期中原青铜器上的目纹不见动物实体依附，都是独立使用的，表现的不是代表某种实体动物，而是一种自然现象。如二里岗时期的青铜容器上，普遍铸有斜角目纹，其中一件目纹鼎上铸的一种斜角目纹[3]，由日晕和日晕周边的气团构成菱形眼目状纹饰，已经较形象地表现出目纹代表的是一种日晕。由此可知，三星堆二号祭祀坑出现大量眼形器，并不是蜀人对眼睛本身的崇拜，而是在日晕出现时对日神崇拜的一种表现形式。三星堆出土的眼形器是由商代二里岗时期青铜器上代表日晕的斜角目纹逐渐演变过来的。

在三星堆仓包包祭祀坑出土的B型（87GSZJ:36）铜牌饰上，在两侧镂空的树杈之间又镂空出菱形眼形器图案，说明这里的眼形器表现的也是太阳晕。树干两侧树枝下做出眼形图案表现的日柱，和铜神树上囧纹圆盘表现日柱是同样的意义，只不过铜牌饰表现的是日柱的另一种形式罢了。在河北定州北庄子出土殷墟二、三期的商墓中的鼎、戈等铜器上铸有手持柱状物上两侧有眼目的铭文[4]，其表现形式和仓包包铜牌饰相近，可知双目还不仅仅在蜀地出现，在殷商文化中也偶见类似情况。

2. 基于天文现象的崇日活动

和三星堆青铜器造型主要基于气象现象的日神崇拜不同，金沙遗址出土的铜器对日神崇拜的造型主要是基于天文现象。

青铜器纹饰上被称为囧纹或涡纹的图像，流行于整个青铜时代。最早出现囧纹是在二里头遗址出土的一件陶方鼎上，为单个的囧纹，已被学者解释为太阳光气现象[5]。在商时期青铜器上和甲骨文中，都出现这种囧纹，也被释为囧字，代表太阳。商代青铜器上的囧纹有两种，一种是火焰从中心的阳部一周外旋，另一种情况是火焰从太阳晕圈向内旋。不论哪种情况，中间都刻画出圆圈或圆点代表阳部。有阳部的囧纹可能表现的是太阳晕，是一种气象现象。金沙2001CQJC:668"四鸟绕日"或称"四鸟托日"金饰件（图十三），在圆形金皮的中心镂空，空洞边缘镂出呈十三股由周边向中心内旋的火焰，边缘镂空出四鸟。中心呈圆形镂空无阳部，是否另镶嵌有阳部已无法得知。从造型上看，本身就无阳部，那么表现的就不是日常太阳，也不是日晕，有可能属于日全食过程中月球把太阳遮住时的一种图像，属于天文现象而不属于气象现象。金沙遗址出土的编号2001CQJC:558三鸟纹有领铜璧形器，在铜璧的边缘上有长方榫头，是安插在铆孔中作固定性使用的物件

---

[1] ［日］林巳奈夫著，杨凌译：《中国古代的日晕与神话图像》，《三星堆与巴蜀文化》，第116～135页。
[2] 同上。
[3] 上海博物馆青铜器研究组编：《商周青铜器纹饰》，文物出版社，1984年，第251页，图708、709。
[4] a.河北省文物研究所、保定地区文物管理所：《定州北庄子商墓发掘简报》，《文物春秋》1992年增刊，第236页，图七：5、6；b.谢飞、王会民：《货场下的贵族亡灵》，李文儒主编《中国十年百大考古新发现1990～1999》上册，文物出版社，2002年，第323～330页。
[5] 顾万发：《二里头陶方鼎特殊图案太阳大气光象内涵图解》，《华夏文明》2017年第2期。

图十三 金沙出土的四鸟绕日金饰件

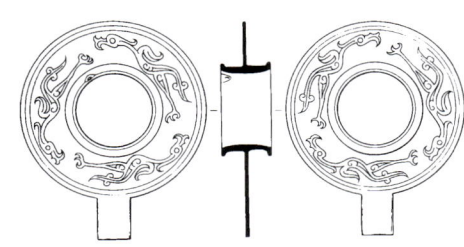
图十四 金沙出土的三鸟纹有领铜璧形器

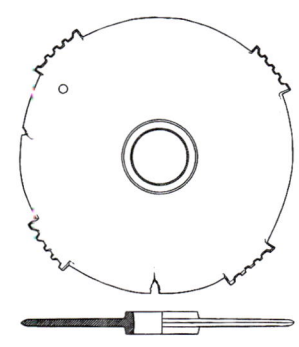
图十五 金沙出土的有领玉牙璧

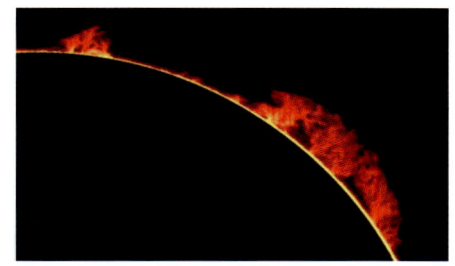
图十六 日食过程中的日珥

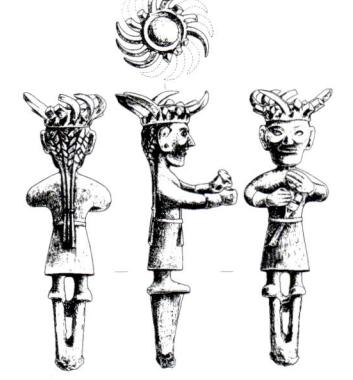
图十七 金沙出土戴日冕的铜立人像

图十八 日食过程中的日冕

（图十四）。璧的两面铸刻出三鸟引颈飞翔状，与2001CQJC:668"四鸟绕日"金饰上的飞鸟是一致的，表现的主题也应一致，两种造型表现的都是日全食过程中鸟儿绕日飞翔的状态，实际上也是一种天文现象。金沙出土的2001CQGC:11有领玉牙璧（图十五），色彩斑斓，周边四方出牙，与新石器时代以来考古发现的玉牙璧的齿牙截然不同，表现的是只有在日食过程中肉眼才能看到的日珥现象（图十六）。

在日食过程中，由于太阳被月亮遮住，只有大气最外层的光显露，天空突然黑暗，动物会恐慌，使依靠太阳辨别飞行方向的鸟儿迷失方向，鸟儿只好绕着太阳飞翔。"四鸟绕日"金饰和铜"三鸟绕日"璧形器上的飞鸟，神态惊恐，作引颈伸爪奋力飞翔状，也许是反映了日全食过程中鸟儿恐慌的一幕。

金沙遗址出土的2001CQJC:17青铜立人像，着长服，腰前圆箍内斜插一物，手上戴宽镯，头发编成三股长辫从后脑垂于后背。立人像头戴圆形帽箍，周边有十三根獠牙状的尖凸呈外旋状（图十七）。这件立人像头上戴的帽箍就是日冕。日冕是太阳大气最外层。在没有观测仪器的情况，日冕只有在日全食的过程中才能被肉眼观察到（图十八）。日冕的形状和太阳活动的大小年有关。在太阳活动极大年，日冕接近圆形；在太阳活动极小年，日冕接近椭圆形。夏商时期玉器中的戚形器和有侧饰的所谓"戚璧"，有可能就是表现太阳活动极小年日冕的形状。在三星堆祭祀坑和金沙祭祀区都出土有一种内孔缘凸起、一端呈圆弧的戚形铜璧，也有可能表现的是日冕的形状。

在古代文献记载和中国民间流传着发生日食和月食是天狗吞噬太阳或月亮的说法，所以在日食、月食发生时就有敲锣打鼓以惊吓的方式驱逐天狗吞噬太阳或者月亮救日、救月的祭祀活动[1]。金沙遗址出现很多与日食

---

[1] （汉）孔安国传，（唐）孔颖达疏：《尚书》卷七《胤征第四》，李学勤主编《十三经注疏·尚书正义》，北京大学出版社，1999年，第180～188页。

图像有关的器物，其功用也许是在出现日食或月食的过程中，用祭祀的方式引诱天狗不去吞噬真太阳或者真月亮转而吞噬这些象征太阳或月亮的祭品。这件头戴日冕形帽箍、手呈握物献祭状的铜立人像造型，是在日食的过程中的一个救日献祭的活动场面。

（二）山神崇拜

由于神树生长在天际的神山，因此蜀人在对日神崇拜的同时，也会同时对山神崇祀。在三星堆 K2③:201-4 玉璋上的祭祀山神的图像（图十九），第一幅图像为两座神山和神山两侧插牙璋、山之间插象牙；第二幅图像为跪坐举行祭祀的三人；第三幅图像为神山两侧巨手按捺于山腰；第四幅为跪坐人像。这组图像具体指明了牙璋和象牙是安插在山上用于祭祀山神的。铜质的牙璋在三星堆、金沙及陕南汉中城洋铜器群中都存在。三星堆 86GSK2②:114-5 铜质牙璋，璋身齿牙以上呈拐折弯曲，基部的齿牙呈根须状，齿牙靠上做出一片枯萎下垂的芽衣；在二号祭祀坑出土的芽叉状的玉璋，形状似破土而出的禾芽，仿生的意图十分明显。从这些材料看出蜀人祭祀山神，一是祈求山陵的稳定，二是祈求万物的繁荣。

三星堆 86GSK2③:48 喇叭座顶尊人像，喇叭座上透雕出藤蔓状纹饰，与神树所处的云气缭绕的空中神山意境截然不同；山顶跪坐一人，腰间着裙，头顶高圈足带盖的尊，两手上举捧在尊的腹两侧，捧尊的姿势和甲骨文尊字字形一致。在二号祭祀坑出土的铜罍、铜尊中，出土时内装海贝和璧、环、斧、锛、凿、珠、管玉石器。玉是山川精英，以玉献祭山神，是对掌管山川的山神的回报。这件喇叭座铜顶尊跪坐人像也许表现的是祭祀山神的场面。

（三）对远祖和祖先的崇祀

1. 远祖的形象——纵目兽面具

在三星堆二号祭祀坑出土 3 件纵目兽面具，形状相同，成一大两小的组合配置。纵目兽面具为方面，阔耳，倒八字形刀眉，鹰钩鼻，阔口，舌尖微吐。最大的特征是眼球呈柱状向前伸出和额头上安装的夔龙形饰件。多数学者认为这种纵目面具就是蜀国第一代国王，即蜀人的祖神蚕丛的形象。蚕在长期的进化过程中，眼睛已经失去视觉上的功能，因此"蚕丛纵目"的蚕丛与本身的蚕字应该没有文字上的关联意义，将蚕丛和蚕神纠缠在一起可能是后人的附会。如果侧视存有夔龙额饰完整造型的纵目兽面具，则实为一件头面巨大的夔龙，造型和甲骨文的"蜀"字作 形结构非常吻合。甲骨文"蜀"字尽管有结构大同小异的不同形体，但总体结构是头上长有大眼和身尾勾卷的夔龙造型，或在勾卷身尾内侧加虫符作 形的结构。在三星堆二号祭祀坑出土编号为 86GSK2②:149、150 的铜立人像衣服前面有一列目纹和勾卷虫纹相间的纹饰[1]，与甲骨文"蜀"字的结构内涵是基本一致的；另有蜀字结构作 形，似头上有巨大眼目（代表日）成侧站姿的人像，和金沙头戴日冕的立人

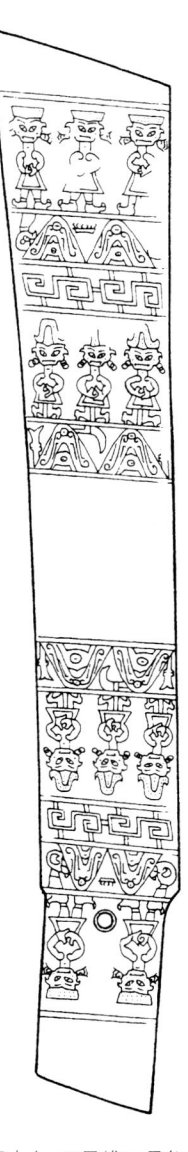

图十九 三星堆二号祭祀坑
出土的玉璋

---

[1] 参看本书第 44～47 页。

像造型酷似。可见纵目面具和立人像与"蜀"字的造型一样，本身意义来源于头戴日晕的夔龙所代表的太阳神和对太阳崇拜祭祀的人的形象。

2. 对祖先的祭祀——人头像和人面具

在三星堆一号祭祀坑出土铜人头像 14 件，人面具和人面像各 1 件；二号祭祀坑出土人头像 44 件，人面具 20 件。在二号祭祀坑还出土 4 件金面罩人头像。除一号祭祀坑的 1 件年代较早的人头像属于写实作品外，其余稍晚的人头像和人面具都不是写实的作品，而是抽象、呆板、程式化的"模型"。不同装扮可能并不代表某一族别和本身的身份地位，而只是在神灵寄居时他们各自代表不同身份的神灵。这些雕像也不是一次性铸就陈设在宗庙中，而是在使用的过程中逐渐增加才形成这样庞大规模的雕像群，所以人头像和人面具造型都有各自发展变化的规律和趋向。较早的人头像多为短发、戴帽箍或头盔；稍晚的人头像绝大多数为平头、编发，发辫垂于脑后。二号祭祀坑出土年代较晚的人头像有戴发簪的和头发盘绕呈索状圆箍的装扮。二号祭祀坑的人头像普遍眼睑下垂，面部肌肉松弛，显得十分衰老。

人头像颈部两侧呈砍削状象征猎首得到的人头，因此推测为祭祀所用活人人头的代用品。但是，不同发饰装扮不一定象征猎首的对象是某一部族人的形象。在商代二里岗和殷墟时期都普遍存在用人头祭祀祖先和其他神灵的野蛮习俗，人头只不过是在祭祀祖先时作为祖先亡灵的寄居之物。用铜人头代替真实的头颅进行祭祀，与 20 世纪二三十年代还存在于印度尼西亚苏拉威西岛（Sulawesi）的马普伦多族用椰子代替真实头颅的宗教仪式一样[1]，属于野蛮的人祭习俗的退化形态。二号祭祀坑出土的人头像普遍戴面具，从而可知人头像和面具的宗教作用是一致的，都是祖先亡灵的寄居之所。二号祭祀坑出土的面具，其中最大的一件人面具经复原宽度在 80 厘米、高度达 60 厘米以上，最小的一件人面具高仅有 15.6 厘米，宽仅有 15.8 厘米。人头像、人面具从大到小呈列阵，与周代的列鼎制度有什么关系，其组合的用意颇耐人寻味。

人头像和人面具的口、鼻和耳孔上涂有朱砂，眼眶和眉毛描黛色以增加人头像和人面具的活力，是古代衅礼的一种施用方式。类似的做法还有在铜人头像上贴上金面罩。黄金本身和新铜在材质颜色上并无多大的视觉冲击效果，铜人头像只有在铜质氧化后贴上金面罩才具有视觉差异的冲击。推测在铜人头像上贴金面罩，是铜人头像在使用较长时间后表面已经氧化才进行的。在铜人头像上贴上金面罩，和在人头像上五官处涂朱描黛一样，都是为了使降居在这些载体上的祖先亡灵更加鲜活灵验。

3. 人神之间的中介——跪坐人像和立人像

跪坐人像　一号祭祀坑出土 86GSK1:293 跪坐人像，时代相当于二里岗上层至殷墟一期。人像头发后梳，发梢又再向前上方回卷，穿右衽衣、犊鼻裤，手戴镯抚膝，脚穿袜，张口露齿作念叨状，推测为巫祝的形象。在二号祭祀坑还出土跪坐人像 3 件，其中正跪坐 2 件，侧跪坐 1 件。半圆雕，后侧成瓦状空出。面部造型和人头像、人面具一样，头戴颊，上身着对襟长袖衣，腰间系带两周。这种跪坐人像的身份也是和鬼神或祖先亡灵交往的巫祝。

立人像　三星堆二号祭祀坑出土 86GSK2②:149、150 立人像自脚底至冠顶高 180 厘米，两手平抬呈握物献祭姿势站立在方台上。方台由台基、台座和台面三部分组成。台基为素面，应是安放时埋于土中的部分；台座四脚为四个龙头的联体；台面置于四龙角上，四周为对称式目云纹。立人像面部特征和头戴回纹筒圈冠和同

---

[1]　a. 王谢：《猎首和食人：最骇人听闻的野性习俗》，《环球人文地理》2015 年第 11 期；b. 宝鸡市博物馆：《宝鸡竹园沟西周墓发掘简报》，《文物》1983 年第 2 期，图版柒：3。

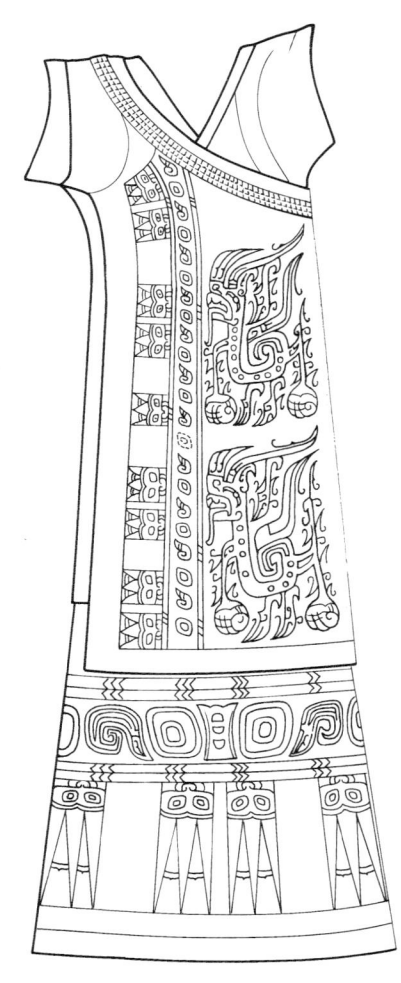

图二十　大型立人像衣服正面纹饰

出土的人头像相同，帽缘为兽面。身子前面为脊棱状，造型抽象，但衣着较写实。身着窄袖和半臂式右衽上衣三层。最外层上衣左侧饰上下两组呈己字形相背对称的蟠曲龙纹、凸目兽面纹以及目纹和虫纹相间的纹饰；中间一层上衣也饰目纹和虫纹、目纹和头戴三尖角的兽面纹（图二十）。虫纹可看成简化的龙纹，这里目纹和简化的龙纹结合，也是甲骨文"蜀"字的结构形式。有学者认为，这件立人像的龙纹具有巴蜀式"黼黻文章"绘绣工艺纹样。从这件立人像的衣服上纹饰龙纹、目纹和简化的龙纹、凸目兽面和头戴三尖角兽面的图像来看，这件立人像是具有祭司兼蜀王身份的人物，既是宗庙中最高身份的献祭者，也是先王亡灵的寄居之所。

（四）神灵的住所——神坛和神殿模型

三星堆二号祭祀坑出土的和建筑模型有关的器物，一种是"层级感"特征比较突出，另一种"空间感"特征比较突出，发掘报告暂时将这两种建筑模型分别称为"神坛"和"神殿"。

1. 神坛

从出土铜器的残件中识别出 3 个个体，仅有 1 件基本能复原。神坛的特点是底座为圆形，底座侧面饰歧羽纹，底座上站立二神兽或者二神人。

86GSK2 ③ :296-1 神坛（图二十一），底座上站立的神人，腿上有目纹和云纹，身穿卷云纹铠甲，双手横握拳头，作收臂出击之势，具有力士般的体格。

86GSK2 ③ :296 神坛，较为完整（图二十二）。全器残高 53.3 厘米。由兽形座、立人座、山形座和盝顶建筑四部分组成。兽形座圈足上立二神兽，兽头硕大，吻部宽扁，立耳，独角，羽翼歧开上扬，尾下曳，马蹄状足。

立人座呈圆形，侧饰日晕纹，置于神兽的角上。座上站立四人。四立人戴 V 形方帽，帽箍上有一周两 S 形相交的纹饰；穿短袖对襟衫，腰间系带两周，衣裳的前后上下各有两组囧纹；立人腿上和脚上饰目纹；两臂平抬于胸前，左手覆于右手上，呈作揖状握物，手中握物为端部弯曲、并有钩状分权的藤状枝条，应是向神灵献祭的祥瑞植物。帽顶上生出一扁平的纵目人面像。

山形座置于立人的帽顶上。圈足侧面下方凹槽内饰一周联珠纹。座上有四山相连呈花瓣状，山侧正中饰倒置的兽面纹，两侧和下方饰目云纹。

盝顶建筑置于四山的顶部，呈方斗形，顶部为四面坡状。顶中平，有残痕。上额和下栏各饰歧羽纹和云雷纹，上额正中铸一鸟身人面像，鸟翅羽尖歧开如歧羽纹。四面上额和下栏之间的牖上铸出 5 个跪坐人像，人像头顶撑在建筑的上额，双膝跪在下栏上。人像身着裙，腰间系带，两臂平抬，左手覆在右手背上呈作揖状执握。盝顶坡面为鸟羽状纹饰与目纹相间排列。神坛顶部坡面四角各立一鸟，夔龙状冠饰，钩喙，喙中有小穿孔，双翅上扬，尾下垂，利爪，身上有歧羽状纹。从神坛残存的情况看出，该神坛是四级重叠逐渐升高的建筑，最下

图二十一　三星堆二号祭祀坑出土的铜神坛

图二十二　三星堆二号祭祀坑出土的铜神坛

图二十三　三星堆二号祭祀坑出土的铜神殿

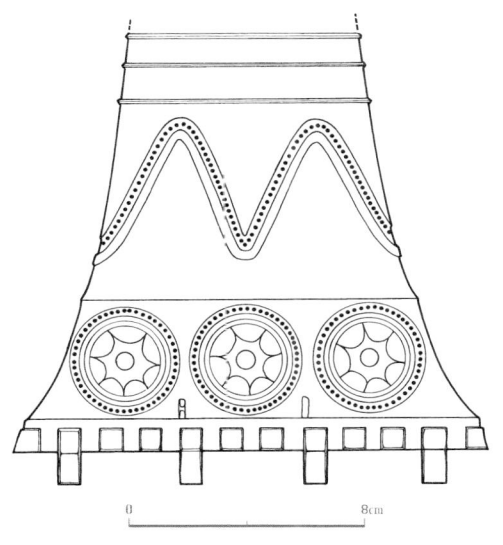

图二十四　三星堆二号祭祀坑出土的铜神殿

面是神兽、神人，上面是神山、殿堂，反映了古蜀国神灵世界的不同层级。这件神坛在研究古蜀宗教和建筑方面都具有重要的价值。

2. 神殿

共2件。经火烧残。86GSK2②:143-1神殿，仅存神殿上部两层，残高31厘米（图二十三）。结构近似于楼阁式建筑。上、下两层檐上有一周以圆点构成的S形纹和斜三角纹，侧面透雕纹饰为植物芽尖和龙，龙站在植物芽杈上，龙鼻、胡须下垂呈勾状；近顶部侧面上、中、下依次饰联珠纹构成的波折纹、重环纹和囧纹；顶部内收呈方台形，方台上有一人像仅残存下半身，跣足跪坐，上衣和两膝饰几何形云雷纹，两侧踝上饰目纹。K2②:143神殿（图二十四），存屋盖部分，残高15厘米。屋顶呈四面坡形，檐口略下折，露出方形椽头，每三根椽头有一根伸出，檐上有两个小环钮。屋面分上、下两段，上段饰以波折纹，再其上饰三周凸弦纹；下段每面有三个简化的太阳纹。

以上的神坛和神殿由于残损较甚，内涵难以把握，但从残存的器物部分和其上的纹饰可以看出，神坛和神殿都有可能是天神、太阳神等自然神祇的住所。

五、结论

成都平原在距今5100年左右出现了桂圆桥新石器时代文化，其来源可能与黄河上游甘青地区史前文化南下岷江流域发展起来的营盘山文化有密切的关系。在距今4600年左右出现的宝墩文化，不仅继承了先前进入成都平原的营盘山文化因素，还融入了从长江三峡进入成都平原的中坝文化因素。宝墩文化晚期受到二里头文化和"后石家河文化"的影响，致使文化架构发生根本性改变，出现了三星堆文化。二里头文化和"后石家河文化"以及更早融入到石家河文化中的良渚文化因素，对后来三星堆文化的发生、城市发展、文明进程和以太阳崇拜为特征的宗教信仰，都产生了重大影响，同时，这些文化因素一直蕴涵在整个三星堆文化中。

从二里岗上层至殷墟前期，商王朝为满足自身经济文化高度发展的迫切需要而南下谋求青铜器矿产资源，它以盘龙城为据点向南扩张，进而向西进入成都平原，将高度发达的青铜冶铸技术和玉石器生产技术带到西南地区，带动了蜀地的青铜铸造和玉石器生产。商王朝在对西南地区开发的过程中，在获取以政治权利为核心的自身宗教礼仪需要的青铜矿产资源和玉石器资源的同时，也利用这些矿产资源把古蜀的宗教礼仪制度推向了高峰，在古蜀地区产生了辉煌的青铜时代文明。商王朝势力退出成都平原后，蜀地的青铜文化也逐渐走向衰落。

三星堆、金沙遗址出土的商代青铜器主要体现的是以太阳神为主要崇拜对象的宗教观念，商代蜀人的宗教观是以自然观为出发点对神灵的祈求，而祭祀所用的这些物品属于国家全体向神灵奉献，不属于王权独占，因此这些财富不具有社会层级上的意义。不论是基于气象现象的崇日活动，还是基于天文现象的崇日活动，都突出表现了商代蜀人对日地关系的认识，这也给我们研究商代的气象现象和天文现象带来启示。

周灭商后，进入成都平原的岐邑周文化主要是周文化圈内的强国文化。从辽宁喀左与竹瓦街窖藏、宝鸡强国墓地出土铜器间的密切联系可以推测，召公奭元子克赴燕地受封的过程中，也从宝鸡和成都平原迁走了强国官僚贵族及其青铜器冶铸工匠到燕地。同时，西周中晚期至春秋早中期成都平原的青铜器铸造业并不像西周早期那样富有生机，且存在断层现象，其原因可能与西虢掌管的强国官僚贵族及其青铜器冶铸工匠突然撤出成都平原有关。

三星堆文明的青铜铸造技术 [1]

许 杰
旧金山亚洲艺术博物馆馆长、美国人文与科学院院士、上海大学文学院特聘教授

20 世纪 80 年代,在四川盆地成都平原的三星堆遗址发现了失落三千多年的古代青铜文明,其遗存包括大型城址和两个充满祭祀用品的器物坑。祭祀用品中既有学者熟知的青铜容器和各类玉器,更有前所未见的青铜造像,诸如大型神树、大立人、人头像、人面具和造型奇异的动物等。这类前所未见、且不见于其他地区的青铜造像是三星堆文明最独特的具体表现,毫无疑问是在三星堆文明的地域内制造的 [2]。本文即综合探讨这类青铜造像的制作技术。

和其他地区出土的中国古代青铜器一样,在三星堆制作的青铜器是通过两块或更多的陶范铸造而成的 [3]。只有一些微小的装饰部件例如鸟、鱼、兽、叶脉形和璋形箔饰等是捶打而成的,厚度仅为 0.1 ~ 0.2 毫米 [4],本文对它们略过不论,而全力研究铸造的技术,以探索该技术在三星堆文明的应用、来源和文化内涵,以及技术应用中反映的理念,作出上升到理论层面的诠释。

一、中原的铸造技术 [5]

在论述三星堆的铸造业之前,我们首先对块范法铸造的基本过程作一回顾。就我们所知,块范法铸造青铜器的技术发端于中原的二里头和二里岗,并在中原地区运用于整个青铜时代的青铜容器铸造。因此,青铜容器是讨论块范法铸造技术的范例。

---

[1] 此文原著为英文,由武汉大学陈晖博士翻译为中文初稿,谨此表示诚挚的感谢;文中配图凡未标明出处的,均为本文作者拍摄。
[2] 三星堆青铜器制造的作坊目前尚未发现。
[3] 许多器物仍然残留有用于铸造的泥芯。
[4] Beijing 1999, 315、319 ~ 325 页。
[5] 对于中原铸造技术的详尽讨论,可参看 Gettens 1967, Gettens 1969(57 ~ 120 页)和 Bagley 1987(37 ~ 45 页)。

（一）基本技术

图一 a 中的青铜鼎，是二里岗文化时期的炊器。我们可以以此为起点讨论青铜器铸造的过程。铸造过程的第一步是制作一个素面模型；在模上施以一层精制的湿泥包裹模型各面；再将泥层分割成数块，形成块范；然后在这些块范上雕刻纹饰就构成了铸型的外范[1]。奇怪的是，从二里头时期到公元前 5 世纪，在中原铸铜作坊中似乎没有模型被重复使用过，因此目前还未发现两件一模一样的青铜容器[2]。

图一 b 揭示了铜鼎和陶范各部分之间的关系。铸好的青铜器上的范缝很好地说明了铸造时使用了多块陶范。当铜液注入到型腔时，会渗入到相邻两范连接处的缝隙而留下范痕。图中容器上的范缝揭示出铸型由三块外范构成。另外，在容器的内部还必须设置一个芯范。合范时，外范、芯范之间必须留下预铸容器的厚度，碎铜片常被用作垫片放在外范、芯范之间，以达到悬浮芯范于外范以内，使两者不相接触并保证两者间厚度的目的。用这样的铸型，外形简单的容器便能够通过一次浇铸（或称浑铸）成形。图一中的鼎和环耳便为浑铸而成。

除了浑铸外，单件容器也可以分铸，这一技术的开发也是较早的。在大多数情况下，这种技术的过程首先是浑铸一个铸件，然后在浑铸第二个铸件时将两个部分连接起来。我们可以把分铸成型的一件容器的主体部分称为"主体铸件"，将先于主体铸件铸造的较小部分（附件）称为"先铸"，反之称为"后铸"。先铸的小部件需安置在主体的范内，这样，当主体铸件完成后，两部分便连接在一起了。图二中的扉棱是先铸的，可以观察到器身上的金属叠压着扉棱。另外，附件也可以在器身铸造完成后，在相应位置设置小型陶范进行第二次浇铸完成。例如，图三中的老虎就是后铸到大方鼎耳上的。由于后铸是修补铸造缺陷最普遍的方法，故它的应用相当广泛。贝格立（Bagley）认为后铸实际上是最早应用于青铜器修补，然后才发展为一种铸造技术[3]。图四中的方鼎有几处较大的后铸补块。这种通过铸造修补缺陷的做法，若从世界其他地区铸造工匠的角度来看，应该是极为奇特的。

a: 铜鼎（PLZM2:36，公元前 14 ~ 15 世纪）
（采自 Beijing 1996. 图版 32）

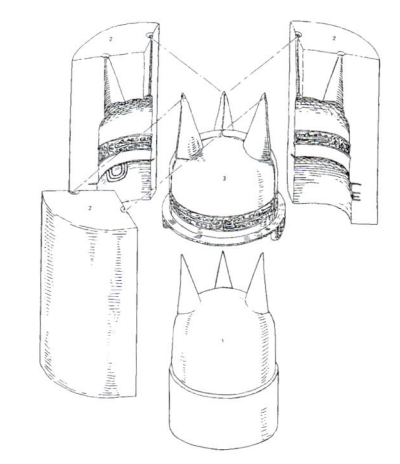

b: 示意图揭示盘龙城鼎与其铸型之间的关系
（采自 Feng 1980. 72 页图 16）

图一　盘龙城出土铜鼎及其铸型图

图二　铜簋先铸的扉棱
（佛利尔美术馆藏，采自 Gettens 1969. 93 页图 94）

---

[1] 稍晚纹饰会直接在模上制作（参看 Bagley 1987，38 ~ 39 页）。
[2] Bagley 1995 论文第 46 页指出在公元前五世纪时才出现同模制作数件器物的现象。
[3] Bagley 1999，144 页。

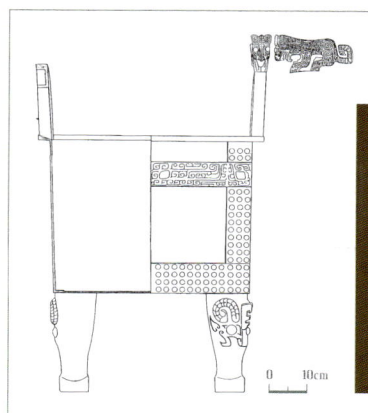

a: 铜方鼎（XDM: 8）（出土于江西新干大洋洲，高97厘米，年代约公元前14世纪，采自 Beijing 1997b. 33页图20(A)）

b: 鼎耳上后铸铜虎的细部

图三　铜方鼎及鼎耳上的虎

有时，可能会在两件独自浑铸的铸件之间通过铸造第三部分来连接。这种技术可以称为"铸焊"，具体又可以分为两种，即"有范铸焊"和"无范铸焊"或称"焊接"。图五中一件酒器上带帽的柱即为有范铸焊的一个示例。箭头1、2所标示的模糊的接痕表明柱、帽分铸，然后在柱身和柱帽间设范，范内浇铸铜液从而将两者连接起来（箭头3所示为一条范缝）。如果器物形状不需要设范，则可在两个铸件之间直接浇铸焊料实现连接。根据所用焊料的熔点不同，该过程可以分为"软焊"和"硬焊"[1]。在目前，多数研究并未分析焊料的化学成分，故下文仅笼统使用焊接一词。焊接经常留下如图六中那样参差不齐的边痕。有范铸焊和无范铸焊（焊接）的技术与先铸的原理近似：有范铸焊可被看作广泛意义上的先铸——两部件先铸，它们之间加铸的部分是较小的"主体铸件"；焊接也可以被看作是"主体铸件"，非常小以至于不需要设范夹浇铸。

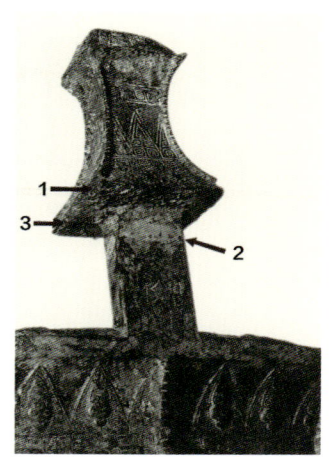

图四　山西平陆前庄遗址出土青铜方鼎（高82厘米，年代约公元前14世纪，采自 Beijing 1996. 图版37）

图五　有范铸接的铜斝柱帽（佛利尔美术馆藏，采自 Gettens 1969. 94页图98）

最后，值得着重指出的是，通过上述任何连接方式将各个铸件稳固结合并不是单独通过金属熔合就可以做到的（这在青铜合金中不易实现），而必须由机械互锁的结构配合来实现，即铸工在两个铸件之间设置一个互锁结构或者一个让金属溶液可以充盈的预留孔。

（二）铸造中的"浑铸偏好"

在中原，尽管分铸技术从二里岗文化时期起便已出现，但是铸造方式明显倾向于浑铸。铸工们也明显擅长设计越来越复

图六　铜觥上焊接的錾（佛利尔美术馆藏，采自 Gettens 1969. 87页图83）

图七　铜鼎（河南郑州出土，高77.3厘米，公元前14世纪左右，采自 Tokyo 1986. 62页第32号）

[1] "软焊料"是指比所连接的铸体熔点明显低的金属；"硬焊料"是指和所连接的铸件熔点接近的金属。

杂的合范铸型。图七中的鼎，年代属于二里岗文化时期，体积是图一中鼎的1.5倍大，所需的铸型也更为复杂，分范数量增加了一倍，除了纵向三分，在素面的器腹还有水平分范。

通常，这类铸型有数量更多的外范和芯范，不仅器身需要芯范，圈足和鼎足也需要芯范。例如图八a所示的安阳时期[1]的酒器方彝，与三星堆所出器物年代大致相当。以该器器身为例，铸造所需的铸型非常复杂（图八b），包含两个芯范，一为器身内芯，一为圈足芯。在外部，八组扉棱上有纵向分范的范痕。同样它还可能沿着方彝纹饰带的界线横向有上下分范。包括芯范在内，合范数少至十块、多至二十六块。在最后合范之前，每一面可能会先组合成如图八b所示那样较大的范块，然后再将其围绕芯范组装铸型。这些操作都十分精细，难度甚高。再者，精细的高浮雕装饰使得制范过程十分复杂，纹饰是从模上翻印到范上的，这也使得脱范十分困难。不仅如此，在浇铸时确保范块保持原位、铸型不变形也非易事，所以浑铸容器是一项绝技。

这种以浑铸手段铸造复杂容器的技术习惯和理念，应当是中原铸工们自二里岗时期以来，在不断提升其铸造技术、铸造日益复杂器物的过程中逐渐养成的，同时也应当是为了满足人们对器表纹饰日益丰富、复杂的要求。从二里岗时期到安阳时期，器表纹饰分布从狭窄的条带状扩展到整个器物外表，因为有铜液叠压痕迹的副作用，分铸必然会影响到纹饰的美感，铸工们因此努力以浑铸或者减少分铸次数来制作一件器物，以把接缝数量降到最低。相比于铸焊遗留下的杂乱边廓，他们更倾向于后铸和先铸[2]，将这些额外的浇铸限于如图九a兽首那样的部件，这些分铸附件与器身的连接较为自然，不大影响器身纹饰。

a：铜方彝（高29.8厘米，时代约为公元前12世纪，哈佛大学艺术馆藏，采自Bagley 1990.7页1B）

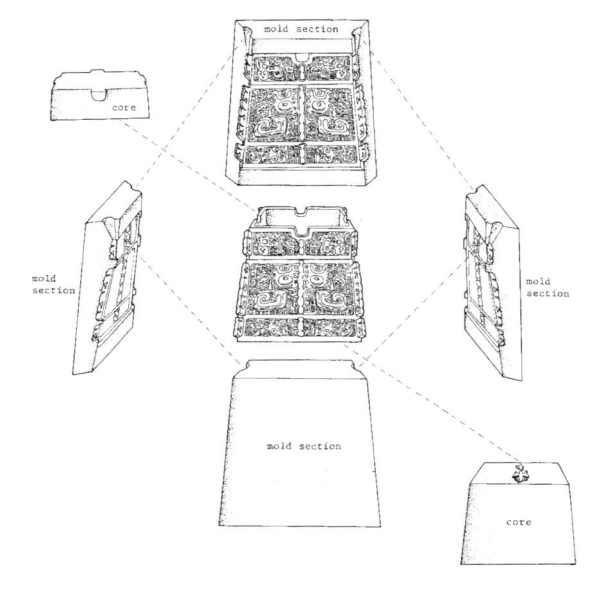

b：示意图显示了哈佛大学方彝与其铸型之间的关系（采自Bagley 1990.9页图5）

图八 哈佛大学艺术馆藏方彝及范型示意图

---

[1] 相当于国内学者通用的"商代晚期"或"殷墟时期"。
[2] 对于焊接例子讨论，可参看Bagley 1987（43页）。

a：铜尊（高 36.8 厘米，时代约为公元前 12 世纪，佛利尔　　b：铜尊兽头细部
　　美术馆藏，采自 Pope et al. 1967. 99 页图版 16）　　　　　　（采自 Pope et al. 1967. 101 页图 11）

图九　铜尊及其细部

这件复杂的容器器身浑铸，只有三个兽首是分铸。图九 b 中，一侧残存有非常明显的浇铸入口，或者简称浇口，表明了铜液是怎样注入兽头型腔的。我提议将这种特别强调以尽量少的浇铸次数铸造一件器物的行为和意念称为"浑铸偏好"。如下文即将论述，三星堆的铸工却并未采用"浑铸偏好"。

（三）范铸的本质

在过去的半个世纪中，学术界在块范法铸造容器的技术研究方面成果丰硕。许多青铜器专家和冶金学家就工艺细节和技术特点发表了详尽的阐释。其中，盖顿斯（Gettens）等对实际的技术作了最详尽的分析[1]。贝格立对铸造技术与容器设计之间的内在关系进行了最为清晰的论述[2]。学者们还在全球视野下研究该技术，试图说明其在中国的卓越性和独特性。其中一个已知的原因是中国发达的制陶工艺，它意味着对泥土高度熟练的操作和对高温的精确掌控。齐斯（Chase）指出中国青铜三元合金——主要是铅锡青铜，它本身铸性良好，但是在固态下不便于进行冷、热加工，换言之，不便进行捶锻[3]。贝格立注意到中原铸造业发展的一个重要经济前提可能是充足的金属供应，为铸造业的发展提供了资源。相比之下在近东铜资源相当稀缺，因此大多数器物是经过捶锻成型，从而使得器壁变得非常之薄，以省料而多产[4]。来自中原的目前所知最大的青铜容器是出土于安阳的司母戊大方鼎，重达 875 公斤[5]，铸造于公元前 1200 年左右安阳青铜工业巅峰之时。如此大肆使用铜料是中国特有的现象。在富兰克林（Franklin）的研究基础上，贝格立进一步观察到铸造技术促进了劳动分工和

---

[1] Gettens 1967 和 Gettens 1969。
[2] Bagley 1987（37～45 页），Bagley 1990b 和 Bagley 1999（141～6 页）。
[3] Chase 1981（103 页）和 Chase 1991（22 页）。
[4] Bagley 1987（17 页）和 Bagley 1999（141 页）。
[5] 铜鼎图片查看 Beijing 1997a，图版 47。

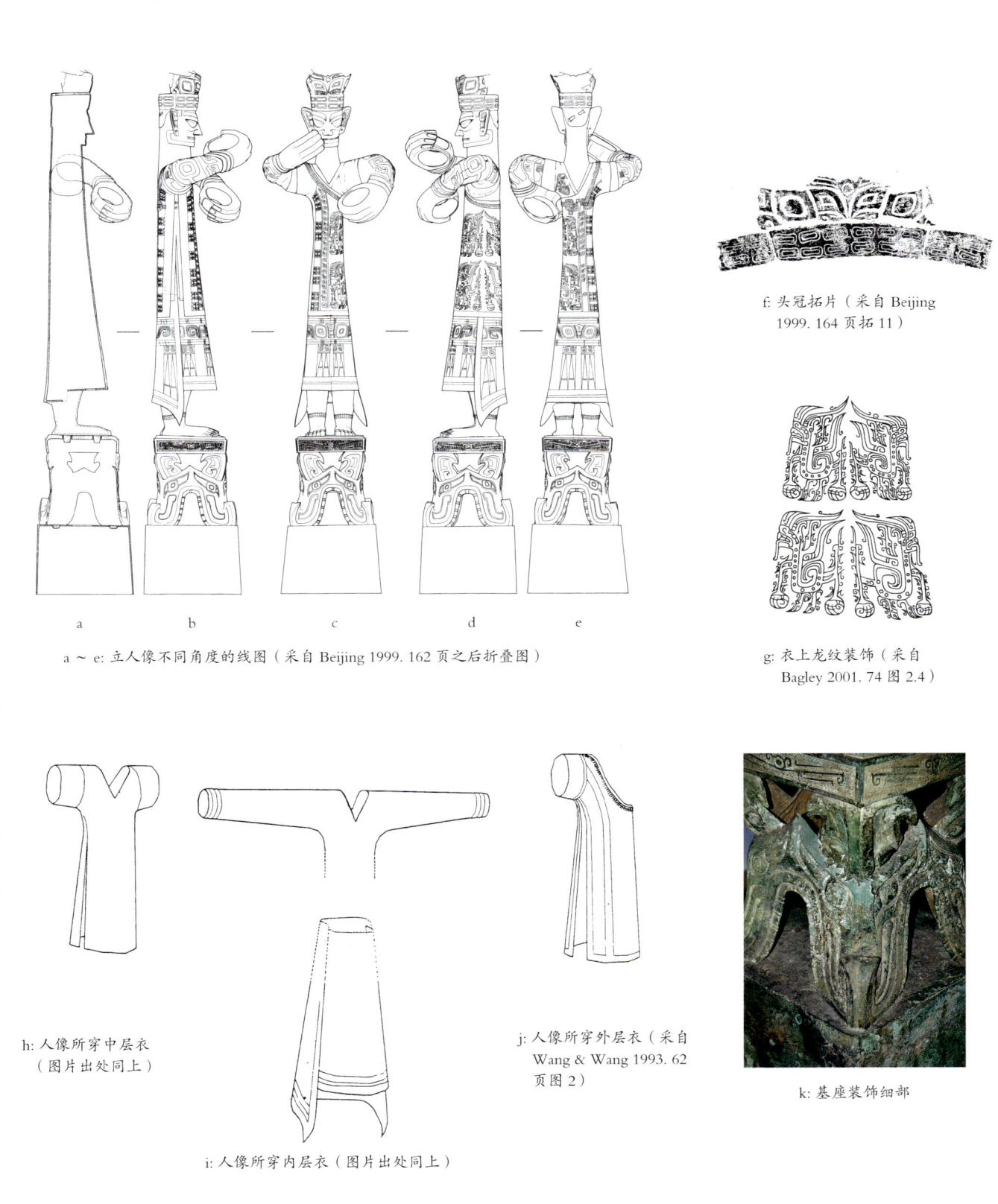

a~e: 立人像不同角度的线图（采自 Beijing 1999. 162 页之后折叠图）

f: 头冠拓片（采自 Beijing 1999. 164 页拓 11）

g: 衣上龙纹装饰（采自 Bagley 2001. 74 图 2.4）

h: 人像所穿中层衣（图片出处同上）

i: 人像所穿内层衣（图片出处同上）

j: 人像所穿外层衣（采自 Wang & Wang 1993. 62 页图 2）

k: 基座装饰细部

图十 青铜立人像（K2②:149、150，通高 260.8 厘米，人像高 180 厘米）

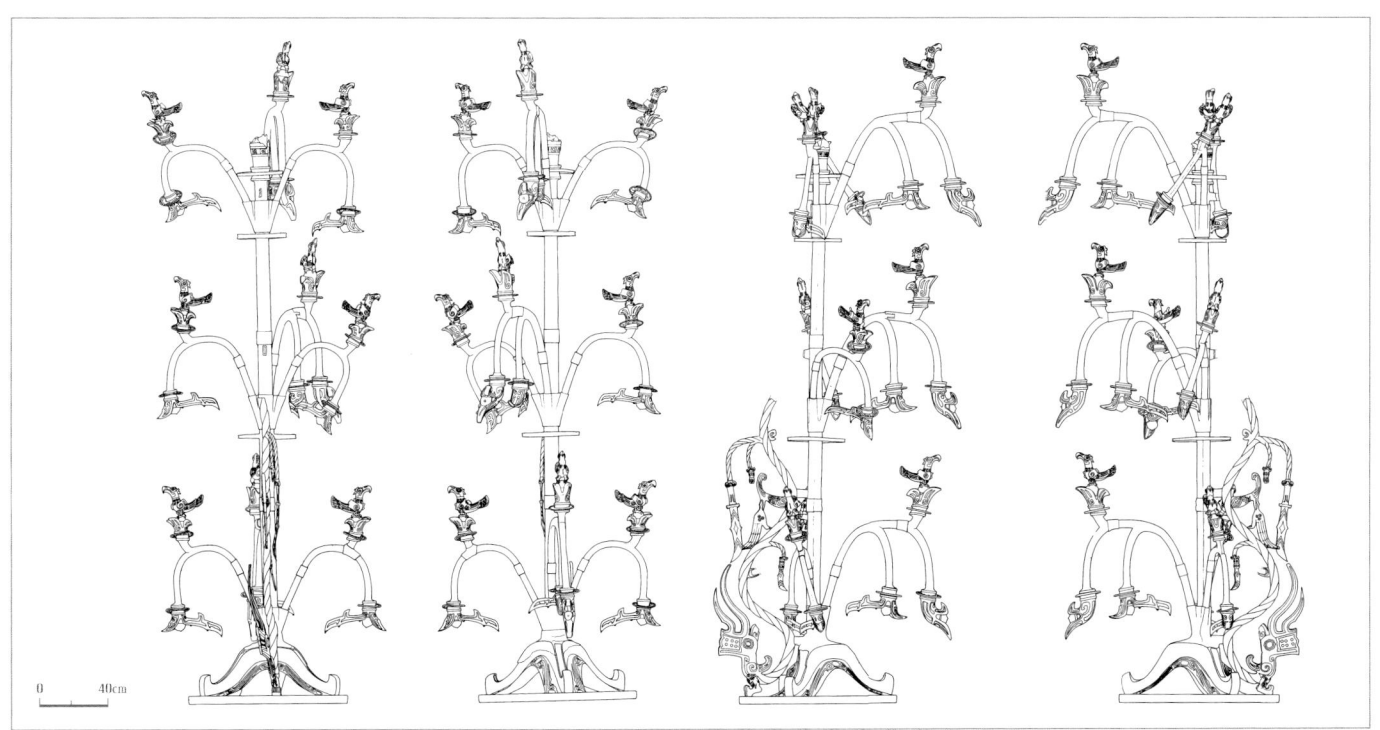

图十一　青铜神树（K2②:94，通高3.96米，树干高3.59米，树座直径0.93米，采自Beijing 1999. 218页之后折叠图）

高效作坊的诞生[1]。以上提到的研究成果对我们了解中原青铜技术都大有裨益。非常清楚的是该项技术必须被理解为一种文化的产物，换言之，它是在一系列特殊的环境下为了制造一种特定类型的器物——青铜容器，而发展起来的。

二、三星堆铸造技术[2]

在简要地回顾了中原青铜铸造技术的发展情况后，本文关注点重新回到三星堆上。尽管我们对于三星堆铸造业的理解才刚刚起步，但是明显的是，三星堆青铜器中包括图十中真人大小的铜立人像以及图十一中的大型铜神树这样复杂的造型均为块范法铸造而成。和中原一样，三星堆遗址出土青铜器的铸造浑铸和分铸兼有。

（一）浑铸器物

在三星堆，青铜兽面（图十二）、附饰品（图十三、图十四）和其他一些人像（例如图十五，后面是空的），基本上均为青铜薄片，皆属最简单的浑铸器物。铸造它们的陶范为前后轮廓一致的两块，故铸造出的铜器厚度

---

[1] Bagley 1999（141页），Franklin 1981（7~96页）和Franklin 1999（10~17页）。
[2] 较早研究三星堆铸造技术的有Barnard 1990，Zeng Zhongmao 1994，Chen et al. 1998（37~38页），Tokyo 1998和Beijing 1999。新近的铸造技术研究有Mifune Haruhisa 2002。本文讨论参考了前人的研究，但是主要依赖于笔者对器物的直接观察。由于科学的检查手段还未实施，所有的器物还未做X光检测，故本文的讨论不可避免地带有推测的成分。另外，如开篇所述，本文综合探讨三星堆青铜造像的制作技术，不涉及两个器物坑出土的青铜容器。本人另有专文详尽论证那些容器并非本地铸造，而是来自长江中游地区。

图十二 青铜兽面具（采自 Beijing 1999. 198 页 图 111.2 和 112.1，203 页图 113.3）

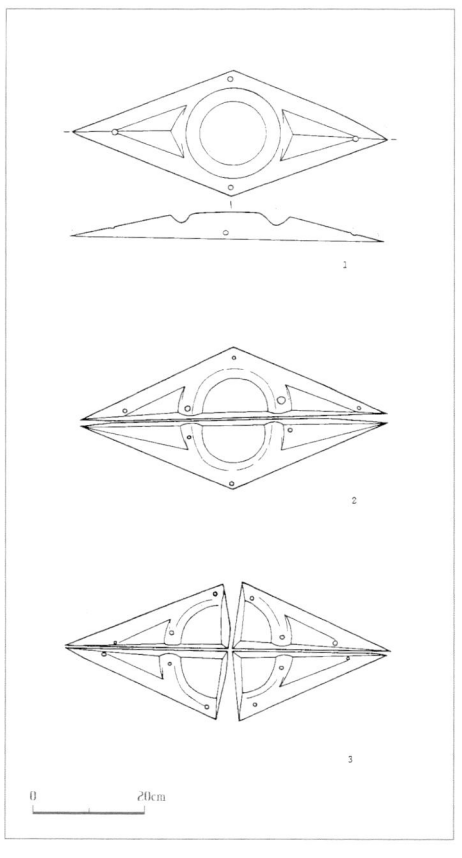

图十三 菱形附饰（采自 Beijing 1999. 208 页图 115）

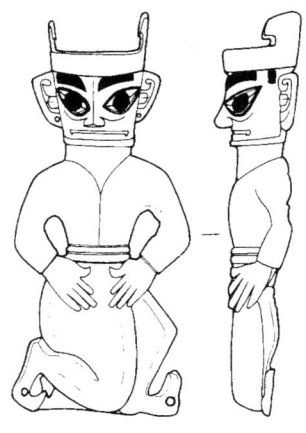

图十五 铜跪人像（K2③:04，高 13.3 厘米，采自 Beijing 1999. 170 页图 85.3）

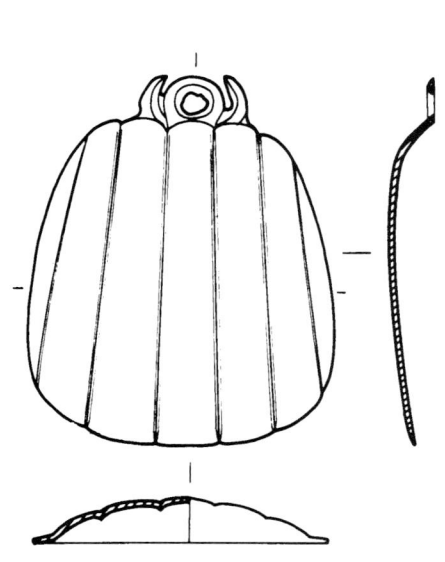

图十四 E 型扇贝形铜挂饰（K2③:265-1，采自 Beijing 1999. 310 页图 169.1）

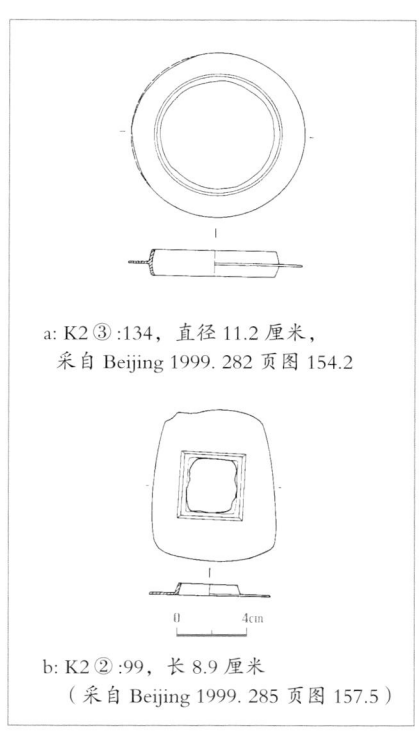

图十六 有领青铜瑗和青铜方孔戚形器

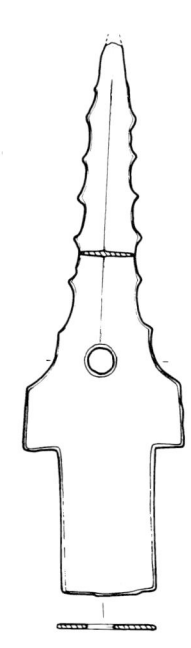

图十七 铜齿状刃戈（K1:247-2，长 20.5 厘米，采自 Beijing 1999. 56 页图 32.5）

图十八　铜面具（K2②:331，高 15.4 厘米，宽 18.2 厘米，采自 Tokyo 1998.79 页下）

图十九　铜面具（K2③:14，残片左侧，高 25.6 厘米）

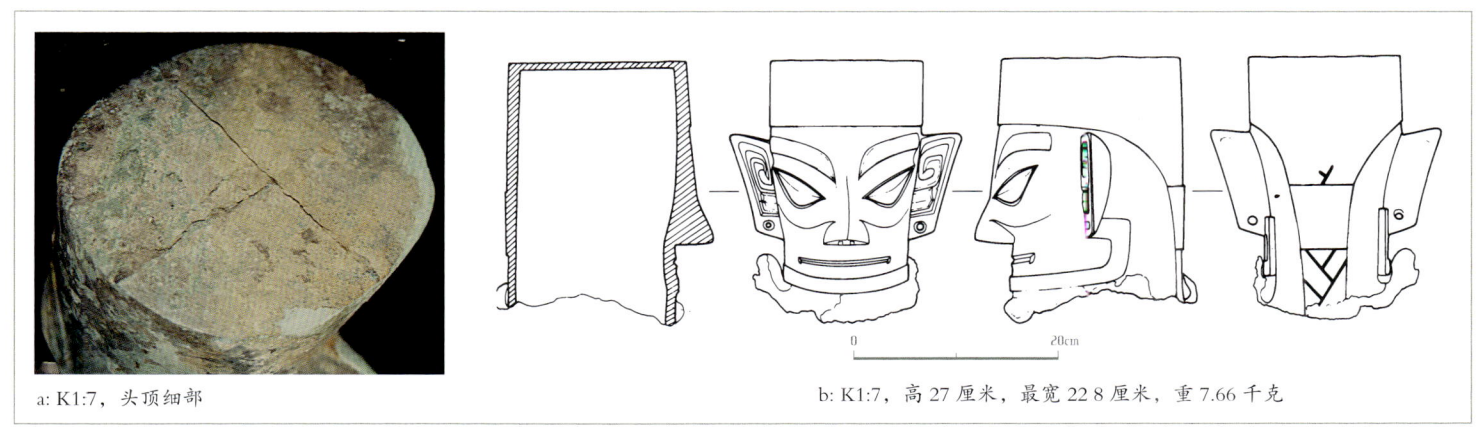

a: K1:7，头顶细部

b: K1:7，高 27 厘米，最宽 22.8 厘米，重 7.66 千克

图二十　青铜头像

也均匀[1]。铸造这些器物不需要设芯。图十六所示的有领青铜瑗的铸型是由两块外范加一个对应于中空部分的芯范而构成的。锯齿状刃的戈铸造方法也如此（图十七）。

由几块外范和一个相应的使器物厚度达到均匀的芯范所构成的铸型似乎也足以浑铸出人面具、人头像和其他类别的人物形象[2]。例如，图十八中面具的每一侧脸只有一条明显的沿着耳部轴线向下延伸的范缝。在图十九中面具的断片上，可以清楚地观察到耳部上下都有范缝。此外，如果面具正面仅用一块范，其脸型会使得

---

[1] 厚度不均会导致铜液冷却速率不同，并因此容易引起铸造缺陷。
[2] 此处讨论的部分器物明显经有过头冠这样的分铸部件，或者至少留有接纳其他分铸部件的痕迹。因此，严格来说，这些器物不能被认定为浑铸，但是它们也为浑铸提供了很好的例子。

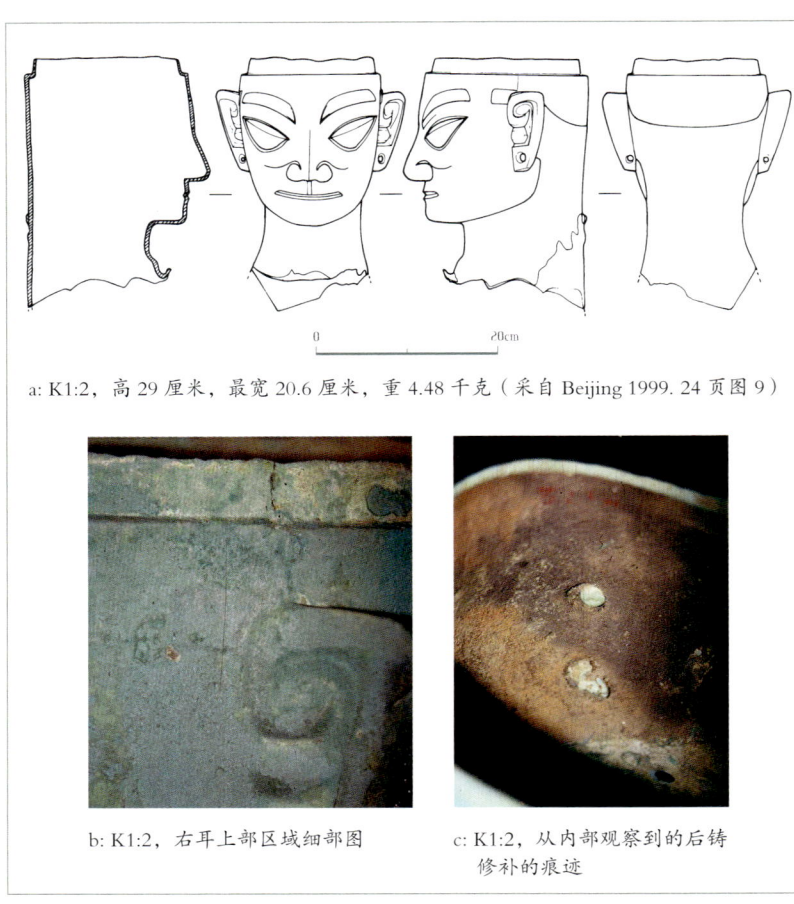

a: K1:2，高 29 厘米，最宽 20.6 厘米，重 4.48 千克（采自 Beijing 1999. 24 页图 9）

b: K1:2，右耳上部区域细部图　　c: K1:2，从内部观察到的后铸修补的痕迹

图二十一　青铜头像

图二十二　青铜头像 K2②:82（高 39.6 厘米，右侧）

脱范不易，故我们可以猜想制作这种面具还可能沿着脸部的中轴线有分范[1]。因此，该面具的铸型包括后部两范和前部两范；前后范在耳部连接，而前部两范在鼻部轴线连接；同时为了使面具中空，还需要一个芯范，因为面具背后开放，所以铸型当初是露芯的[2]。

图二十中的头像顶部有两条范缝，一条平分头顶，然后在头像两耳的位置继续向下延伸；另外一条与前者的正中垂直相接，并沿着脸部的中轴线向下延伸[3]。人头像的铸型同样在耳部分范（如图二十一）。在另一个人头像上（图二十二），从右耳下延伸至颈部的范缝痕迹清晰可见。这类铸型同样可能在鼻部也有分范。因此合范数是两块外范（更有可能是三块外范）外加一个形状适宜的使得头像中空的芯范[4]。在这些平顶的铜人头像中，还可以观察到头盖板与头部的另一种合范方式。图二十三中的头像沿着平顶头盖一周有明显的范缝痕迹，因此该铸型有三块或者四块外范[5]。

对于圆顶头像，图二十四为头顶存在分范提供了明确的证据[6]。如同图二十所示的一样，范缝从一只耳朵

---

[1] 在头像鼻部分范更加明确的证据见图二十，见下文讨论。
[2] 其他浑铸的人面具有二号坑 K2②:43，K2③:57，K2②:60，K2③:65，k2②:102，K2③:119 和 K2②:153。一号坑 K1:4 的面具也为浑铸。
[3] 与其他浑铸的平顶头像相比，该头像上的范缝非常独特，但与圆顶头像的分范有相似，如见于下文讨论的图二十四圆顶头像。
[4] 其他用相似的铸型铸造的无盖头像包含 K1:6，K1:8，k1:26，K2②:17，K2②:41，K2②:50，K2②:52，K2②:55，K2②:59，K2②:72，K2②:77，K2②:78，K2②:90 和 K2②:113。
[5] 头顶有一周明显的范缝的头像还包括 K1:10，K2②:22，K2②:34，K2②:53 和 K2②:121。
[6] 其他圆顶头像包括 K2②:63，K2②:137 和 K2②:214（表面贴有金箔）。

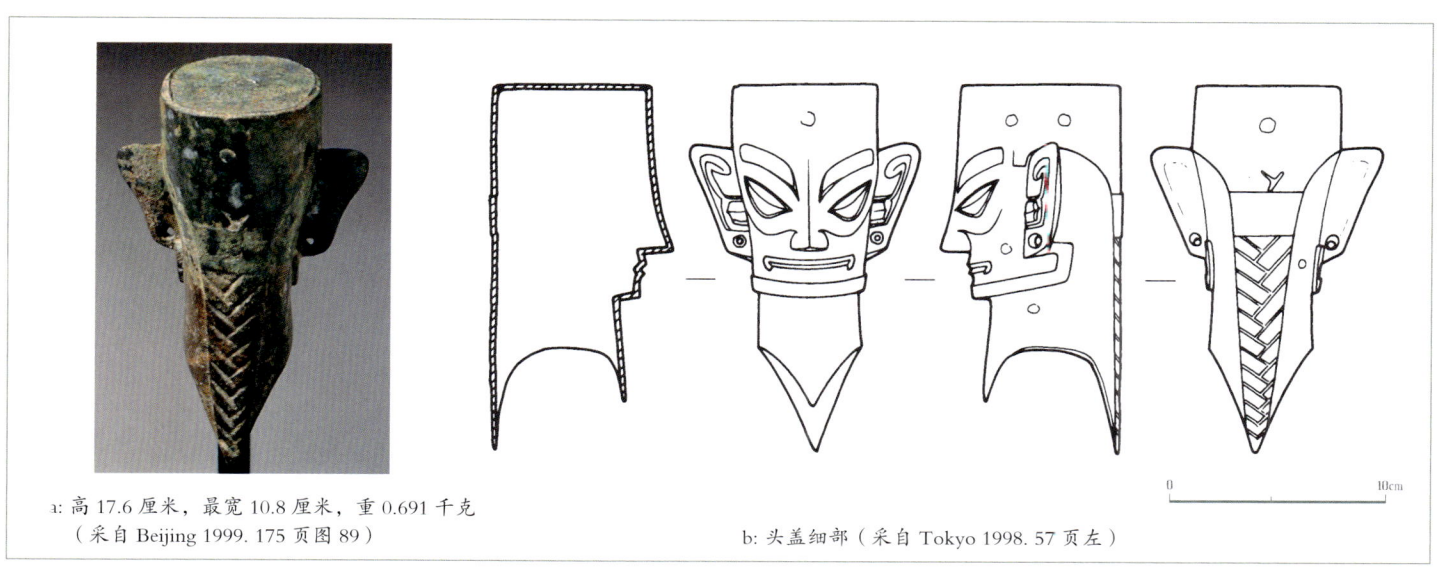

a: 高 17.6 厘米，最宽 10.8 厘米，重 0.691 千克（采自 Beijing 1999. 175 页图 89）

b: 头盖细部（采自 Tokyo 1998. 57 页左）

图二十三　铜人头像 K2②:154

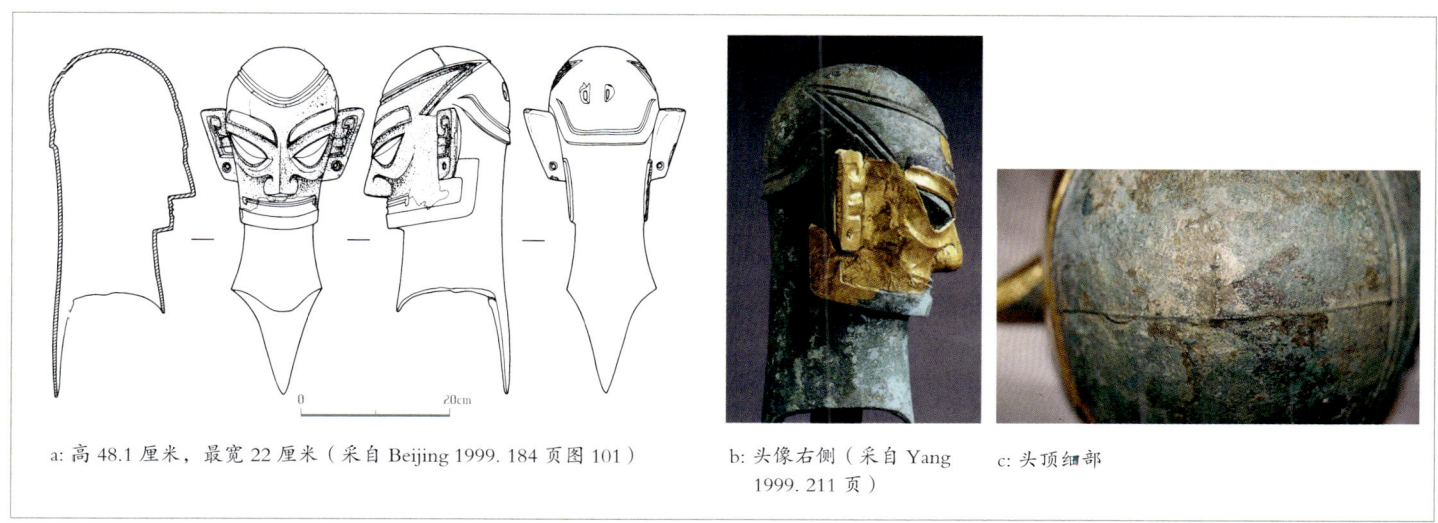

a: 高 48.1 厘米，最宽 22 厘米（采自 Beijing 1999. 184 页图 101）

b: 头像右侧（采自 Yang 1999. 211 页）

c: 头顶细部

图二十四　贴金箔的铜人头像 K2②:214

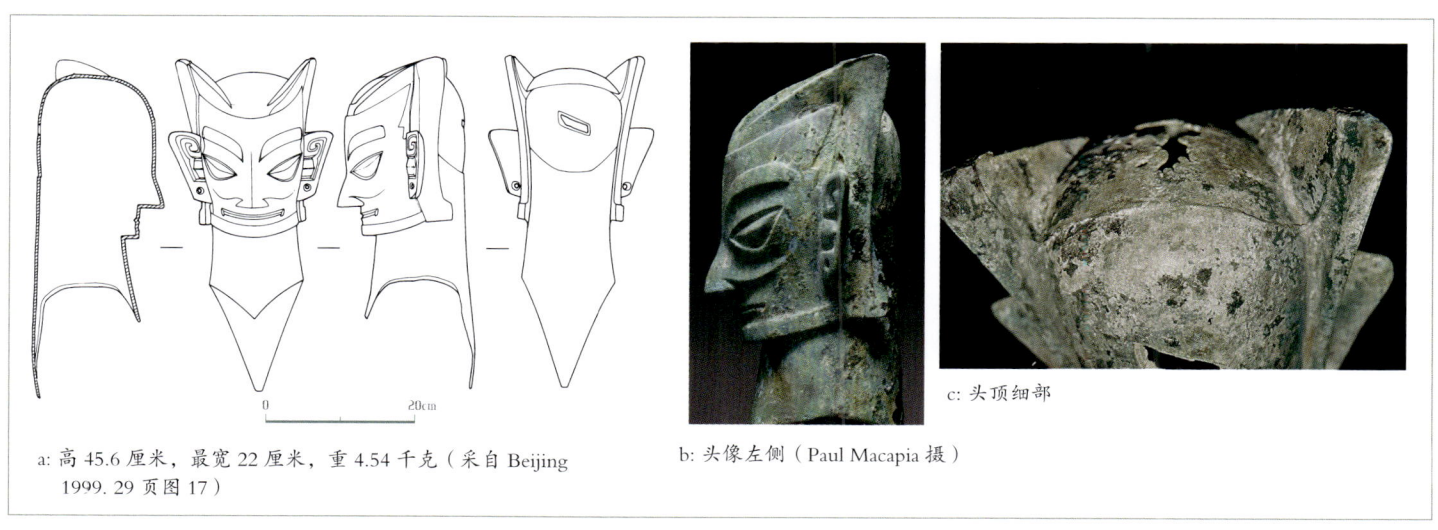

a: 高 45.6 厘米，最宽 22 厘米，重 4.54 千克（采自 Beijing 1999. 29 页图 17）

b: 头像左侧（Paul Macapia 摄）

c: 头顶细部

图二十五　铜头像 K1:5

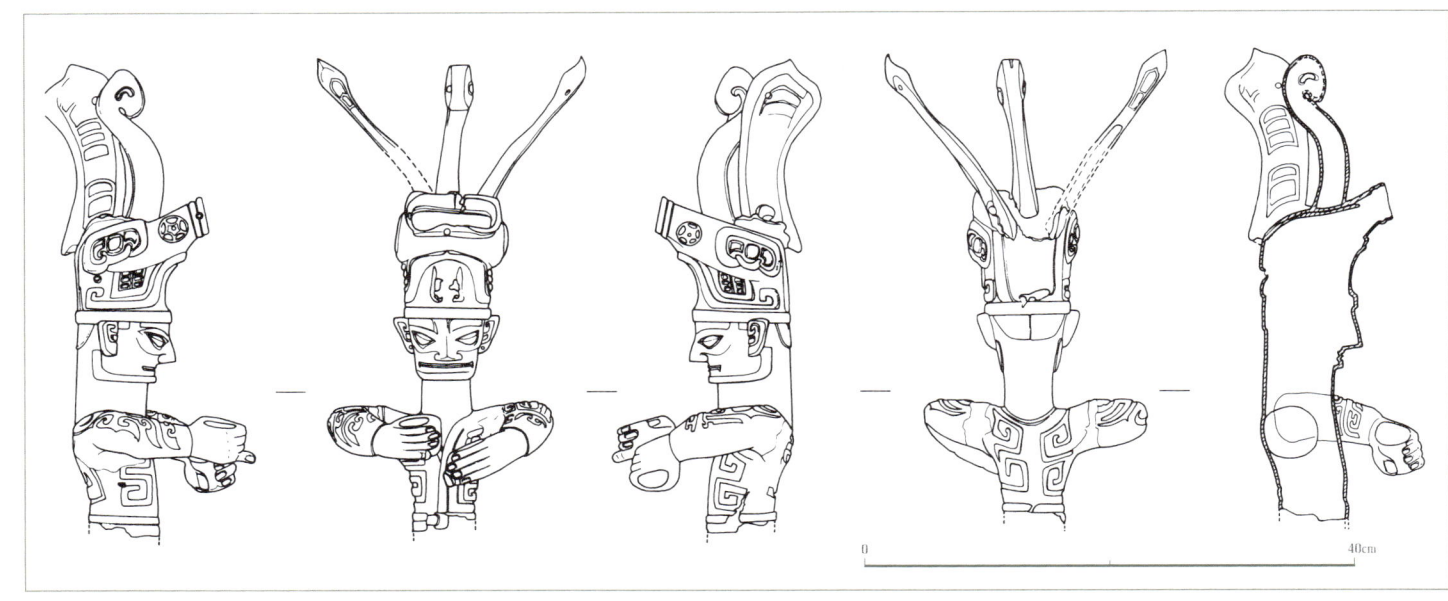

图二十六　铜兽首冠人像（K2③:264，高40.2厘米，采自 Beijing 1999. 167 页图 84）

沿着头盖延伸到另外一只[1]。残存的第二条范缝在头盖的顶部明显地将人头像的前半部分一分为二（图二十四c）。因此该人头像的铸型由三块外范构成。

有的人头像铸型需要多于三块的外范。图二十五带鳍角的人头像可能由四块或者五块外范铸造而成：一条凸起的范缝由一只耳朵向上，越过鳍角的边缘穿过头盖再沿着另外一只角在相反的一侧向下延伸去；头部的正面至少有一块外范，包含面部、耳朵前半部、圆顶头盖的前半部等，但也可能有两块外范，以鼻子中央纵向为界，鼻子及鼻子以上部位存有不规则的、像是范缝被打磨而留下的残痕；后面的一块形成后脑勺、颈部以及两个鳍角的内侧面；每只耳朵的背部和与之毗邻的鳍角外侧部分还需要一块狭窄的边范。三星堆器物坑出土的铜器中只有少数几件的铸型比此件更为复杂。

在带芯的铸型中，三星堆的铸工经常使用垫片，有时数量非常之多。图二十三的头部和图二十六中铜兽首冠人像（左脸）中的垫片非常清晰[2]。

（二）分铸器物

所有中原用到的连接技术在三星堆都有运用。三星堆的青铜造像中很多用分铸法数次浇铸而成。在下文的论述中，我们首先单独考察这些技术，而后以几件最为复杂的器形为例来讨论这些技术的运用。

1. 先铸、后铸、有范铸焊和无范铸焊（焊接）

如图二十七，一些平顶头像的头盖是先铸的，有少许铜液溢出形成不规则痕迹从头部边缘叠压到平顶头盖上，这表明头盖先铸，然后

图二十七　青铜头像头顶细部
（K2②:51，高40.4厘米）

---

[1] 该条范缝在与贴金面部的三角形角端相交处消失，明显是铸工将该区域打磨光滑以贴附金箔（图二十四c）。
[2] 在其他三星堆器物中也非常容易观察到垫片，比如头像 K2②:34, K2②:48, K2②:50, K2②:53 和 K2②:121，面具 K2②:57, K2②:102, K2②:111 和 K2②:153。

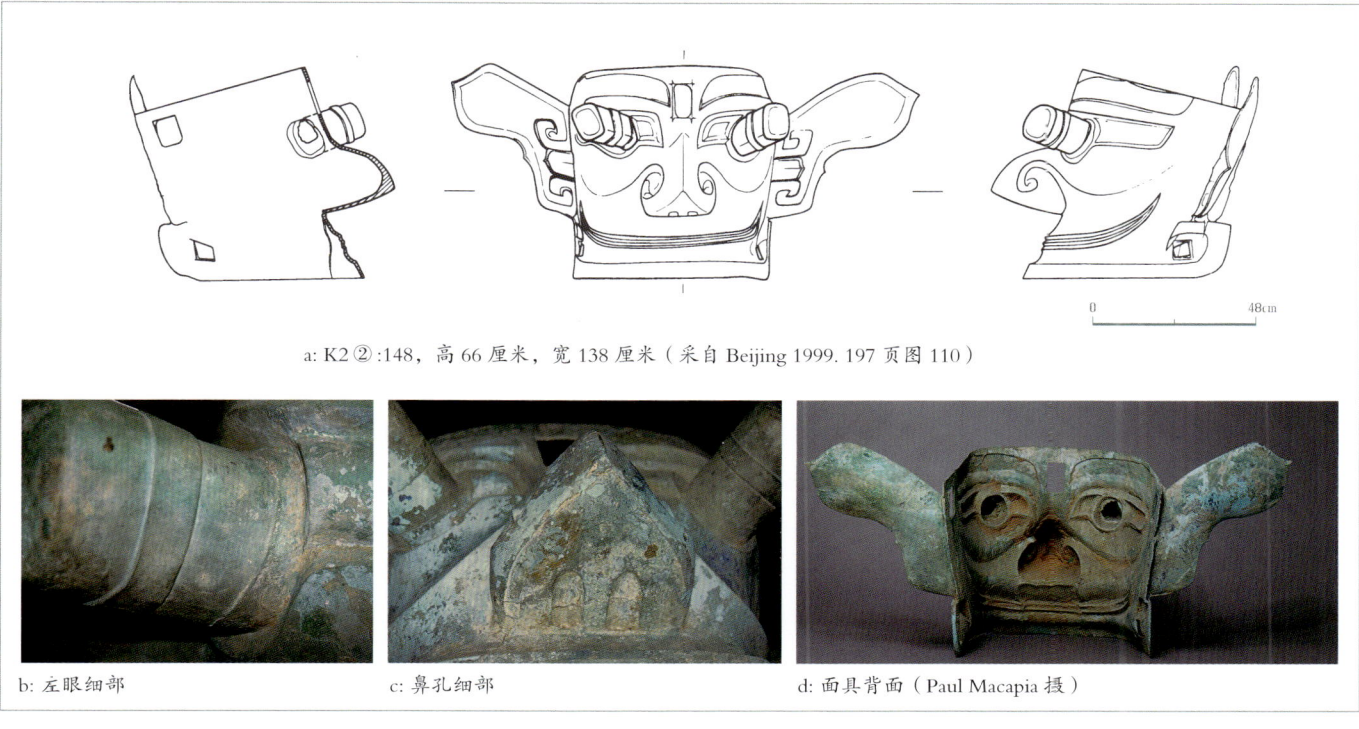

a: K2②:148，高66厘米，宽138厘米（采自Beijing 1999. 197页图110）

b: 左眼细部　　　c: 鼻孔细部　　　d: 面具背面（Paul Macapia 摄）

图二十八　有凸出瞳孔的面具

将其置于铸造头像其余部分的范中进行第二次浇铸[1]。图二十八中奇异的超自然面具大量运用了先铸。该面具由六部分构成，其中五部分先铸成，然后再将它们全部置于铸造第六部分的范中。先铸的部分包括双耳、两凸出瞳孔（图二十八b）以及出人意料的鼻孔所在的三角区。

图二十九中的人头像则可用来说明后铸法。从头冠溢出的铜液叠压到头部说明头部先铸，然后再将头冠铸接到头部。头部顶端有一周内缩，明显就是为了后铸头冠时便于与头部连接而设置的。图三十中平顶人头像头盖后铸，浇口清晰可见[2]。无盖头像中，有的头顶有一周垄埂，可能是为了安放后铸的头盖而设置的，但由于某种原因头盖并未铸造上去（或者可能已经遗失）（图三十一a、b）[3]。如图三十二所见，有的头顶未完全封闭而留下一个大洞，其规整的轮廓表明它并非铸造缺陷，而是为便利地除去内芯而设。有的头顶上的后铸块可能不是修补铸造缺陷的补丁，而是用来填补这些铸造头部时特地预留的孔洞（图三十三）[4]。

虽然如此，铸补的证据仍然非常丰富。在图二十一的人头像上，靠近左鼻孔和右眼的外眼角下均经过修补；在图二十一c中，可以从头部内面

图二十九　青铜头像（K2②:83，左侧，采自Tokyo 1998. 117页下）

图三十　青铜头像头顶细部（K2②:107，高36.6厘米）

---

[1] 其他可能有先铸头盖的头像有K1:11和K2②:48。
[2] 头像K2②:71也有较明显的后铸头盖的浇口。其他平顶头像有后铸头盖的有K1:3和K2②:45。
[3] 其他有类似的垄埂的头像有K2②:55和K2②:113。
[4] 有类似后铸补块的头像有K2②:2（补块本身有一个小孔），K2②:15，K2②:40，K2②:82，K2②:115和K2②:118（补块上也有三个小孔）。

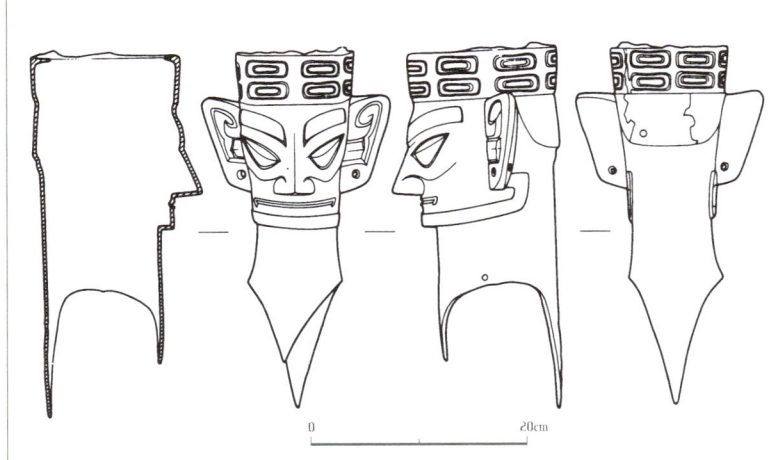  

b: 头顶细部　　c: 头像背面图像
（采自 Tokyo 1998. 60 页右）

a: 高 34.8 厘米，最宽 17.2 厘米，重 2.081 千克（采自 Beijing 1999. 177 页图 95）

图三十一　青铜头像 K2②:90

观察到两个后铸的补块。图三十一 a、c 的人头像的后脑勺上有一个较粗糙的后铸补块用以修补一块较大的漏铸。图二十八中的兽面具历经多次修补，其巨大的体形必定使得主体铸造难度较大，主体浇铸过程中产生的缺陷靠后铸补丁来修补。这些补丁经过精心打磨变得很平整，而锈蚀使它们更加难于辨认。然而，一条延伸到嘴和下巴处的纵向裂缝显示它是鼻下的一大块补丁的边缘，裂缝本身可能是由埋葬前对面具敲击所造成的。这块大补丁在面具的内面看得尤为清楚（图二十八 d）[1]。

有范铸焊的痕迹可见于图三十四中青铜神树残件。其底座是一个圆形座圈，座圈上有一个厚重的三脚架状结构，由三个弧曲拱形构成，每个拱形都是独立的铸件。三拱形在顶部通过有范铸焊连接起来，但铸焊块的形状极为粗糙。图三十四 d 中可见两条横向的凸起，就是倾注铜液的浇口和为气体排出所设的冒口。它们在同一水平位置表明浇灌铜液进行铸焊时神树是直立的。同时该次铸焊还把基座和树身连接起来。三拱形在底部座圈处也通过铸焊连接起来，图三十四 a 中可见一处残存的铸焊痕，但不确定是否为有范铸焊或无范铸焊（焊接）。树身上树干和三个残枝之间的连接也通过铸焊完成，为有范铸焊。

焊接在三星堆运用广泛。不少形状相对简单的人面具，比如

图三十二　青铜头像头顶细部
（K2②:14，高 39.5 厘米）

图三十三　贴金铜头像头顶细部
（K2②:115，高 41 厘米）

---

[1]　其他通过后铸修补的器物有 K2②:15（头像：左鼻孔），K2②:58（头像：头顶），K2②:121（头像：辫子的尖端），K2②:57（面具：多处修补），K2②:100（面具：右鼻孔），K2③:94 和 K2③:174（三角形附饰：背面）。

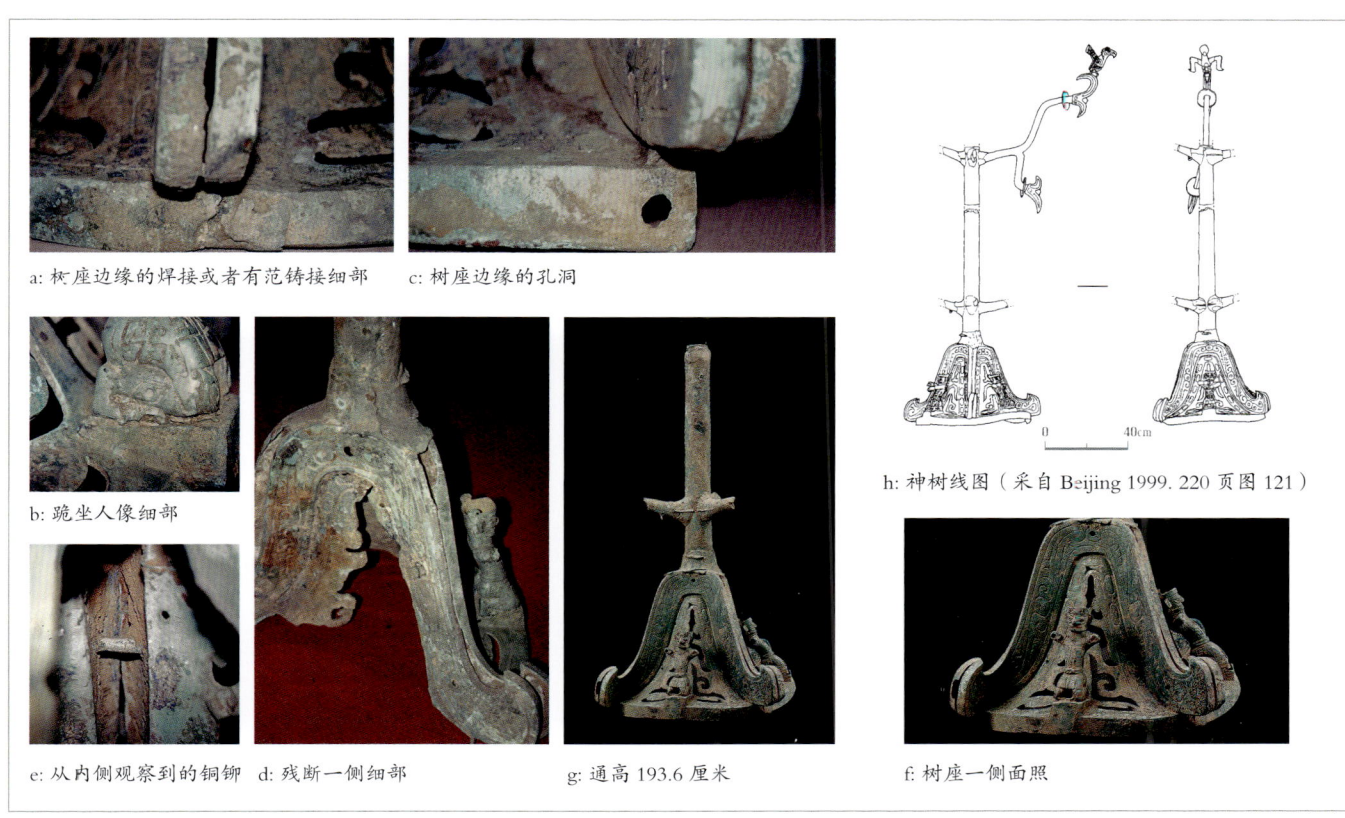

图三十四　残青铜神树 K2②:194

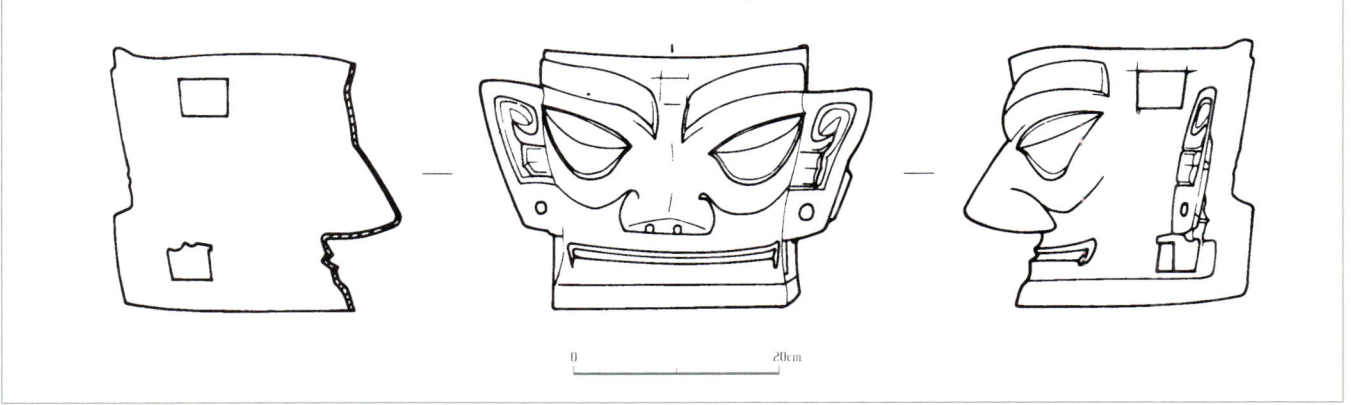

图三十五　铜面具（K2②:293，高 25.5 厘米，宽 37.8 厘米，采自 Beijing 1999. 189 页图 104.2）

图三十五中的这件，耳便是焊接到面具上的。那些面具铸造时都无耳，而是预设了方孔以安装它们。耳另行铸造，然后插入方孔中用焊料焊牢。图三十六为另外一件面具的左耳背部，能清楚地看到一条包裹着耳部和脸部一侧的焊接痕迹。图三十七的人身鸟爪形足像中，人像足部和他所站立的鸟头是通过焊接连接在一起的[1]。在上文讨论的青铜神树残件上，跪坐人像也是焊接到基座的边缘上的（图三十四b）。大型神树上焊接技术的运用非常广泛，这将在下文作进一步论述（图四十一）。

---

[1] 其他明显为焊接连接的有 K2③:48 中的女跪像（她和基座之间通过焊接连接起来），K1:36 的龙柱形器（龙身、尾部和前部的扉棱均为焊接到柱上），K2③:87、K2③:56、K2③:44 中的蛇（由多个部分焊接在一起）。

a: 左耳背面

b: 内侧右边细部

图三十六 铜面具
（K2②:128，高 25.4 厘米）

图三十七 人像足部和鸟爪之间的焊接细部
（K2③:327，采自 Bagley 2001. 128 页图 36.3）

2. 多种连接技术的并用

对于器形复杂的器物，三星堆的铸工经常兼用不同技术将单个铸件连接在一起。图三十八中凸出瞳孔和向上伸出的长鼻状额饰的兽面具是由六部分构成的，它们分别是双耳、两瞳孔、象鼻状额饰以及这些部件附着的兽面。其瞳孔先铸——从后面可以清楚地看到兽面包裹着瞳孔，但是正面亦用焊接加固；靠近右耳处的焊料同时流到面部和耳上，可知耳部为焊接（图三十八 b）；面具左耳的背部有一个非常明显的不规则形焊接补块（图三十八 c）。面具上的额饰则可能是通过前额上一个预留孔后铸上去的。

图三十九的兽首冠人像是多种连接技术并用的又一实例。该人像由七个单元组成：三个从兽状冠上凸出的装饰物（两兽耳及中间象鼻状饰物）、头部、躯干和双臂，彼此连接并不整洁。头部范分为两部分，但与前述

图三十八　有凸出瞳孔和夔龙形额饰[1]的面具 K2②:142

的各个青铜人头像在耳部分范不同，分范处在鼻部和后脑上：其纵向的范缝在后脑头发上可以清楚看到（图三十九 a），在眉心处也隐约可见。铸造头部时在头顶预留一小孔，然后将头部靠前位置的象鼻状装饰铸上去（图三十九 b），张开的兽口里的金属凸块便是在该过程中产生的。冠顶两侧耸立的兽耳分铸，然后将它们置于铸造象鼻状装饰的范中，当象鼻状装饰铸好时它们便被固定在了相应位置，外部再通过焊接加固（图三十九 c）。

图三十九　铜兽首冠人像 K2③:264

---

[1] 作者认为此所谓"夔龙形额饰"其实是象鼻的造型。但因为在此无法展开论述，故延用《三星堆祭祀考古报告》的说法。

躯干后铸，颈部与人头连接在一起（图三十九d）。双臂则焊接到躯体上，图三十九a清楚地显示了两条手臂上各有一条不规则的焊痕。

3. 大型铜立人像

在铸造器形更加复杂的青铜器时，三星堆铸工主要依靠有范铸焊和无范铸焊（焊接）技术。图十中的大型铜立人像和图十一中的大型青铜神树为这种制作方式提供了最具代表性的例子。三星堆铸工将八个单独的部分连接在一起成功地制作了一尊近三米高的青铜造像[1]。在下文叙述中，如果铸焊金属块的体积较大，或者在铸焊块上可以看到范缝或浇口残留并由此可知铸焊时使用了铸型，我们便称之为有范铸焊，否则称为焊接。

青铜大立人的八个部分分别是：

（1）素面基座。沿着基座纵向的四边及座基顶部的范缝表明铸造该部分的铸型有五块外范。假设该基座是倒转过来浇铸而成的，那么顶部的开口则是为了从下部支撑内芯。

（2）素面基座以上的有纹基座（不包括人像脚下微微凸起的金属台面）。该部分范缝并不明显，但是在位于基座后侧的两个象鼻上，部分位置留有范缝（图四十a展示了两个象头，由于照片拍摄的角度使得左边象鼻上的范缝比较明显）。由于其复杂的形状和表面纹饰，这个基座可能是三星堆青铜铸造中最为复杂的铸件之一。据发掘者称，该部分与下部的素面基座及人像脚下的金属台面都用榫卯加固（图十a）[2]，榫卯处是否经过焊接尚不确定。该立人像其他连接则均为有范铸焊或焊接。

（3）立人像足部，包括它所站立的金属台面和身着长袍的下肢部分。人像身体上的横向分范并不在下摆褶边处，而是在略高的位置，范缝打破了衣上一排龙纹。该位置的范缝可以在图四十b下部位置隐约地看到。该

---

[1] 在Bagley 2001（75~76页）文中，我认为该立人像由七部分组成，在随后的观察中，我又发现了另外一部分。将来大立人若经实验室科学检测，或许还会发现新的部分。

[2] 素面基座的内部有一处近年修复时加入的新基座，用以增加强度，保持人像稳定，因此我未能观察到基座内的原始连接状况，也未能观察到有纹基座的下部，关于榫卯的具体位置，可以从图十a所示推测。

a: 基座装饰细部（采自 Yang 1999. 210 页右）　　b: 背面细部

c: 身体下部分细部图　　d: 身体下部分右侧细部

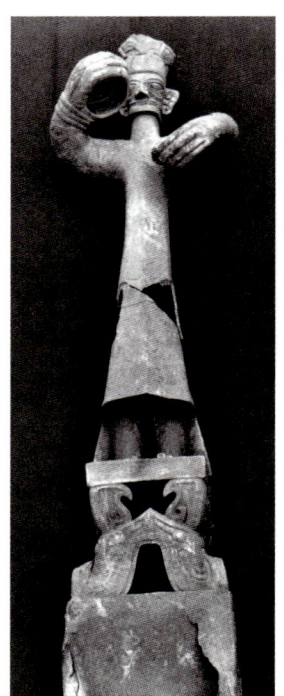

f: 左侧细部（采自 Bagley 2001, 74 页图 2）

e: 修复前（采自 Beijing 1999. 165 页图版 57）　　g: 身体上部分细部

图四十　铜立人像K2②:149、150

部分可能有前面两块、后面一块共三块范；在正面，衣上纵向的褶缝应与分范处相重合，因为在它的两侧的横向装饰线条应该是连贯的，但其实被轻微地打断（图四十 c）；在立人两侧，范缝位置靠近背面的地方，打破了衣纹（图四十 d）。正面裙下有一个矩形开口，则可能是在浇铸过程中为支撑范芯而留下的（图四十 e）。

（4）躯干中部一小段着衣部分，它的上边界位于外袍上两排龙形饰中间的空白处。图四十 b 中，这个高度的接缝依稀可见。该部分同样分三块范：背面一块，正面两块。虽然该部分非常小但却是连接造像上下极为关键的部分。通过裙下的矩形开口可以看到该部分的内部两端均有一个凸起，推测应起加固连接作用。

（5）身体上部，包括头部但是除开双臂和头冠的上半部分。该部分在耳部轴线处分范，左耳上方的筒形冠饰上，有一条清晰的纵向范缝（图四十 f）。顺着向下，左腋下丝带状条被打破也证明了范缝的存在。背后一处、右臂下两处小的开口可能均为芯撑导致（图十 b、e，四十 b）[1]。

（6）（7）双臂。立人像肩部有范铸焊形成的连接金属条表明了每条手臂与肩部连接的位置（图四十 g）。同图三十四 g 和 f 神树残件上跪坐人像断臂处所见类似，该处可能预先设置了梯状边缘以加固连接。一条清晰可见的范缝沿着左臂外侧纵向延伸（图四十 f）也表明了铸造每条手臂需两块范。

（8）头冠的上半部分。该部分和其下的筒形冠饰用焊接连接到一起。

4. 巨型神树 [2]

图十一中近四米高的青铜神树是由更多的部件组合在一起的。在目前只有部分复原的情况下，仍然可以看出它由至少一百个单独的部件组成，其中差不多所有的部件均由两块范铸成[3]。只有底座（带有厚重的三脚架状结构的圆形座圈）由在三脚轴线上分范的三块范铸成（图四十一 a）。各部件之间的连接绝大部分都为有范铸焊或焊接。神树是否包含先铸和后铸尚未可知。

树身和底座由一块单独浇铸的铸焊块连接起来：一大块既不属于树身，也不属于底座的，形状不规则的铸焊块（图四十一 a 中，铸焊块的下部边缘尤其清楚）。其连接过程是将树身在底座上的位置设置好后，在连接处设范后将铜液浇铸进去使得两者相接。铸焊块上还保留了铜液注入范中的浇口残余（浇入铸焊块溶液时，神树可能是平躺在地上的）。

树身与树枝之间也可能是通过有范铸焊连接的，每一树枝的各段之间亦大多如此连接。每一支树枝都由单独的几段构成。图四十一 b 中，树枝上较厚的套管状部分有范缝和浇口残余说明套管是连接各段的有范铸焊块。大量的其他铜套将独立的两部分连接起来，这在铜树上中可以明显看到。值得注意的是这种有范铸焊要比树身和底座之间的连接整洁得多。树枝和树身连接的地方共有三处，其中一处在图四十一 c 上侧非常清楚。在这三处连接处，树身都被一圈较厚的金属包裹着，看起来好像树枝插在套管里一样。这圈较厚的金属套管也应该是有范铸焊上的。有趣的是，这些金属套管上的范缝和树身上的范缝对准得十分整齐。

一条面朝外，形状独特的龙立于神树的圆形座圈之上，绳索状的龙身和尾部沿树干蜿蜒而上（龙头如图四十一 d 左下角所示）。这是一条自上而下的降龙，但龙的下半身（即靠近树干上端的部分）已经残缺不存。残存部分通过两个支桥与树干相连，图四十一 d 中可以看到两个支桥，但是靠上的一个被照片中的一只鸟遮挡住了一部分，这在图四十一 e 中可以更加清楚地看到。这些支桥均以两块范铸成：图四十一 e 是较低的一个支

---

[1] Wang and Wang 1993（60 页）文章提出这些开口是为系用服饰上另外的装饰。
[2] 此处对青铜神树连接的描述是基于笔者对神树的观察和 1999 年 10 月考察期间与神树修复者杨晓邬先生的谈话；在此谨向杨先生表示感谢。
[3] 该神树发现时已经严重损毁，未能完全修复，一百个部件是我粗略的估计。

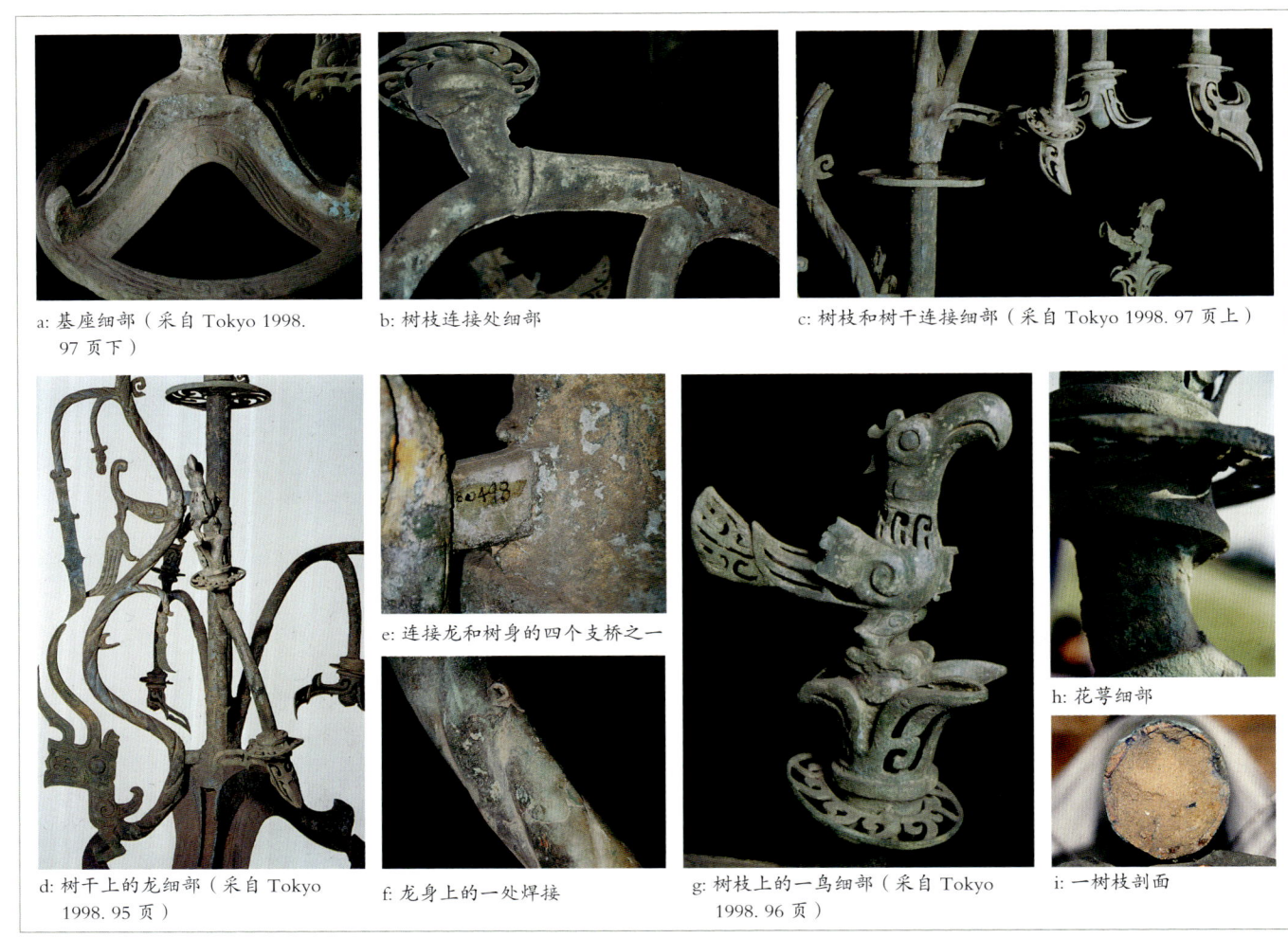

图四十一　青铜神树 K2②:94

桥的特写，它的上端有非常清晰的范缝痕迹，在底端也可以观察到另外一条范缝。支桥上的范缝并未延伸到树干和龙身上，说明了支桥为单独铸件（图四十一 e 的右侧可以看到支桥的铜液流到树干上并且叠压着树干）。这是有范铸焊的一个范例。其铸造步骤如下：龙和树干分别固定在预设位置，然后将支桥范安放在它们之间，再浇铸支桥。几乎可以肯定这种铸焊不是仅仅通过金属熔接就能完成的，而必定是通过机械互锁结构来固定。我们可以推测铸工们在树干和龙身上设置了可供铜液流入的小孔或者是供支桥嵌套的榫卯。

龙身由几个独立的部分铸造而成，然后将各部分焊接起来；图四十一 f 为其中一处焊接。相当多其他较小部分的连接也是通过这种方式完成的。图四十一 g 中一鸟立于树枝绽开的花朵上，很好地说明了这一点。该立鸟是由鸟头、鸟身和双翅四个单独的铸件组合在一起。每一部分都是由简单的对开式范铸成后通过焊接连接起来[1]。在图四十一 g 中，镂空身体之上的颈部有一圈焊料较为清晰。现已残缺的鸟翅同样可能是焊接到肩上的，鸟爪和它所站立的花朵也是通过焊接连接起来的。继续向下，在花瓣下有一个镂空的铜环套住花萼。图四十一 h 中铜圆环的下侧位置有一小块金属（现腐蚀甚重）固定住了铜环，这可能也是某种形式的焊接连接。再往下，

[1] 9只鸟均用相同的方法铸造而成，其他鸟也有纵向对开范制成的，包括K2②:141（鸟头），K2②:213（鸟所站立的花用同样的范型铸造，鸟尾为单独铸造然后焊接上去），K2③:301-3（铜鸟立于圆座上：铜鸟和圆座用纵向对开范铸造，背部三羽翅为分铸，然后可能通过焊接到相应位置），K2③:103-8（鸟形铃），K2③:107（铜雄鸡）。

花萼的平底面和从树枝上伸展出的花茎之间也被一圈焊料连接起来。

5. 机械互锁结构

不管什么样类型的连接，都主要依赖于机械互锁，其次才是金属熔接。三星堆的铸工通过设置榫卯（如大型铜立人像上）、阶梯状边缘（如见于跪坐青铜人像和图三十四 g、h 中青铜神树上枝干残部的顶端），或者预留孔洞供金属溶液充盈其间从而固定锁牢。例如图四十二中阶梯状的后脑勺上沿，这种预留孔在三星堆的青铜器中运用非常广泛。图四十三中的太阳形器，分六部铸成，然后用类似的小孔将其连接在一起。该器物的外缘由五个相等的弧形构成，每一弧形内侧都伸出一芒。连接处位于两芒条的正中间，在器物背面用焊接连接起来，从正面观察则显得相当光洁。图四十三 b 中依稀可见焊料是经过每个弧形末端的小孔流入[1]。

通过预留孔连接的另一个显著的例子是图三十四青铜神树残件。圈座边缘上尚有残存的连接块，明显是通过小孔实现的（图三十四 c）。圈座之上的拱形三足上有不少类似的小孔，明显是为铸焊而设的，尽管大多数并未被实际使用（图三十四 d）。然而，在图三十四 d 中拱形一侧的中部位置，两个毗邻的拱形被一个填充满了铜液的小孔形成的铜栓连接，与铸造的铆钉类似（图三十四 e）。这种非常整洁的铆钉在其他拱形中也很明显，如图三十四 f 左侧所示，铆钉与窃曲纹的眼睛合二为一。

如图三十八中的兽面具和图三十六中的人面具那样，对于耳部为焊接的面具来说，在面颊的两侧预留两个大的穿孔以安放分铸的耳成为惯例。例如，在图三十六 b 中，孔的内壁就被所看到的焊姿块覆盖着。有的面具在前额上有一方孔，明显地也是用作安装其他装饰的。奇怪的是，这种大的穿孔和小孔一样，在许多情况下是锯开或者钻开而非铸造而成[2]。在尚无钢铁工具的情况下，锯开和钻开青铜均非易事。它们也有可能是被磨出的，为什么用这种方法穿孔仍是一个谜。

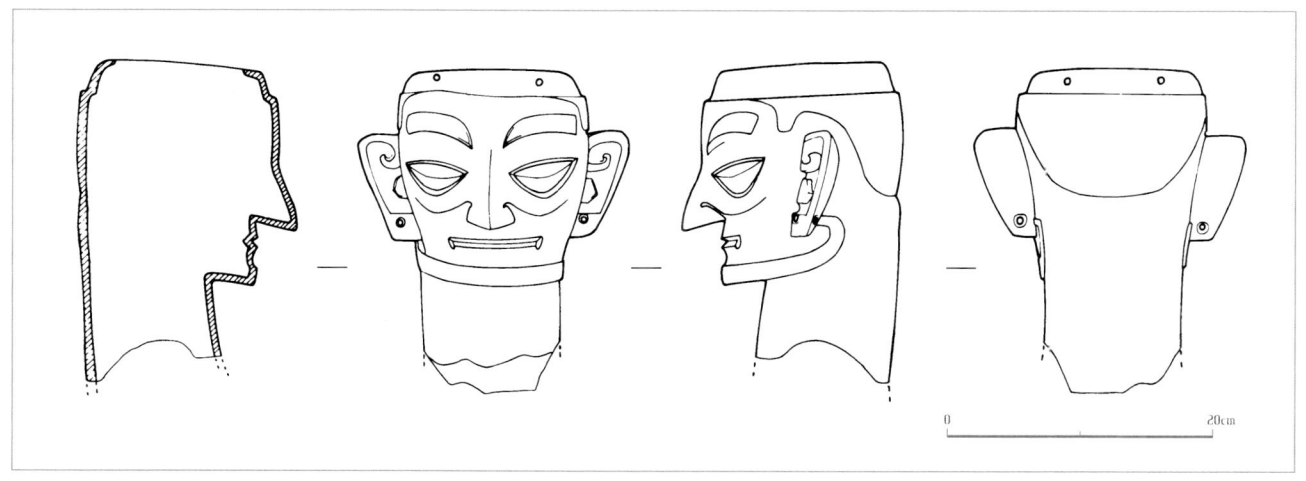

图四十二　青铜头像（K1:6，高 25 厘米，最宽 20.4 厘米，重 3.36 千克，采自 Beijing 1999. 24 页图 10）

---

[1] 太阳形器日心在最后一步后铸到芒上。
[2] 面具两侧后部的孔洞通常均用类似的方法锯成，另外，有几件面具正面有方形刻划痕，但是孔洞并未锯开（参看 e.g., Bagley 2001，第 20 号）。

三、三星堆铸造业的起源与特点

本文前述部分"三星堆的铸造技术"具体地描述了三星堆造像的制造技法和过程。现在，我们以此为基础，进一步讨论三星堆铸造业的起源与特点。

（一）中原起源

上文讨论的三星堆青铜造像清楚地说明了三星堆青铜器制作和中原一样主要依赖于铸造，并且中原的全部铸造技术手段在三星堆都有使用。然而，我们已经在本文第一部分中讨论指出，中原特有的文化因素促成了铸造技术的运用，尤其是对块范法的依赖。因此，同样的技术应用于文化背景迥异的三星堆这一现象，强烈地表明着三星堆的铸造技术得之中原。另外，我们还可以找到其他几条证据来支持这种结论：

（1）和中原铸工一样，三星堆铸工对于许多易于捶锻的器物，如牌饰和附饰（图十五、图十二、四十三a）等，也以铸造完成。

（2）世界上很少地区采用铸造的方法来修补缺陷。

（3）三星堆的器物没有两件是完全相同的，比如说青铜头像，这表明同一模型从未重复使用。这一现象与中原的一样，原因令人费解。

（4）铜、铅、锡三元合金在三星堆同样是常规的（见表一）。

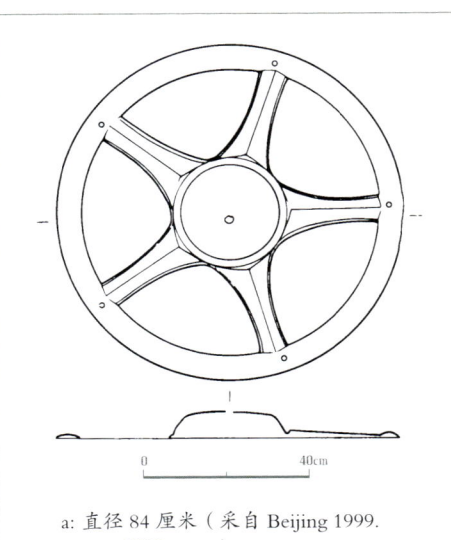

a: 直径84厘米（采自 Beijing 1999. 239 页图 134.1）

b: 太阳形器边缘的连接细部
（采自 Bagley 2001. 135 页图 41.2）

图四十三　铜太阳形器 K2③:1

表一　早期青铜时代出土铜器成分构成（引自 Xu 2001，69 页，表一）

遗址	年代（公元前）	分析样本数量（采样对象数量）	铜含量 %	锡含量 %	铅含量 %
二里头	1500	32(32)	35~99+	0.04~23	0.03~61
郑州	1500~1300	5(5)	53~80	0.53~18	6~41
三星堆	1200	27(24)	64~98	0.03~12	0.03~33
江西新干墓	1200	6(6)	75~84	4.6~18.4	0~7.8
安阳妇好墓	1200	89(89)	72~88	9~20	<8
安阳郭家庄160号墓	12 世纪	19(19)	69~99	0~19	0.41~22
安阳殷墟西区墓第二、三期	12 世纪	18(18)	72~94	0~20	0.5~22

技术的传播暗示了三星堆和中原之间重要的文化连接，但这种关系很容易被两个文化之间完全不同的青铜器所掩盖。三星堆青铜造像中有个别器物有属于分布广泛的过渡期风格的纹饰，而不见安阳时期的纹饰，这表明块范法技术传入三星堆可能在公元前十三世纪左右，早于安阳时期[1]。就文化方面而言，三星堆青铜工业可能在受二里岗文化影响的基础上萌生，因此它是独立于安阳商代青铜工业的一次发展[2]。三星堆青铜工业在公元前1200年左右的两个大型祭祀坑之后还延续了多久现在尚无定论，两个祭祀坑之后也完全没有发现当地的青铜器[3]。然而，近年来发现的位于成都西郊的金沙遗址启示我们：本地的青铜工业在三星堆时代以后，也仍在成都平原持续发展[4]。

然而三星堆青铜工业和中原在某些方面却存在极大的差异。我们首先注意到的是三星堆的金属供给可能不如中原充足。两个祭祀坑里成百上千件的青铜器总重量在一吨左右——数量不菲的铜料。但是和安阳相比，就显得有点小巫见大巫。实际上只比安阳单件容器，即目前所知的最大的中国古代青铜器（重875公斤的司母戊大方鼎）稍重一点。二号坑的青铜头像比一号坑的轻薄，数量更多种类却更少。这可能是因为三星堆铸工的设计样式趋于标准化，并掌握了用相同数量的金属制作出数量更多的器物的技艺。他们成功地铸造出了多件令人瞩目的器物，这些器物通常形体硕大，但器壁却往往较薄。图四十一的青铜神树便是一个佳例。图四十一i展示了一枝修复前的残枝的截面，金属部分非常之薄。尽管我们不能排除铸造薄壁器物存在着技术上的理由，但很可能是三星堆铸工的金属供给较为有限，不过他们还是运用了中原的铸造技术，因为那是他们的所学。

（二）铸造工业的特点

前文中我曾提出"浑铸偏好"是中原铸造业的标志，换言之，铸工倾向于设计更为复杂的铸型，从而使得浇铸次数更少，铸铜作坊在铸型的制作阶段不遗余力。相比而言，三星堆铸工的技术运用不太注重系统性，他们会使用数种不同的方式来制作相同种类的器物。例如平顶头像这样相对简单的外形，完全能够浑铸成型，三星堆铸工却使用了至少三种不同的铸造方式，似乎他们在实验。出土于一号祭祀坑的头像中，图二十所示的浑铸而成，而另外两个头像头盖分铸（K1:3后铸头盖，K1:11先铸头盖），其余均为浑铸而成。同时一号祭祀坑还有两个没有头盖的头像（K1:8、K1:72），可能是原本有头盖，现已遗失或者是铸造时预设了一个但由于某种原因并未铸造出来。对于一个能够浑铸出如图二十五中人头像的作坊来说，选择将一个简单的头像分次铸成令人费解。可能因为铸工们制作了许多必须多次浇铸的器物（例如图四十四中的龙柱形器），以至于他们习惯于连接单独浇铸的部件。相对于设计复杂的铸型，他们似乎更偏好多次连接。

出土于二号坑的平顶头像数件为浑铸，但大多是分铸然后连接在一起的。一部分头盖先铸但是更多的是后铸。同样也有非常多的头像无头盖[5]。其他在一号坑里没有或者只有少数几件同类的器物也显示出了同样的变

---

[1] 少数几件别处发现的铜牌饰可能从二里头进口而来，或者是在三星堆制作的仿品。他们不构成当地铸造青铜器的起始年代早于公元前13世纪的证据。有过渡期风格纹饰的器物有图十的青铜立人像（基座上的纹饰）、图三十七中站在鸟头上的合成人像、K2②:115-04的铜铃和图十二中的青铜兽面。
[2] 本人对三星堆青铜容器的研究也得出同样的结论。
[3] 在老广汉城西门外发现有一形体瘦长的铜尊，年代大约在公元前11世纪（参看Beijing 1994，图版91和LiXueqin 1998）。
[4] 金沙遗址发现的铜器见Beijing 2002（37～72页），另外，1959年彭县竹瓦街青铜器窖藏出土的铜觯和瘦体铜尊可能为商末周初之物。但是它们普遍被认为是进口至四川地区的。参看Wang Jiayou 1961（29页，5页图版3），Xu Zhongshu 1962，Feng Hanji 1980和Bagley 2001（178页图2-3，179页）。
[5] 通过我初步统计，二号坑出土的39件平顶头像中有5件浑铸，13件分铸（2件头盖先铸、3件头盖后铸，7件在头盖上有后铸补丁，另外一件有一个大洞，明显是和前面7件一样准备用后铸堵住该孔）和18件无头盖头像（应该原来是有头盖的，但已经缺失，或者应该是准备铸造头盖的）。

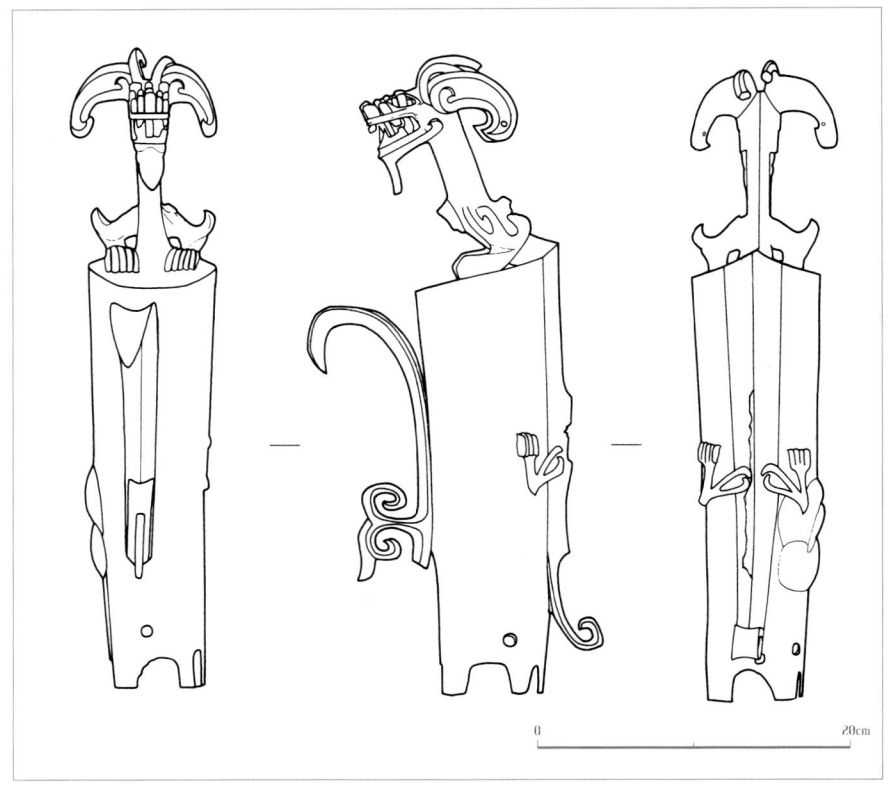

图四十四　龙柱形器（K1:36，高 41 厘米，采自 Beijing 1999. 34 页图 20）

图四十五　铜面具（K2②:153，高 40.3 厘米，宽 60.5 厘米，采自 Beijing 1999. 189 页图 103.2）

化。图四十五的面具是完整的人面具中最大的一件，为浑铸成型；一组小型面具也是浑铸[1]。然而，在十多件中型面具中，却只有两件浑铸，其他的面具如图三十五和图四十五所见那样，先分铸耳朵然后再将其连接到面具上[2]。

图四十一和图三十四中两神树的基座提供了另一个有趣的对比。两基座的结构相似，但是奇怪的是，虽然

---

[1] 小型面具（平均 15 厘米高）有 K2②:43、K2③:57、K2(3):65、K2②:102、K2③:119 和 K2②:331。
[2] 中型面具（大约 25~26 厘米高）有 K2③:14 和 K2②:60 为浑铸。耳部分铸的面具除图三十五和图三十六中的两件外，还有 K2②:33、K2②:53-1、K2②:57、K2③:58、K2②:100、K2②:109-1、K2②:111、K2②:114（图四十六）和 K2②:131。

前者的尺寸是后者的 1.5 倍多，它却是在三足轴线上分范浑铸成型；而后者却是由三个单独铸造的拱形连接在一起的。这让我们意识到三星堆铸工并没有固定的方法制作这些器物，可能因为他们之前从未制作过类似器物，或者他们在尝试不同的方法。

图二十八和图三十八中两个异型面具外形相似，但铸造工艺却又不同。如上文已讨论，前者先铸，后者兼用了几种方式。人面具的耳朵也是通过几种明显随机选择的技术连接在一起的。图四十六中的面具左耳焊接到面部上（图四十六 a），然而，右耳后面部分仍然残存着一个浇口（图四十六 b），表明该部分是有范铸焊或者后铸[1]。双耳在前侧都经过焊接。虽然在同一面具中同时用到两种连接技术似乎是一个特例，但在其他面具中随意选择连接技术的倾向还是非常明显。

在灵活选择铸造技术的前提下，尽管三星堆铸工浑铸和分铸两种方式均有使用，我们可能会察觉到在制作一件器物时，相比浑铸而言，他们更倾向于将分铸的部件连接在一起。这种倾向在制作复杂器形的器物比如大型铜立人像和青铜神树时也同样非常明显。和中原铸工不同，三星堆的铸工没有表现出减少浇铸次数从而使连接次数降到最低的倾向。一个典型的例子是图四十一 g 中九只栖息于树枝上的铜鸟。一个中原的铸工可能会用比较复杂的陶范一次铸成一个铜鸟，而三星堆铸工却是将多个部件组合在一起，所有的组件都用由两块范简单

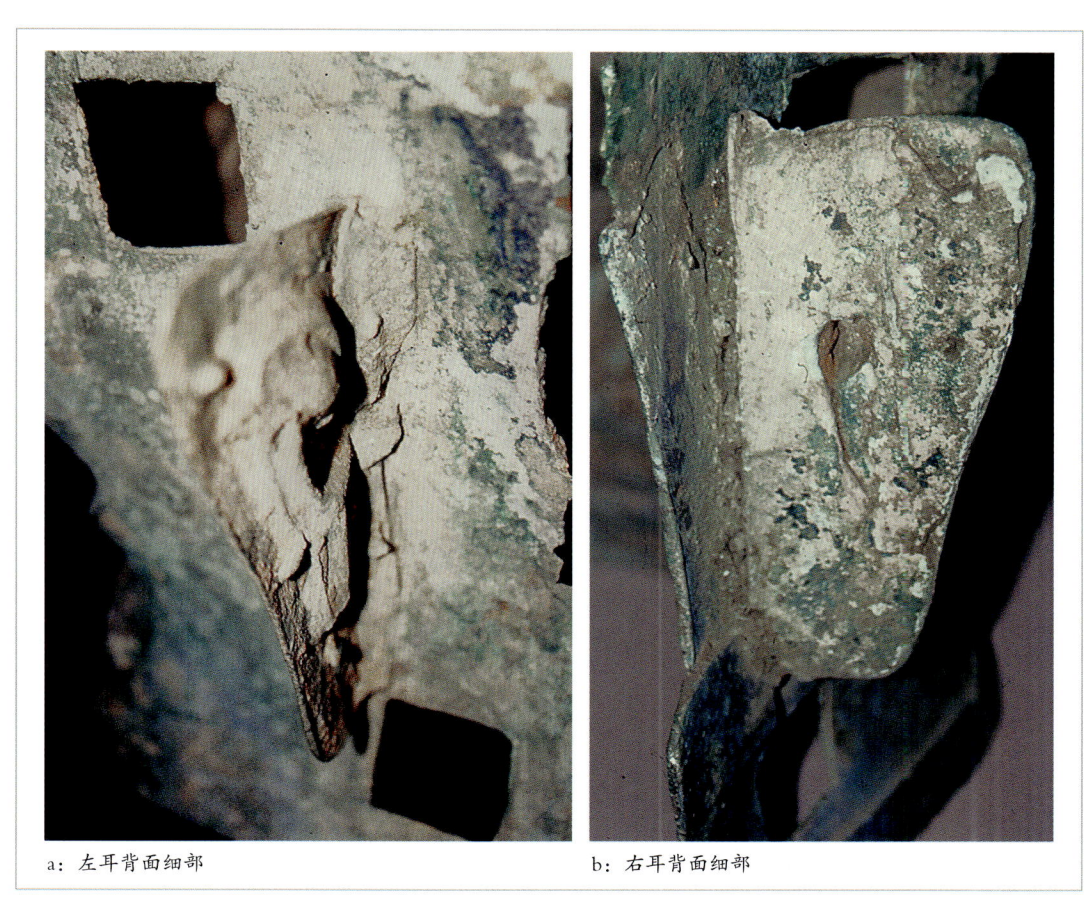

a：左耳背面细部　　　　　　　　　　　b：右耳背面细部

图四十六　青铜面具（K2②:114，高 26.6 厘米）

---

[1] 可能将该部分认定为有范铸焊更加准确，因为在其他面具中，该部分的形状尽管有时和耳部轮廓相当接近，但通常情况下是不规整的。在任何情况下，该部分的作用都是将耳部连接到面部上。

地铸成。事实上，三星堆的铸工用最简易铸造的部件单元拼接构建了整个复杂非凡的青铜神树，显然他们并不顾虑这种方法所必须涉及的连接数量。

上文所描述的三星堆青铜铸造的情形，相比于中原铸工对制作复杂铸型细致入微的关注——我们称之为"浑铸偏好"，走向了另一个极端，因此我提议称之为"简单铸型偏好"。

为了更好地理解这种对简单铸型的依赖，我们必须注意到几个相关的使这种倾向成为可能的因素。其中一个因素就是三星堆器物表面和中原容器表面差异巨大。三星堆的器物往往高大、威严，许多器物能够在远距离打动观者。而中原青铜容器上复杂、细致的表面装饰则需要近距离地观察，因此它们需要精雕细琢。显而易见的接缝在三星堆的器物上比在中原青铜容器上更容易让人接受。例如，青铜神树树座和树干之间的铸焊连接就非常不整齐（图四十一 a），但是不管在原始的环境中还是在现在的艺术博物馆中，观者一般都不太可能注意到这一点。相类似的不整齐的连接块也出现在其他器物上。在这种背景下，用简单铸型铸造出部件后将他们连接起来，可能比设计复杂的铸型和尽量避免连接的铸造方式要求更低，省时省力。尽管出土于二号坑的器物远比一号坑的任何器物都要复杂，但是所用的铸型，很少有比图二十五中一号坑的人头像的范更为复杂的。三星堆的铸工很可能从未学过或者也没有必要去学习铸造精美的青铜容器所需要的复杂制范技术，可能他们也不会制造他们的君主从长江中游地区进口来的青铜容器这类器物[1]。另外一个造成他们倾向于分铸和连接的因素可能是由于金属供应的有限性，因为这种方法更加容易铸造薄壁的器物以节约铜料。

通过上述的讨论，我们得出的结论就是三星堆青铜工业与中原铸铜作坊在技术上的区别不在于他们运用了不同的技术，而在于他们运用同种技术时极其不同的侧重，这种侧重可能是出于审美、技术和经济上的综合考虑。为了铸造一件如青铜神树这般复杂的器物，三星堆的铸工将其分解为多个非常容易铸造的部件，化整为零，其铸造难度就被不断地连接化解掉了。

---

[1] 在此，我还需要指出的是三星堆铸造的器物质量通常较差，例如孔洞这样的铸造缺陷经常存在，有大量通过后铸修补的情形，还有许多缺陷并未修补，比如 K1:5（头像顶部和左侧，图二十五），K2②:22（头像顶部），K2②:77（头像右侧），K2②:78（头像后部），K2②:107（头像辫子），K2②:121（头像顶部），K2②:57（面具鼻孔处），K2③:264（兽首冠人像右侧脸部，图三十九 d）。

参考文献

* BAGLEY W R.Shang Ritual Bronzes in the Arthur M. Sackler Collections［M］. Washington D.C.：Arthur M. Sackler Foundation，1987.
* BAGLEY W R. Shang Ritual Bronzes：Casting Technique and Vessel Design［J］. Archives of Asian Art，1990，43：6-20.
* BAGLEY W R.What the bronzes from Hunyuan tell us about the foundry at Houma［J］. Orientations，1995（1）：46-54.
* BAGLEY W R. Shang Archaeology［A］// Michael Loewe and Edward L Shaughnessy (eds.). The Cambridge History of Ancient China. Cambridge：Cambridge University Press，1999：124-231.
* BAGLEY W R. (eds.). Ancient Sichuan：Treasures from a Lost Civilization［M］. Seattle：Seattle Art Museum in association with Princeton University Press，2001.
* BARNARD N. Some Preliminary Thoughts on the Significance of the Kuang-han Pit-burial Bronzes and Other Artifacts［A］. Beiträge zur allgemeinen und vergleichenden Archäologie，1990(9-10)：249-79. 中文译本发表于南方民族考古，1993，5：25-66.
* 商代蜀人秘宝：四川广汉三星堆遗址［M］// 中国考古文物之美：第3卷 .. 北京：文物出版社，1994.
* 中国青铜器全集编辑委员会编. 中国青铜器全集1：夏、商［M］. 北京：文物出版社，1996.
* 中国青铜器全集编辑委员会编. 中国青铜器全集2：商［M］. 北京：文物出版社，1997.
* 中国青铜器全集编辑委员会编. 中国青铜器全集11：东周［M］. 北京：文物出版社，1997.
* 四川省文物考古研究所. 三星堆祭祀坑［R］. 北京：文物出版社，1999.
* 成都市文物考古研究所，北京大学考古文博院. 金沙淘珍——成都市金沙村遗址出土文物［M］. 北京：文物出版社，2002.
* CHASE W T. Bronze Casting in China：A Short Technical History［A］//George Kuwayama (eds.). The Great Bronze Age of China：A Symposium . Los Angeles：Los Angeles County Museum of Art，1981：100-23.
* CHASE W T. Ancient Chinese Bronze Art：Casting the Precious Sacral Vessel [M]. New York：China House Gallery，1991.
* 陈德安，魏学峰，李伟纲. 三星堆：长江上游文明中心探索［M］. 成都：四川人民出版社，1998.
* 冯汉骥. 四川彭县出土的铜器［J］. 文物，1980(12)：38-47.
* FRANKLIN M U. The Beginnings of Metallurgy in China：A Comparative Approach［A］// George Kuwayama (eds.). The Great Bronze Age of China：A Symposium. Los Angeles：Los Angeles County Museum of Art，1981：94-8.
* FRANKLIN M U. The Real World of Technology［M］. Toronto：Anansi，1999.
* FONG W (eds.). The Great Bronze Age of China［M］. New York：Metropolitan Museum，1980.
* GETTENS J R. Joining Methods in the Fabrication of Ancient Chinese Bronze Ceremonial Vessels［A］// William J. Young (eds.). Application of Science in Examination of Works of Art. Boston：Museum of Fine Arts，1967：205-17.
* GETTENS J R. The Freer Chinese Bronzes, Volume II：Technical Studies［M］. Washington D.C.：Freer Gallery of Art，1969.

* 江西省博物馆，上海博物馆编．长江中游青铜王国——江西新干出土青铜艺术［M］．香港：两木出版社，1994.
* KUWAYAMA G (eds.). The Great Bronze Age of China：A Symposium［C］. Los Angeles：Los Angeles County Museum of Art，1981.
* 李学勤．论广汉西门外出土的商代青铜器［A］//中国社会科学院考古研究所编．中国商文化国际学术讨论会论文集．北京：大百科全书出版社，1998：307-9.
* 三船温尚．三星堆的青铜铸造技术［A］//西江清高编．扶桑与若木——日本学者对三星堆文明的新认识．张胜兰，译．成都：巴蜀书社，2002：55-89.
* POPE A J，GETTENS J R，CAHILL J，et al.The Freer Chinese Bronzes，Volume I：Catalogue［M］. Washington D.C.：Freer Gallery of Art，1967.
* RAWSON J (eds.). Mysteries of Ancient China［M］. London：British Museum，1996.
* 台北故宫博物院．三星堆传奇：华夏古文明的探索［M］．台北：太平洋文化基金会，1999.
* 东京国立博物馆．黄河文明展［M］．东京：中日新闻社，1986.
* 三星堆——中国5000年の謎＊驚異の仮面王国［M］．东京：朝日新闻，1998.
* 王家佑．记四川彭县竹瓦街出土的铜器［J］．文物，1961(11)：28-31.
* 王㐨，王亚蓉．广汉出土青铜立人像服饰管见［J］．文物，1993(9)：60-8.
* JAY XU. Introduction Part 1：Sichuan before the Warring States Period［A］. Bagley，2001：21-37，59-151.
* 徐中舒．四川彭县濛阳镇出土的殷代二觯［J］．文物，1962(6)：15-8，23.
* YANG Xiaoneng (eds.) .The Golden Age of Chinese Archaeology：Celebrated Discoveries from the People's Republic of China［M］. New Haven and London：Yale University Press，1999.
* 曾中懋．三星堆出土铜器的铸造技术［J］．四川文物，1994(6)：68-9，77.

四川东周秦汉时期的铜器
——以巴蜀文化时期铜器为中心

孙 华

北京大学考古文博学院教授

东周时期的四川盆地大部分地区，在秦灭巴蜀以前，其西部仍然是延续了千余年的古蜀国疆土；但在盆地东部的平行岭谷地区以及嘉陵江干流的中下游地区，大概从春秋晚期以后，却被来自江汉地区的巴国所占据。巴、蜀两国的文化经历了一段时间的碰撞和融合之后，形成了文化面貌大同小异的东周四川区域文化——巴蜀文化，故研究者通常将战国前后四川地区的铜器称之为"巴蜀文化铜器"。

巴蜀文化铜器是以先前十二桥文化铜器的工艺传统、器类组合和形制纹饰为基础，并吸收邻近楚文化部分因素形成的风格独特的铜器。该文化铜器以其显著的风格滞后现象、特色鲜明的器物组合和造型、颇具特色的纹饰以及奇异的"巴蜀符号"而为人们所注目。巴蜀文化铜器是四川地区青铜器发展的最后阶段，铜器分布之广，数量之大，种类之多，制造工艺之高，都远超先前的三星堆文化和十二桥文化，达到了四川先秦铜器发展的顶峰。秦灭巴蜀后，巴蜀文化铜器的文化特色并没有立即消失，它的器类和装饰既对秦文化铜器造成了一定影响，也影响到了秦汉时期（尤其是西汉中期以前）的四川铜器，出现了只流行于四川盆地及其周边的一些铜器种类。巴蜀文化铜器与三星堆文化铜器、十二桥文化铜器一道构成了四川盆地一带铜器发生、发展和衰落的全过程；而巴蜀文化铜器与四川秦汉文化铜器一起，成为了巴蜀文化逐渐融汇于秦汉文化，以及秦汉帝国经营四川盆地的历史见证。

一、铜器的特征与类型

巴蜀文化铜器的年代范围是春秋中期至西汉初期，大致相当于公元前600年至公元前200年。这一时期的铜器是巴蜀文化的组成部分，是四川（尤其是川西古蜀文明）传统的延续。巴蜀文化铜器经历了由顽固坚持商周旧有传统，到引入东周列国新的铜器风格，再到逐渐融汇于秦汉铜器体系之中的复杂的发展演变过程。秦灭巴蜀之前，东周列国新文化因素与四川地区本地传统因素，在四川铜器方面呈现两种文化因素并存的复合文化结构。而到了秦灭巴蜀后，特别是到了西汉初期以后，中原秦汉文化因素就逐渐取代了先前巴蜀文化的因素。

从巴蜀文化铜器到秦汉文化铜器，就是这个文化发展过程的重要实物见证。

（一）铜器特征

四川东周秦汉铜器前后差异非常显著，东周及其稍后的巴蜀文化铜器风格独特，在东周列国铜器中独树一帜；而四川秦汉铜器尽管也有如摇钱树等只见于四川及其周边地区的铜器类型，但铜器的整体面貌无疑属于秦汉文化铜器体系的范畴，区域特色已不那么显著。

四川东周秦汉时期铜器，除了四川彭县致和乡红瓦村铜器群出自窖藏外[1]，其余都出自墓葬。这一时期巴蜀文化铜器基本上都是墓葬铜器，这与西周时期十二桥文化的铜器埋藏有彭县竹瓦街两个窖藏，商代的三星堆文化铜器主要出自广汉三星堆遗址的两个器物坑（埋葬性质存在争议，认为属于祭祀坑的居多）有所不同。窖藏通常是战争引发人们逃离家乡之类特殊历史背景的埋藏，埋藏之物一般是一个家庭单位最为珍视的财富。墓葬则是人们生老病死过程中的必然产物，墓葬随葬之物主要是逝去的家庭成员的部分财富，以及死者家庭按照当时风俗习惯给死者在地下世界使用的程式化物品。巴蜀文化墓葬随葬铜器反映了有一定经济实力的墓葬主人对死后世界使用铜器的追求，却也折射出当时四川社会的铜器功能和使用状况。从巴蜀文化墓葬随葬铜器的区域在不断扩大，墓葬随葬铜器数量也在不断增多，以及铜器出土地点和总体数量远超先前四川各文化的情况来看，巴蜀文化在四川盆地青铜文化发展的进程中无疑是最辉煌的时期。当中原青铜时代已经开始向铁器时代转变的时候，当东周列国铜器使用已经急速减少的时候，四川的青铜时代和铜器使用才达到它的高峰。这是巴蜀文化铜器不同于中国中心地区的一个显著特征。

巴蜀文化铜器的另一个特征是传统守旧与引进创新并存。所谓传统守旧，主要体现在其他地方已经不见的古老铜器种类、造型和装饰，在巴蜀文化中继续使用并发扬光大。如周代前期的铜罍造型和纹样，一直行用到战国中期；尖底铜盏的尖底作风也来自先前的十二桥文化，在巴蜀文化中成为很典型的一种铜器；柳叶形铜剑及铜剑鞘、三角援无胡铜戈、窄叶双耳长骹铜矛至迟在商周之际前后就已出现，但在巴蜀文化中得以广泛使用并得到不断改进。此外，巴蜀文化那套铜炊器的素面做法，也有可能延续自十二桥文化及其相关文化，在陕西宝鸡弴国墓地中就出土了不少素面的尖底和平底铜容器。所谓引进与创新，主要体现在巴蜀文化铜器中突然涌现出了大量楚文化的铜器，并随着楚文化铜器而入的还有晋文化和越文化的铜器，在巴蜀文化晚期甚至连西南徼外的石寨山文化（滇文化）铜器也偶有所见，本图版所收的1987年成都抚琴小区出土铜戈就是典型的石寨山文化铜器。新引进的东周列国文化铜器主要是当时流行的容器，如鼎、甗、铜、豆、盏、敦、壶、缶（尊缶和盥缶）、盂、盘、匜之类。其次是铜武器，巴蜀文化的人们对自己的传统武器有很强的信心，大量使用的是本土传统的武器种类，楚系铜剑（楚系铜剑有时本自吴越铜剑）、长援长胡铜戈和銎叶一体铜矛在战国中期时才逐步引入，并始终没能取代本土同类铜武器的地位（图一）。

巴蜀文化的第三个特色是铜器装饰，这种装饰特色主要又体现在两个方面：一是在中国铜器的装饰流变中，四川先秦铜器较早就把素面铜器作为铜器的重要系列，与铸纹铜器并行。早在西周早期的陕西宝鸡弴国墓地中，弴伯夫妇及其他贵族墓葬随葬的铜器就明显分为基本上是铸纹铜器的中原系铜礼器系列，以及素面的尖底罐、圜底罐等具有地方色彩的四川系铜器系列。以后，这种素面铜容器就成为巴蜀文化铜容器的一个重要装饰特征，釜、甗（釜甑）、鍪、矮柄豆和某些尖底盏等，都是素面而不装饰任何纹样。虽然中原地区诸文化在战国中期

---

[1] 史占扬：《重要的考古成果　珍贵的出土文物——四川古代窖藏琐记》，《四川文物》2002年第4期，第17～21页。

以后也普遍出现器表素净和器表斑斓两种不同的铜器装饰手法,但巴蜀文化铜器更早流行素面铜器,这却是一个不争的事实。二是巴蜀文化的铸纹铜器中,存在着装饰纹样与巴蜀符号共存,二者有机地结合在一起的现象,以至于对于某些装饰单元究竟属于装饰图案,还是属于巴蜀符号,研究者还有不同的认识。如果说战国前期成都三洞桥铜釜器盖上的巴蜀符号与纹饰的结合还不够协调,符号的加入还影响了器盖纹饰的韵律和节奏的话,那么成都金沙巷铜豆器盖上的四组巴蜀符号呈对称排列,与12个花叶纹一起就构成了器盖外圈的和谐图案。在战国后期的巴蜀文化铜兵器上,虎纹、鸟纹等与巴蜀符号的结合更天衣无缝,将符号高度图案化和纹样化,具有很好的装饰效果。

巴蜀文化还有一个显著的特征,就是既有点像纹饰题材

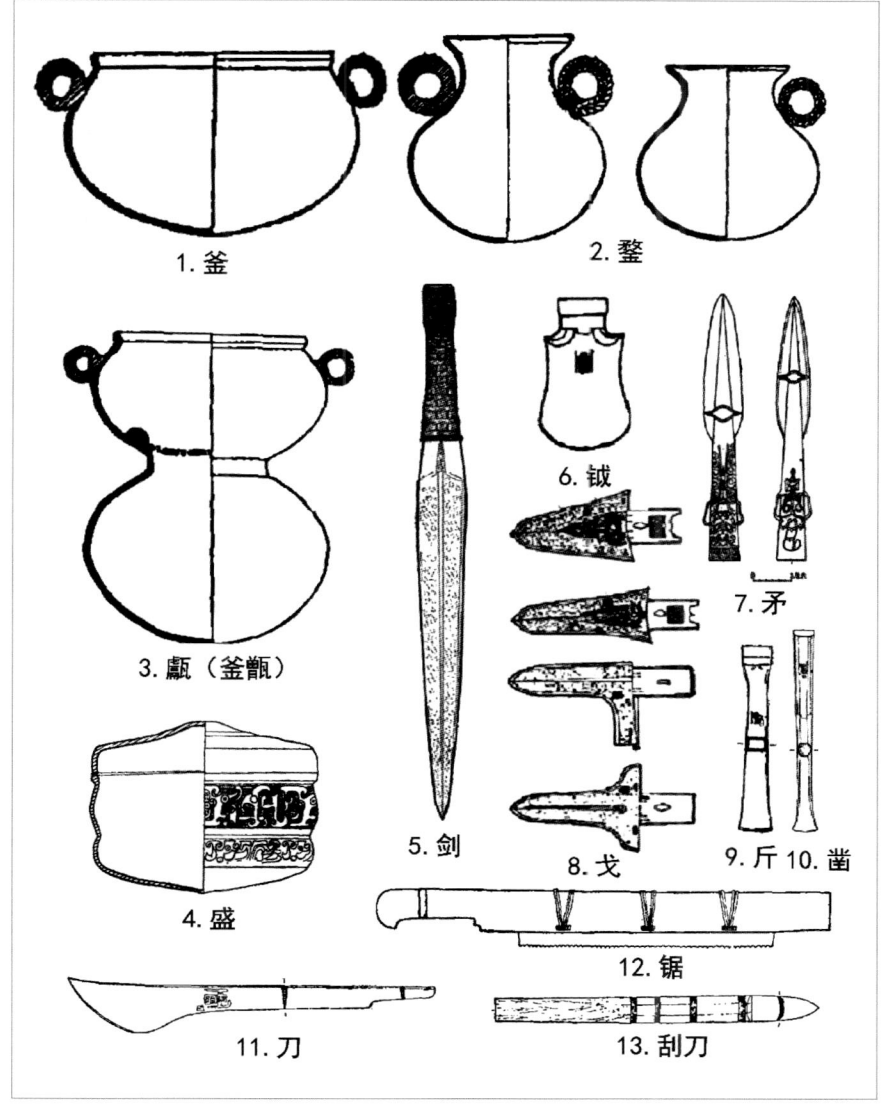

图一　巴蜀文化典型铜器
(除图4盛出自成都西郊青羊宫古墓外,其余铜器均出自新都马家大墓)

的元素,又有点像文字构成符号的字符——"巴蜀符号"。这种巴蜀符号广泛分布在巴蜀文化铜容器、乐器、武器、工具上,并且作为铜印章的印文。巴蜀符号是一种奇异的图形与符号的组合,这种图符组合与通常具有装饰规律的纹样不同,也与通常排列有序的文字相异。对于这种图形与符号的组合,有学者称之为"巴蜀图语",有学者称之为"巴蜀文字",大多数学者还是采用中性的称谓,称之为"巴蜀符号"。通常被归入巴蜀符号的图符组合有两大类:一类是李学勤先生所说的"巴蜀符号甲",符号大小通常不一致,图案化的程度较高,具有一定的装饰功能;一类是李学勤先生所说的"巴蜀符号乙",这类符号的大小相仿,呈现文句状排列,装饰性效果较弱[1]。我个人认为,这两类看似差异较大的巴蜀符号,都出现在巴蜀文化的铜印章上,二者的性质和功能应该具有一致性,都具有某种标识主人身份的意义。

大约从战国后期开始,四川地区铜器上也出现了中原文字,文字本来就具有记录语言的基本功能,却也很

---

[1] 李学勤:《论新都出土的蜀国青铜器》,《文物》1982年第1期,第38~43页。

早就兼有美化铜器的装饰功能[1]，在铜器上铸造或錾刻文字，除了可以铭功记事以传久远或物勒工名以明职守外，也可以给铜器带来一种别样的美感，就如同绘画题名和文字书法一样。由于在秦灭巴蜀以前，只在川渝地区发现极少的带古汉字的中原系铜器，巴蜀文化因素的铜器上还没有带汉文字的现象，汉文字铭文本土铜器的出现是在秦灭巴蜀以后，并随着秦汉在巴蜀地区建立封国和郡县后逐渐流行开来的。战国晚期的四川荥经县同心村1号墓出土的铜矛（见本书150页），矛的造型和纹饰是巴蜀文化传统样式，但骸部却刻有"成都"二字的秦篆，就是一个很好的例子。巴蜀铜器上巴蜀符号至汉字铭文的发展过程，正是中国古代大一统帝国建立过程中行用汉字或统一文字的物质见证。

（二）铜器种类

巴蜀文化铜器大致可以划分为三大类，一类是从晚商和西周延续下来的传统纹样和器形的铜器，如铜容器中的双耳带鼻的圆肩圈足铜罍，铜武器中的扁茎无格柳叶形铜剑、上下双胡的三角援铜戈、窄叶双耳长骸铜矛等；第二类是按照巴蜀文化流行的陶器样式创制的新铜器种类，这些铜器如同陶器一样，通常都是素面，只有少部分有简单装饰，如铜容器中的单耳或双耳的圜底铜釜、单耳或双耳的圜底铜鍪、上甑下釜的联体铜甗（或称作"釜甑"）、盖与器为尖顶或尖底的铜盛（通常称作"盏"）等；第三类是这一时期从四川盆地以东广义的中原地区，也就是东周时期周文化（尤其是楚文化）中引入的新器类，如圈顶器盖置于器口唇部的附耳铜盂鼎、圜顶器盖扣于器身子口上的附耳铜食鼎、上甑下鬲的联体铜甗、上下对称的卵形铜敦、带铺首或提链的铜壶、带环耳的尊缶和浴缶，以及平底的盘和匜等。主要铜器种类有容器、乐器、兵器、工具和印章五种。

1.容器

巴蜀文化铜容器包括了中原系铜礼器及巴蜀系铜生活用器两大类。中原系铜礼器只见于较大的墓葬中，器类有鼎、甗、锜、豆、盏、敦、壶、罍、缶（包括尊缶、浴缶）、盘、匜等，器形基本采自同时期楚文化铜礼器，其中如"邵之飤鼎"等肯定是来自楚王族后裔邵氏的楚器（见本书120页）。巴蜀文化的人们对于中原系铜礼器种类的选择远比以前广泛，但似乎不大怎么讲究套路，除了高级贵族铜礼器可以看出5件一组或2件一组的现象外，其余多显得比较杂乱。几乎凡是出铜容器的墓葬都出巴蜀系铜容器，器类有釜、鍪、甗（釜甑）、豆（碗形）、盆、盘、尖底盛几类，其中尤以釜、鍪和釜甑为多。这些铜容器的组合及形态与巴蜀文化居址和墓葬出土的陶器大致相同，它们是该文化人们主要的生活器皿。巴蜀文化自身铜容器，除了釜、甗、鍪这套铜炊器外，最值得关注的有三类。

一是铜罍，其器物造型和纹饰基本保持了西周中期以前周文化铜罍的旧制，表现出了浓厚的保守性，这或许与铜罍这种器物至迟从十二桥文化起就是四川青铜文化最主要的礼器有关。铜罍的组合，高级贵族也保留了从西周时期彭县竹瓦街窖藏以来的5件一组的组合传统，但组合从原先1大4小（小者两两成对）变为5件大小相同的列器。铜罍的礼仪作用更加突显，已经出土的总共4件带有铜罍图符的巴蜀符号铜印章[2]，都是体量较大的方形铜印（见本书133、138、147页）。可能是礼仪作用的限制，即便是高级贵族也舍不得用实用的铜罍随葬，新都马家大墓腰坑内5件一组的铜罍是专门为了随葬铸造的明器（其余两类明器一为5件铜钟，一为

---

[1] 早在殷墟中期的青铜器上，也就是铜器铭文刚刚出现不久，当时的徽号类型的铭文就已经出现了艺术化的现象。著名的商王武丁的夫人之一的殷墟妇好墓铜器上，"妇好"的徽号就有两种写法，对称繁化的"妇好"二字，采用重复偏旁以达到对称美观的目的。

[2] 这4枚铜印章是：四川新都区马家大墓铜方印、浦江县东北乡M2铜方印、什邡市城关M33铜方印、荥经县南罗坝M5铜方印。见严志斌、洪梅编著《巴蜀符号集成》，北京：科学出版社，2019年，第723、722、763、642页。

5件铜盏）[1]，从一个方面说明了这个问题。战国中期以后，壶和缶（尊缶）这类具有相近盛酒功能的铜器在四川流行，铜罍就几乎不见了。

二是尖底铜盛，或称尖底铜盏、尖底铜盒。由尖顶的器盖与尖底的器身扣合而成，除了成都文庙西街墓这样较早的尖底盛器盖与器身相同（更像是尖底盏的扣合）外[2]，通常为较浅的尖顶器盖和较深的尖底器身扣合而成。尖底盛的器盖如倒扣的尖底盏，尖顶，斜壁下部转曲，与器口相合；器身口部敞侈，直肩双曲，下腹斜收成尖底。浅腹的陶制尖底盏早在商代前后期之际三星堆器物坑中就已出现，深腹的铜制尖底罐在西周时期的宝鸡強国墓地中已普遍存在，但像尖底盛这样的器物却只见于巴蜀文化中。铜制的尖底盛当是模仿陶制的尖底盛，在四川成都指挥街遗址等处，就曾有陶尖底盛的出土。铜制尖底盛在战国早期的四川成都无线电机械工业学校墓、百花潭中学10号墓，以及战国中期的成都市青羊宫墓、石人小区墓和绵竹县清道乡1号墓中都有发现，多成对出现，形态基本相似。尖底盛的用途及用法都还不清楚，它是这一时期巴蜀文化铜器中最具特色的铜容器。

三是碗形铜豆，或称矮柄铜豆。这是一种上部近似深腹钵的尖底盏，下部类似圈形器座的盛食器，都为素面，属于巴蜀文化典型的素面铜器之一。主要出现在盆东岭谷地区年代较晚、规模较大的巴蜀文化墓葬中，在重庆涪陵小田溪1、2号墓和12号墓中，就各出土了一套碗形铜豆，数量组合有2（M2）、4(M1)、8（M12）件一套三种[3]。与碗形铜豆共存的是体量硕大的高柄豆形铜器，与之配套的还有铜夹子或铜勺子，可以判定，高柄铜豆形器应该是一种铜案，案上盛放肉类等食品，碗形铜豆则盛放调味品，可以用铜勺子等夹起案上的食物在碗形豆中蘸着吃。巴蜀文化晚期这些碗形铜豆应该仿自碗形陶豆（当然也可能仿自碗形漆豆），在战国早中期成都平原的巴蜀文化墓葬中就已有碗形陶豆使用，如成都商业街大墓出土碗形陶豆[4]。至于高柄铜案，则有可能仿自高柄漆案，我曾经讨论过商业街大墓出土漆案的原貌及用途，认为它可能与小田溪高柄铜案属于一类器物[5]，当然这只是一种推测。

2. 乐器

巴蜀文化的铜乐器的数量和种类都不多，只见镈[6]、钟、钲、錞于四种。

早在三星堆文化末期的两个器物坑中，就已经可见大量的铜铃。这些铜铃有古老的单銎铃，也有从单銎铃发展而来的双銎铃，还有各种鸟形或花形的铜铃。不过，这些铜铃是只依靠型腔内的悬舌来发出较小响声的小型响器，还不是可以从型腔外敲击发出较大响声的大型铜乐器。在中原地区，商代晚期已经出现了成套的打击乐器——编"铙"；西周晚期就已经形成8件一组、具有第二基音标志、可以演奏乐章的铜编钟。四川地区夏商、西周时期的铜器深受中原及关中地区的文化影响，但古蜀人对外来的这些铜器种类是有选择性接收的，没有选择黄河流域当时的打击铜乐器。东周时期，尤其是春秋中期开明氏蜀国建立以后，受楚文化影响，制礼作乐，

---

[1] 新都马家大墓原简报说："有些铜器如罍、编钟、三足盘形器和豆形器等不很完整，经我馆修复同志观察分析，认为残口较圆，不是年久氧化所致，可能是当时赶制这些器物，由于铜液不足而使器体残缺。""罍身有铸造时因铜液不足而留下的缺孔。"见四川省博物馆、新都县文物管理所：《四川新都战国木椁墓》，《文物》1981年第6期，第1～16页。

[2] 成都市文物考古研究所：《成都市文庙西街战国墓葬发掘简报》，《成都考古发现2003》，北京：科学出版社，2005年，第244～265页。

[3] 四川省博物馆、重庆市博物馆、涪陵县文化馆：《四川涪陵地区小田溪战国土坑墓清理简报》，《文物》1974年第5期，第61～80页。重庆市文化遗产研究院、重庆市涪陵区博物馆、重庆市文物局：《重庆涪陵小田溪墓群M12发掘简报》，《文物》2016年第9期，第4～27页。

[4] 成都市文物考古研究所：《成都市商业街船棺、独木棺墓葬发掘报告》，《成都考古发现2000》，北京：科学出版社，2002年，第78～136页。

[5] 孙华：《商业街大墓的初步分析——成都市商业街大墓发掘简报读后》，《南方民族考古》第六辑，北京：科学出版社，2009年，第69～98页。

[6] 铜器定名中的"镈"，是一个约定俗成的名称，迄今没有证据可以证明那时人们如何称呼这种合瓦形平口打击铜乐器。

逐渐引入了铜乐器作为礼乐用器。目前四川发现最早的铜乐器是茂县牟托一号墓（包括三个陪葬坑）出土的铜镈、钟和钲[1]（图二），其中有的铜甬钟和钮钟年代可以早到春秋中晚期，晚的也不晚于战国中期。茂县牟托一号墓位于成都平原西北的岷江上游，墓葬形式、随葬陶器和一些铜武器及饰件都属于当地石棺葬传统，但包括铜乐器在内的这些高等级外来铜器则应该来自其下游的成都平原。认为四川地区的打击铜乐器出现在春秋中晚期，是那时从长江中游的荆楚地区辗转传入成都平原，再从成都平原传播到包括岷江上游茂县一带，应该是具有较高可信度的推测。

不过，在相当长一段时期内，巴蜀文化的人们使用铜乐器似乎都不普遍，在战国晚期以前的巴蜀文化墓葬中，只有战国中期偏晚的新

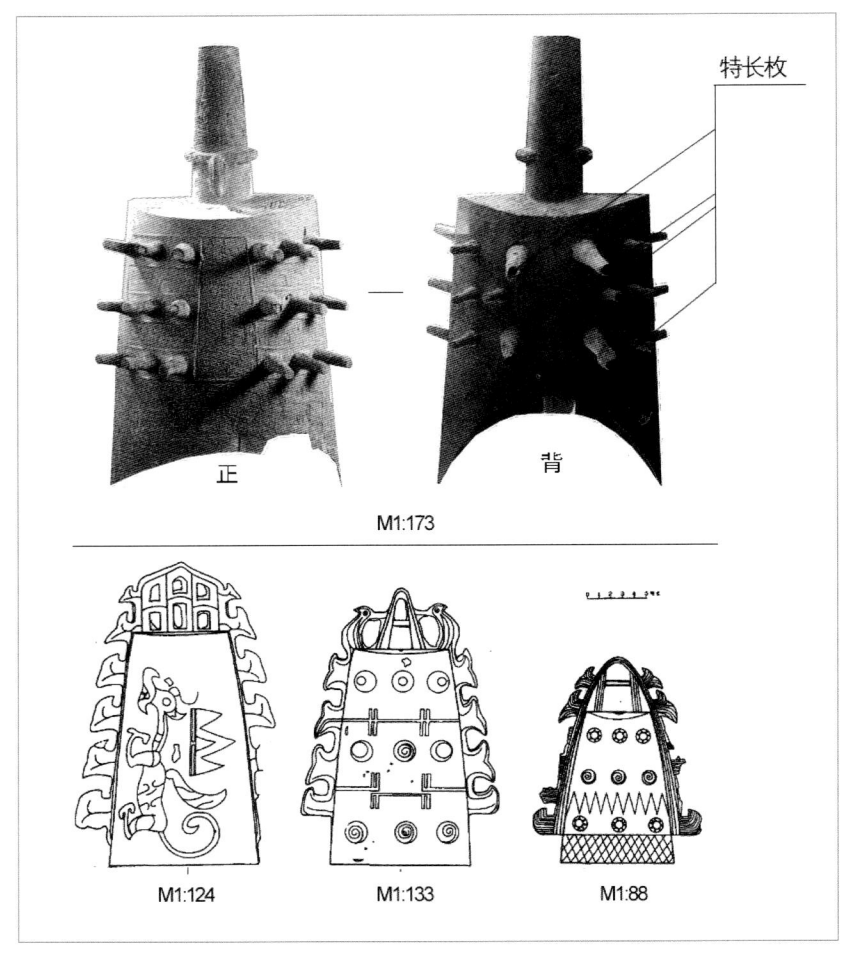

图二　巴蜀文化的铜乐器（均出自茂县牟托1号石棺墓）

都马家大墓腰坑出土了5件一套的铜编钟明器[2]。东周时期的铜编钟一般为8至15件一组，5件一组的铜编钟应该是沿用了古蜀国的用器传统。铜编钟本来是挂在架子上的打击铜乐器，古蜀人将铜编钟从架子上取下来，改造成放置在地上或几案上的编钟，从而使得这种成编的打击铜乐器成为徒具礼乐形式的陈设。为了使铜编钟前的人们能更好地看到放置在地面或矮几上的这些编钟，蜀地的工匠有意识地加长了铜钟背面的四根"枚"，使之起到器足的作用，其细部形态与使用方法已经与东周列国的铜编钟迥然异趣。直到秦灭巴蜀以后的一段时间，中原地区通行的铜编钟使用方式可能才得到采用，重庆涪陵小田溪M1出土的带钟架的14件一套错金铜编钟就是目前所知唯一的例子（本书164～165页）。

铜乐器比较普遍地使用是在战国晚期至西汉初期，流行地区主要在原属巴地的盆东岭谷地区及附近的鄂西和湘西地区。战国末至西汉初的重庆涪陵小田溪墓地，是一处秦灭巴蜀后等级较高的巴遗民墓地，墓地的较大型墓葬保存较好，其中等级最高的墓葬（M1）随葬一套14件的错金铜编钟，另有铜钲1件。等级次之的墓葬（如M2、M12等）随葬铜甬钟1件、钲1件、錞于1件，这是巴地及其周围地区当时较高等级贵族墓葬较为普遍的乐器组合，具有区域地方特色。

---

[1] 茂县羌族博物馆、成都文物考古研究所、阿坝藏族羌族自治州文物管理所：《茂县牟托一号石棺墓》，北京：文物出版社，2012年。
[2] 四川省博物馆、新都县文物管理所：《四川新都战国木椁墓》，《文物》1981年第6期，第1～16页。

3. 武器

武器是巴蜀文化铜器中富于特色的器物种类，几乎所有的铜器墓都随葬有武器，从中可见巴蜀文化人们的尚武精神。武器的种类主要有剑、戈、钺、矛、铍、镞等，另有无郭弩机，只见于战国晚期以后，当为秦人传入。铜剑有巴蜀扁茎剑（柳叶剑）和中原圆茎剑两型，在新都马家大墓腰坑铜器群中，这两种剑各为5件，显现出那时蜀国高级贵族的用剑时尚。扁茎的柳叶剑是三星堆文化末就出现的四川地区固有剑型，但在巴蜀文化中数量大增，成为主要剑型。铜戈多无胡或中胡，无胡戈的援部又多作三角形，其形制与商周之际前后的铜戈颇为类似。有胡戈中有一种上下出短胡的双胡戈，上下对称，它处罕见，颇有特色。中胡戈中除了上端出短胡的外，即使通常造型的中胡戈，其胡栏下端有后勾的凸齿，这在中原列国的铜戈上也罕见。铜钺均为銎内钺，銎主要是方銎，体腔中空似袋，故被形象地称作"烟荷包式钺"。铜矛也有两类，一类是巴蜀文化传统的骹叶分明、双弓形耳的铜矛，一类是当时中原列国通行的骹叶一体、单耳或无耳的铜矛，后者数量不多，巴蜀文化的人们还是习惯使用本土传统的旧样式。在巴蜀文化铜武器中，柳叶剑和多种类型的铜戈是延续时间长，数量多，变异大的器类，引起了研究者的广泛关注[1]。这里仅对柳叶剑略作叙述。

巴蜀文化柳叶剑属于扁茎剑的一种。这种剑由剑身和剑茎两部分组成。其剑身刃部从后向前逐渐收聚形成前锋，两刃有锷（刃缘），剑有中脊，两从有血槽。其剑茎为前宽后窄的扁茎，脊或有或无，一侧或中央有圆穿，穿多为两个，也有单穿的铜剑。剑茎用两块木板或竹片夹合，其外缠绕着线绳（侯），有的还髹以黑漆，如新都马家大墓柳叶剑。剑均为青铜铸制，工艺比较精良。不少柳叶剑身多有所谓"豹斑纹"，剑身后部的一般有"巴蜀符号"等装饰，两面的装饰通常有别，最常见的主题图符是一面为虎纹，另一面为"手心纹"。根据剑的使用方式和形制长短，可以分为两类：第一类为剑身较长的短距离击刺和砍伐用兵器。这类剑数量最多，占巴蜀文化柳叶铜剑的90%以上。剑一般长度在30厘米左右，并且年代越晚，剑体越长，长者如涪陵小田溪1号墓的一柄柳叶剑，其长度达66.5厘米。这与中原系铜剑和吴越系铜剑的发展演变规律相同。第二类为剑身较短的远距离遥掷和近距离防卫用兵器。这类剑多插在铜制或其他材质的剑鞘中（我相信，皮木的短剑剑鞘一定比铜质剑鞘多）。鞘有单剑鞘和双剑鞘两种，前者如绵竹县出土的金错铜剑鞘，该剑鞘仅余鞘盖，整体形制不明；后者如成都西郊墓、三洞桥墓铜剑鞘，其形如袋，两个剑室并列，两旁有附耳。有的柳叶铜短剑的剑鞘上还可以插挂小刀等工具，如成都青白江双元村铜双鞘剑（见本书108页）。在巴蜀文化铜器中还有少量在剑身与剑茎间加装了剑格的所谓"改装剑"。这类兵器有的可能确为模仿中原系或吴越系而改装的柳叶剑，但有的兵器根据出土现象分析，原来应是加装有扁圆形长柄的铜铍，1955年在宜宾市三谷祠征集的所谓柳叶剑就属后者。改装型柳叶剑和铜铍均只见于战国晚期至西汉初期。

4. 工具

铜工具是巴蜀文化铜器的一个特色，不少巴蜀文化的墓葬都要随葬一套铜工具，规模越大的墓葬，随葬铜工具也越多，越成套路。工具种类有斧、斤、凿、刀、削、锯、锥等类。其中方銎长体的斤、前部向一侧弯曲的曲头斤、前锋宽阔的阔首刀等，是具有巴蜀文化特点的铜工具。

在出土铜工具的巴蜀文化墓葬中，除了被破坏严重的成都商业街大墓外，新都马家大墓是目前所知巴蜀文化最大的墓葬，墓的腰坑中共有铜工具55件（不计容易与武器混淆的铜斧），其中斤5、曲头斤5、凿20（大

---

[1] 参看江章华：《巴蜀柳叶形剑研究》，《考古》1996年第9期，第74～80页；井中伟：《川渝地区出二铜戈及相关问题研究》，《边疆考古研究》第四辑，北京：科学出版社，2006年，第70～99页。

5+5、小5+5）、阔首刀15（宽、中、窄各5）、刻刀5、锯5[1]。铜工具的数量相当可观，且呈现规整的5件一组的组合。小于马家大墓的宣汉罗家坝M33有工具41件，其中斤3、曲头斤3、凿9（2+3+3+1）、锥7、阔首刀6（宽3窄3）、环首刀4（2+2）、翘锋刀1、刻刀4、锯4[2]。大致与罗家坝那座墓相当的还有绵竹清道三队船棺墓（M1）共有工具33件，其中斤3、凿11（4+4+3）、阔首刀4（宽2窄2）、环首翘锋刀2、环首垂锋刀8、锯5（单面锯4，双面锯1）。[3]这两座墓的铜工具数量少于新都马家大墓，各类工具的数量组合没有那么整齐，4件、3件或2件都有。其他墓葬随葬的铜工具总数通常都在10件以下，达到10件的如成都百花潭中学10号墓有凿4（2大2小）、阔锋刀4（宽2窄2）、环首翘锋刀2，2件一套的组合也很明显[4]。而在随葬10件以下工具的墓葬中，一般呈现1件配2件的组合，或全是1件的组合。拥有工具的数量和套数，应该与身份等级相关。

巴蜀文化墓葬使用成套的铜工具随葬，其用途和用意可能与墓主人生前拥有和试图死后继续使用有关。在东周列国文化的墓葬中，使用成套的铜工具随葬的现象较少，主要见于与巴蜀文化关系密切的楚文化墓葬中。如河南信阳市长台关1号墓出土的铜工具共10件，计有铜锯1、锛1、削2、夹刻刀2、刻刀3、锥1。这些铜工具与毛笔和笔管一起放置在一个带四足的长方形小木箱内，应该是一套文具。这套文具专门用作整治竹简木牍一类书写材料：用锯可将简牍锯割整齐，用锛可将简牍刨制平整，削刀则用以刮光简牍，刻刀可以在简牍上刻划记号和刮去错误的字句，锥则可以在竹简钻孔从而将简编组册。巴蜀文化这些铜工具，其用途还有待进一步的探究。

5. 印章

铜印章是巴蜀文化铜器中数量较多，很有特色的一种铜器。在春秋时期的巴蜀文化墓葬中，还没有铜印章的发现。最早的铜印章发现于战国早中期之际的成都商业街大墓中，该墓出土的2件铜印章体为方板状，钮不高，印文是简单的几何形折线。战国中期后段的新都马家大墓出土的2件铜印章，其中一件保持着先前商业街大墓铜方印的总体特色，但巴蜀符号的印文已趋于复杂，作两人抬舆，其上两钟图形之间有甲衣形中心图符；另一件平面轮廓近似圆形的铜印章，两侧对称的圆形镂孔，使得整个印章的平面形态好似连体钺一般。战国晚期至秦代，巴蜀符号的铜印章非常流行，印章的平面形态有方形、矩形、圆形、山字形等；立面形态的印体普遍加厚，印钮有半环钮、兽形钮和柱形钮几种；印文布局和符号种类也多种多样。从巴蜀文化铜印章的发展演变状况来看，铜印章应该是首先流行于成都平原，以后才流行用于四川其他地区；首先使用铜印章的是蜀国上层贵族，之后才推广至下层贵族和武士阶层；铜印的形态和巴蜀符号印文可能有等级的差异，方形和连钺形等级较高，长方形和圆形等级较低。至于这些铜印章的使用方式，应该与中原地区战国铜印一样，都是压印在封泥上面，以标表身份等级。

巴蜀文化铜印出现的时间在战国早中期之际，与中原诸国古玺出现时间基本相当，巴蜀符号铜印章的出现，究竟是受到中原地区古玺的影响，还是自己独立的创造，还需要做进一步的研究。不过，自从巴蜀符号铜印章出现以后，在四川盆地传布很快，不少巴蜀文化的墓葬都要随葬巴蜀符号铜印章，随葬铜印章的比例远高于同时期中原地区。直到汉字逐渐流行，西汉初期以后，巴蜀符号铜印章才基本消失。

---

[1] 四川省博物馆、新都县文物管理所：《四川新都战国木椁墓》，《文物》1981年第6期，第1～16页。
[2] 四川省文物考古研究院等：《宣汉罗家坝》，北京：文物出版社，2015年，第162～167页。
[3] 四川省博物馆：《四川绵竹县船棺墓》，《文物》1987年第10期，第30～31页。
[4] 四川省博物馆：《成都百花潭中学十号墓发掘记》，《文物》1976年第3期，第40～46页。

二、铜器的分期与年代

四川东周秦汉铜器主要出自墓葬,墓葬铜器是一种随葬品,除了墓主生前拥有的实用铜器外,有时还会有专门为了礼仪或其他目的铸造的非实用器(明器)。如四川成都金沙遗址黄河地点 M587 等墓葬出土的铜兵器[1];再如四川新都马家大墓腰坑埋葬铜器尽管基本上都是实用铜器,却也有三套 15 件铜器属于非实用器[2]。成都平原铸造非实用的仪式化铜器的传统也可以追溯到更早的时期,三星堆文化的三星堆器物坑和十二桥文化的金沙遗址祭祀区,都曾经出土仪式化的铜棘刃无胡戈等铜器。不过,在整个巴蜀文化墓葬铜器中,年代偏早的墓葬非实用铜器稍多,而年代偏晚的墓葬非实用铜器就很少了,这个现象正好说明,随着社会的发展,巴蜀文化铜器的使用日益普遍,早期可能还比较珍贵的铜器,到了后来就不是那么珍贵,可以使用数量较多和质量较好的实用铜器放入死者的墓葬中。由于巴蜀文化墓葬铜器绝大多数都是实用器,尽管墓葬具有一定的保守性,铜器种类和风格的变化也不如陶器那样迅速,但是随葬铜器通常也还是当时的流行样式,并随着时代的推移,随葬品种类和形式会逐渐变化。根据现有的考古材料,结合铜器分期和文化结构研究的成果,四川东周秦汉铜器大致可以西汉初期为界,划分为巴蜀文化铜器和秦汉文化铜器两个文化期,尽管在前者的偏晚阶段,秦汉文化因素铜器的比例已经越来越高。这里仅对巴蜀文化铜器的分期演变略作阐述。

从春秋中期至西汉初期,巴蜀文化的铜器风格也在不断发生变化,其中最大的变化一是发生在春秋战国之际,二是发生在秦灭巴蜀后的一段时间(大致在秦灭周室前后),从而可以将巴蜀文化铜器分为三期。

(一)前期:春秋中晚期(公元前 600~公元前 450 年)

这时期仍然处在四川青铜文化发展的低谷时期,已经发现的遗址和墓地的数量不多,出土铜器的数量自然也就较少。出土铜器的墓地集中在四川成都旧城周边,典型铜器集群只有四川成都金沙遗址黄河墓地[3]、星河路西延线墓地[4]、青白江区双元村墓地早期墓葬铜器[5] 等很少几处。典型铜器群如金沙遗址黄河地点 M587、金沙遗址星河路西延线地点 M2725 铜器群等。这时期的巴蜀文化墓葬一般不随葬铜容器,零星出土的铜容器如鼎、盏也均为典型的楚文化铜器,且年代都在春

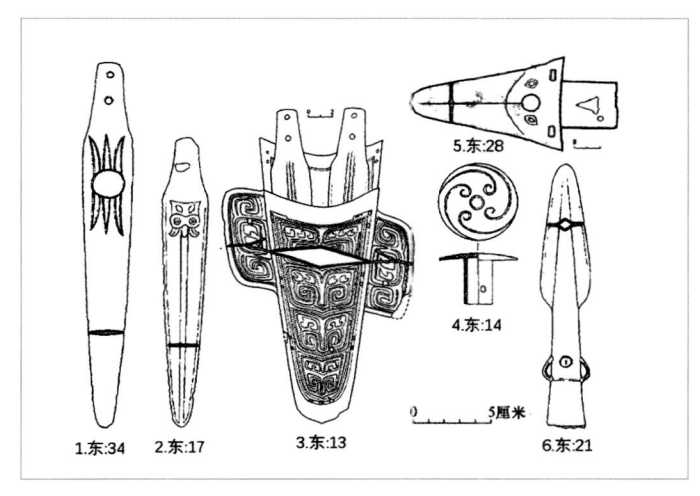

图三 巴蜀文化前期铜器群举例(均出自金沙星河路西延线 M2725)

---

[1] 成都文物考古研究所:《成都市金沙遗址"黄河"地点墓葬发掘简报》,《成都考古发现 2012》,北京:科学出版社,2014 年,第 177~217 页。
[2] 四川省博物馆、新都县文物管理所:《四川新都战国木椁墓》,《文物》1981 年第 6 期,第 1~16 页。
[3] 成都文物考古研究所:《成都市金沙遗址"黄河"地点墓葬发掘简报》,《成都考古发现 2012》,第 177~217 页。
[4] 王林、周志清:《金沙遗址星河路西延线地点发掘简报》,《成都考古发现 2008》,北京:科学出版社,2010 年,第 75~140 页。
[5] 卫昕:《青白江区双元村四川最大春秋战国墓葬群又有重大发现》,成都全搜索,http://news.chengdu.cn/2018/0328/1961154.shtml,2018 年 3 月 28 日。

秋晚期，巴蜀文化典型的素面圜底铜容器在这时期还没有出现。属于这时期的铜乐器在四川盆地内的巴蜀文化区还没有发现，却在四川盆地边缘的茂县牟托一号石棺墓有这时期铜钟和铜镈出土，从同出的3件战国早中期的铜镈带有典型的巴蜀符号等现象看，这些铜乐器应该是在后一个时期通过某种方式从成都平原地区输入岷江上游的物品，春秋中晚期的巴蜀文化区也应有这些铜乐器。铜武器则全是当地蜀文化的传统，蜀系的剑、戈、矛、斧这些器类已经成为一些墓葬随葬的常用武器种类。铜剑均为柳叶形无格扁茎剑，剑体较短，都在30厘米以下，并有延续自十二桥文化的双短剑插在一个铜剑鞘中的做法（图三）。总之，这一时期巴蜀文化铜器主要体现了四川盆地的传统延续性，铜器数量和种类较少，典型的巴蜀文化素面圜底铜容器、巴蜀符号铜印章、"豹斑纹"的铜武器表面处理工艺和巴蜀符号都还没有出现，巴蜀文化铜器的特色还在形成中。

（二）中期：战国时期（公元前450～公元前250年）

这是典型的巴蜀文化铜器风格呈现时期，墓地和墓葬数量增加许多，出土铜器数量大幅度增加，成为四川铜器发展的高峰。这一时期出土巴蜀文化铜器的墓葬分布，已经从成都周边逐渐扩展到整个四川盆地，北面甚至超越四川盆地抵达秦岭南麓。出土铜器的典型墓地如四川成都百花潭墓地、绵竹城关墓地、宣汉罗家坝墓地、重庆云阳李家坝墓地等。无论大型墓还是小型墓，通常都会随葬素面的釜、甗（釜甑）、鍪这类巴蜀系素面铜容器，讲究一些的还会随葬铜罍、尖底盏等传统铜容器或基于传统陶器制作的铜容器。中原列国文化铜容器，主要是楚文化作风的铜器，如鼎、甗（釜鬲）、鍸、敦、缶（包括尊缶、浴缶）、壶、盘、匜等也出现在比较高等级的墓葬中。铜武器和工具在这时期已经相当普遍，一般巴蜀文化的墓葬中都会随葬一套或多套铜武器和铜工具。武器组合通常为剑、戈、矛、钺，其中所谓"烟荷包"钺是新流行的武器；柳叶形剑的剑体普遍变长，除了那种双剑（可能还有多剑）同鞘的掷剑外，剑的长度多超过了30厘米。铜工具的组合为斧、凿、锯、刀和刮刀，其中阔首刀很有特点。铜印章在这个时期出现并逐渐广泛使用。作为装饰纹样并具有特殊含义的巴蜀符号已经普遍使用，"豹斑纹"的铜武器表面处理工艺和"圆斑纹"的装饰工艺都已出现并在武器上常见。根据铜器类型和形态的变化，可以分为前后两个阶段：

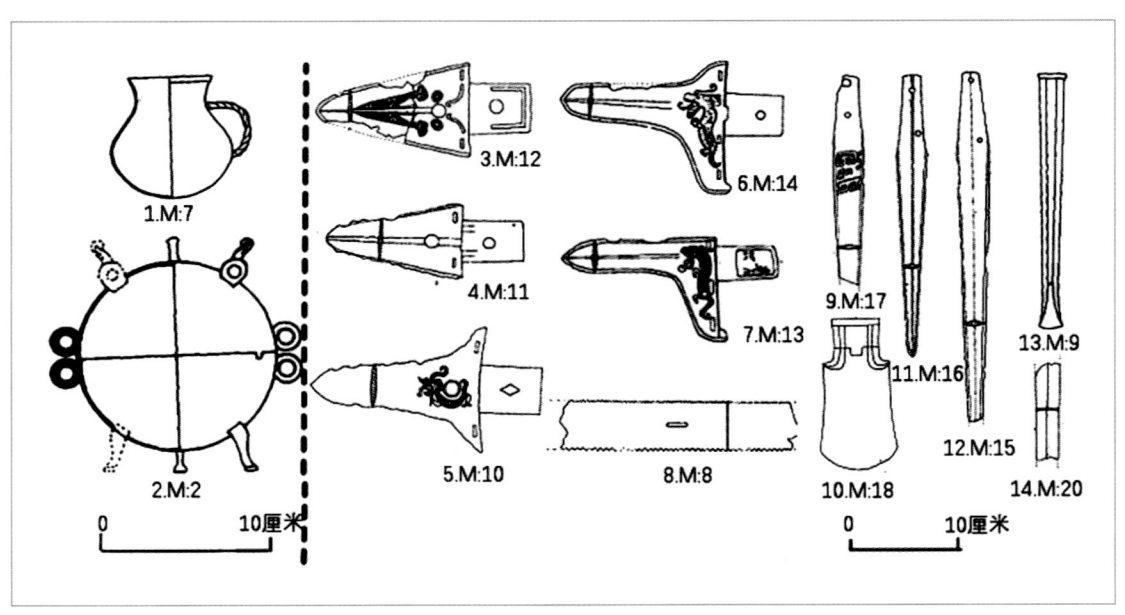

图四　巴蜀文化中期早段铜器群举例（均出自成都中医学院墓）

早段：战国前期，绝对年代相当于公元前450～公元前350年。这一阶段出土铜器的墓地和墓葬比上一期有了显著增加，但却比不上本期晚段数量那么多和普遍。典型铜器群如成都百花潭中学10号墓、成都中医学院古墓铜器群、成都无线电机械学校古墓铜器群、宣汉罗家坝M33铜器群等。这一阶段的铜容器中可以见到楚系铜和盏，楚系鼎具有与同时期长江中下游楚地同样的三足外撇的做法；铜釜甑一般为联体型，其腰部较粗短；铜敦一般上半和下半有所区别，下半通常为三个小蹄足。铜武器中的铜剑

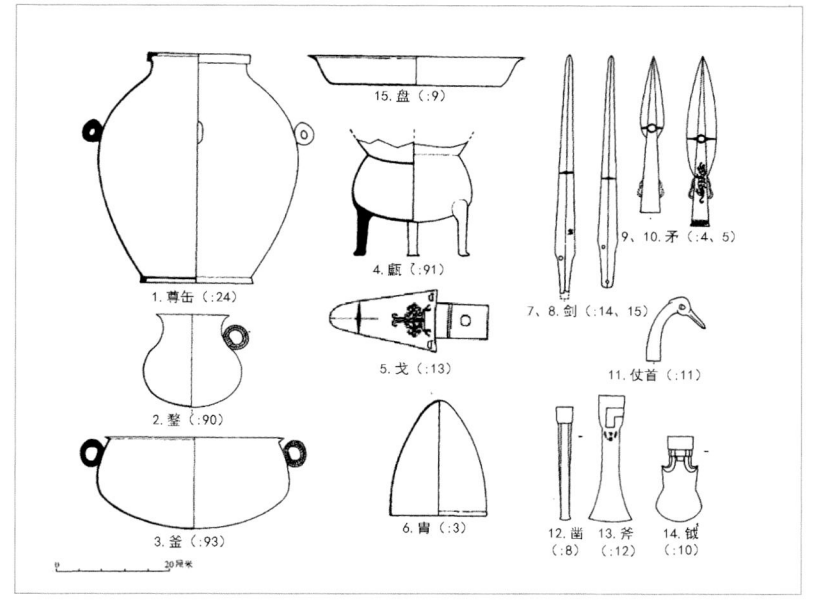

图五　巴蜀文化中期晚段铜器群举例（均出自成都新一村M1）

还只有传统的扁茎无格柳叶剑，几乎不见圆茎有格的楚式剑（吴越式剑）；烟荷包钺的体形较短，銎口箍带较窄，钺身两侧也较直。铜工具中，椭銎扇形斧已经出现，但形式和数量都较少（图四）。巴蜀符号铜印章还不流行，只在等级很高的社群中使用，如成都商业街大墓出土几何符号铜印章。铜器装饰除了外来样式如铜容器上的蟠螭纹、蟠虺纹等外，自身铜武器上仍然以单元较大的单个虎纹、鸟纹等相对具象的动物纹样，以及连体鱼纹等相对抽象的纹样为主。巴蜀符号已经流行，但多为虎纹、鸟纹下加注简单的符号组成，另有简单的可能代表家族、氏族或职业的徽识。

晚段：战国后期，绝对年代相当于公元前350～公元前250年。这个阶段是巴蜀文化铜器发展的高峰阶段，出土铜器的墓地和墓葬比前一个阶段数量更多，分布也更广，就连云贵高原边缘的云南水富县也出现了随葬铜器的巴蜀文化墓葬。不过，在前一阶段曾经出土巴蜀文化铜器的陕西汉中和安康地区，已经没有巴蜀铜器的出土[1]。典型铜器群如新都马家大墓腰坑铜器群、1976年绵竹清道M1船棺墓铜器群、成都新一村M1铜器群等。这一阶段除了延续前一阶段的主要文化因素外，还出现了一些百越文化因素的铜器，秦文化的因素从无到有逐渐增加。铜容器除了先前延续下来的传统的铜釜、甗（釜甑）、鍪外，先前和当时从楚地传入的鼎、甗（釜鬲）、缶（包括尊缶、浴缶）、壶、盘、匜仍继续使用，但铜铜已经不见。铜釜甑的造型由先前釜甑连体变为分体，腰也变得较为瘦高；铜敦的上半和下半造型相同，小蹄足变成与钮相同的云形足。铜武器种类大体与前一阶段相同，但传统的一鞘双剑式铜短剑已基本消失，出现了圆茎有格的楚式剑。铜工具中扇形斧开始流行，斧身也变得宽短（图五）。巴蜀符号铜印章和巴蜀符号都变得普及，形式和符号也多种多样。

（三）后期：战国末期至西汉早期（公元前250～公元前200年）

这一时期是巴蜀文化铜器传统仍然延续的时期，却也是秦汉文化铜器因素不断增强的时期，最终秦汉文化

---

[1] 陕西汉中市石英砂厂的战国墓和安康紫阳县白马石战国墓，其年代都在战国中期偏早阶段，属于巴蜀文化铜器分期的第二期早段。在汉中盆地零散出土的巴蜀铜武器，其年代也属于这个阶段。

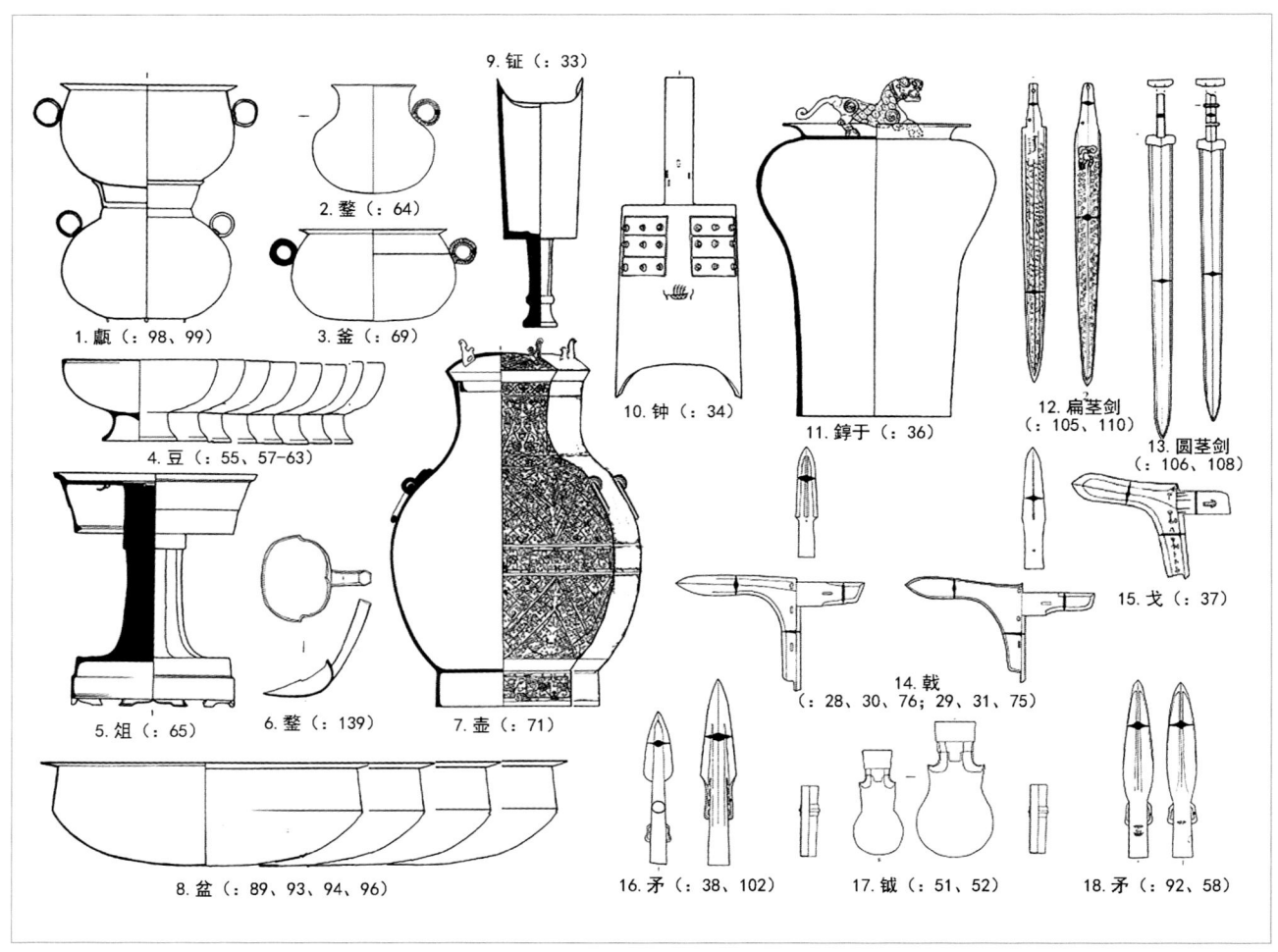

图六　巴蜀文化晚期铜器群举例（均出自小田溪M12）

的因素取代了巴蜀文化的因素。出土铜器的典型墓地如四川广元宝轮院船棺墓地、重庆巴县冬笋坝船棺墓地等。四川成都羊子山172号墓、渠县城坝45号墓、涪陵小田溪1号墓等可以作为出土铜器群的代表。该期铜器巴蜀文化的因素在逐渐弱化，传统样式兵器如三角援戈、双翼形戈、胡尾后勾的中胡戈等器类趋于消失；楚文化因素也随之减少，秦文化因素逐渐增多。器类中已不见巴蜀文化传统的铜罍、尖底盛等器型。铜甗（釜甑）除了分体式等特征外，釜部底变平且有三短足。铜兵器中的柳叶形剑出现了一定比例的加格（护手）的改装剑；铜钺形体和鋬套更长，刃部凸如圆饼（图六）。铜工具中上期流行的阔首刀在此期基本不见。铜器素面风格更加多见。继续盛行巴蜀符号，符号种类繁多，但汉字已经开始出现。

　　我们知道，在战国中晚期，中原列国文化区普遍出现了铁器和漆木器取代铜器的主要使用领域的变化，传统铜礼乐器急剧减少，只有鼎、壶等少数传统器类得以保留，并且这些保留器类的数量、体量和组合也都与先前全然不同。巴蜀地区尽管在战国中期偏晚阶段已纳入秦国版图，但由于作为中原列国之一的秦国本身就处在新旧制度变化的过程中，可以作为巴蜀文化选择对象的秦文化铜器种类本来就很有限，再加上秦国在巴蜀地区采取的一些极具针对性的政治军事措施的影响（这在本文下一节中会谈到），本来出在四川铜器发展最高阶段巴蜀文化铜器，在相当长一段时间内仍然保持着它既有的发展轨迹，直到东周中原列国文化区完成了周文化到秦汉文化转化以后，才随着整个秦汉文化区铜器风格的形成而发生变化。

至于四川秦汉文化的铜器，比起巴蜀文化铜器来说，数量已经减少，这与铜器在当时社会生活中角色的变化是分不开的。铜器按用途大致可以分为饮食用器、起居用具、作战武器、舆服用具、娱乐用器、度量衡器、迷信用品等种类。饮食用器有少量传统的铜礼器，如铜鼎、甗（釜甑、鼎甑）、盛、壶等，更多的新流行的日用铜器，如盆、樽、槛（钾）、钵、杯、案等，即使传统的壶类也有不少新的变化。起居用具包括照容的铜镜、照明的铜灯、燃香的铜熏炉等，这是秦汉文化铜器中最具创造性的器类，有不少很有个性的艺术杰作。四川成都青白江跃进村4号墓鸟兽合体形铜熏炉、汉源胡人形座铜灯、芦山大同村四兽跪人铜灯座（见本书190～191页），都是具有时代和地方特色的铜器作品。作战武器虽然绝大多数为钢铁制品，但弩机等仍为铜制。舆服用具包括了实用的铜制的车马器和带具，以及作为仪仗的车、马、俑等模型，其中两汉时期四川地区的人们对于马的形象的表现尤其纯熟，除了用木、陶制做了不少很好的马的模型外，也用分段铸接的手法制作了一些铜质马和车的形象。四川资阳兰家坡墓地西汉铜马车（见本书188～189页）、绵阳何家山2号墓东汉铜马及牵马人（见本书203页），都是具有代表性的铜车马模型。娱乐用器主要还是传统的铜乐器，如钟、钲、錞于等，如重庆奉节青龙包出土的西汉中期虎钮铜錞于[1]。度量衡器是秦汉铜器的重要类型，四川也有出土，郫县征集的"都市平"铜方量（见本书202页）、汉源征集的环耳铜圆量，都是其例。迷信用品中最具有四川特色的铜制摇钱树，这些铜制摇钱树是与陶制摇钱树座配合的铜陶复合器具，表现了制作和使用这些摇钱树人们的宗教观念、生死观念和财富观念。摇钱树在东汉早期以前还没见到，东汉中晚期开始流行，从成都平原地区沿着交通线传布到当时汉代益州管辖的四川盆地及其周边地区，北至秦岭北口的宝鸡，南至云南高原的曲靖，都有摇钱树出土。三国时期，摇钱树继续使用，但西晋统一以后，这种习俗就逐渐式微，只在边远地区还偶有发现了[2]。

三、铜器现象的历史系连

巴蜀文化铜器的三个发展时期，反映了春秋中期至西汉初期四川铜器风格从形成到消亡的发展过程，这个发展过程及其所反映的铜器的阶段性风格变化、文化因素的变化以及分布空间的变化等，与巴、蜀两国的历史发展进程有着密切的关系。揭示这些现象所反映的历史背景，是巴蜀文化铜器研究的重要内容。

巴蜀文化，是以四川盆地先秦时期古代国名命名的文化，带有强烈的历史色彩。那么，对于巴蜀文化铜器，人们首先会提出的问题就是，既然根据历史文献的记载，巴和蜀分别是地处四川盆地西部和东部的两个不同的古国，这两个国家、族群或文化的铜器有没有差别呢？换句话说，我们可以从巴蜀文化铜器中区别出何为巴的铜器，何为蜀的铜器吗？过去的研究者曾经根据巴、蜀两国历史地理的分区，对巴蜀文化铜器的国别进行过个别案例的论定。不过，巴国在历史文献中的记录不多，战国时期的历史记载尤其缺乏，其国都还屡次迁徙，从四川盆地的长江干流地区迁徙到了长江支流嘉陵江流域的中游地区，从盆东岭谷地区的西南端转移到盆中丘陵地区的东北部，如果墓葬铜器群的埋藏时间和空间与巴蜀不同历史时期的疆土对应不上就容易出现判断的错误。20世纪50年代重庆巴县冬笋坝船棺墓发现后，由于墓地位置正好在文献记载的巴国国都附近，墓葬及其具有地方性的巴蜀文化铜器被理所当然地认为属于巴人，而对巴国后期都城已经不在重庆巴县（古江州），以及这

---

[1] 见严志斌、洪梅编著《巴蜀符号集成》，北京：科学出版社，2019年，第906页。
[2] 参看何志国《汉魏摇钱树的初步研究》，北京：科学出版社，2007年。

些墓葬都是秦灭巴蜀以后的遗存等所具有的多种可能性考虑不足。随着大量古蜀国存在时期的船棺墓在蜀国都城成都及其周边地区陆续发现，冬笋坝船棺墓地应该属于蜀人遗民的墓葬已经成为主流观点。这就是一个值得吸取的教训。

根据《蜀王本纪》《华阳国志》及《史记》的记载，在秦惠文王后元九年（前316）灭巴蜀以前，四川盆地东部为巴国所据，西部为蜀国所有。秦灭巴蜀后，在蜀地三封蜀侯，在一段时间内对蜀地还是采取间接统治的办法。这种历史背景以及其他一些缘故，巴蜀固有的文化传统并未因秦灭巴蜀而立即中断，它在四川盆地一直延续到秦统一乃至于西汉初期才逐渐融汇到秦汉文化之中。因此，这一时期四川盆地出土的具有该地区文化特征的铜器无疑应是巴国和蜀国，或者说是以巴人或蜀人为主体古族的遗存。不过，需要指出的是，目前巴蜀文化的铜器主要发现于蜀地，在巴地发现的秦灭巴蜀以前巴蜀文化风格的铜器都分布在临近楚地重庆万州以东的区域。巴人铜器有何特点？巴蜀铜器有何异同？这些都有待进一步的考古发掘和研究。

按照古史传说和文献记载，古蜀国可能从三星堆文化时期起就以川西的成都平原为中心，到了古蜀国的最后一个王朝开明氏蜀国，其都城先后是"郫"和"成都"，也就是在现代的四川成都中心城区一带。古巴国早期的中心区域有不同的看法，但在东周时期（尤其是春秋晚期以后），巴国的都城已经迁入四川盆地，先后曾经以"江州"即今重庆渝中区和"阆中"即今四川阆中市为主要都城。巴蜀铜器的分区，很容易就会联想到巴蜀两国的地域，直接套用人们对巴、蜀两国疆域的认识，将巴蜀文化铜器直接分为巴国或巴地铜器和蜀国或蜀地铜器，也就是重庆地区及四川的嘉陵江干流地区以东出土铜器为巴国铜器，以西的四川盆地内出土铜器为蜀国铜器。这种认识是不正确的。东周时期巴蜀两国的中心，蜀国相当稳定，都城一直都在今成都中心城区一带；而巴国的都城则不断发生变化，从渝东转移到了渝西，再转移到川东北。国家中心都城位置的变化，会导致国家疆域的变化，也会导致同一地点包括出土铜器在内的文化遗存族属和国别的变化。再说，铜器在东周时期尽管已经普及，却仍然不是各地都能独立制作的相对复杂的产品，不同国别的铜器都会在巴国或蜀国的疆域内出现，要判断一个铜器群的国别或族属，还需要结合葬俗、陶器等地域性和族群性更强的文化因素来综合考量。

（一）巴蜀文化早期铜器反映的巴蜀历史

巴蜀文化新风格的铜器，如前面概述巴蜀文化铜器分期结论时所说的那样，滥觞于前期即春秋中晚期。这时期巴蜀文化铜器的新因素主要有两个方面：一是基于先前当地的传统，又进行改进和创新的铜器，例如，在先前就已经出现的素面平底罐、素面尖底罐的基础上，参照陶釜一类陶炊器，创制出一套煮、蒸合用的素面圜底铜炊器，即双耳铜釜、单耳铜鍪、釜甑组合的铜甗，形成了一种相对固定的铜器组合；再如将先前的带鞘柳叶剑改造成组合铜鞘的双剑，有的还可插上小刀等小工具，形成组合套件。二是从长江中游地区引入的文化因素，主要是楚文化，当然也夹带有百越文化的铜器。这些外来文化因素的铜器，如鼎、铏、盏、钟等，这些器物一般是原器引入，即便当地仿造也不加改造，故尽管数量不多（巴蜀文化前期的铜器总体数量就不多），楚器特征却非常明显。

春秋中晚期的巴蜀文化铜器中，突然出现了来自楚文化的浓厚因素，这自然使我们联想到文献记载中"荆人鳖灵"的蜀国古史传说。根据这个传说，开创蜀国最后的"开明"时代的蜀王，本是来自荆楚地方的人，他死后的尸体逆流而上，来到蜀国都城郫邑附近活了过来，于是与蜀国前代最后一代君王望帝相见，望帝任用鳖灵为相。当时蜀国爆发了大洪水，鳖灵率众治理水害，望帝却在家与鳖灵的妻子私通。鳖灵治水成功后，望帝自认为德行不如鳖灵，故将王位禅让给了他。鳖灵即位，改号为开明[1]。这个传说尽管带有一些神话的色彩，但透过这个神话传说，我们还是可以看到一些历史的影子。如果我们将蜀国最后一个朝代的建立者荆人鳖灵理解为原本活动在荆楚地方的族群或国家的首领，他的族群或国家在荆楚地区与他族或他国的冲突中受到重大损失，不得不沿着长江向四川地区逃亡，经过长途跋涉，九死一生，终于来到了古蜀国的中心区域，成为那以后古蜀国的一个重要族群。最后，鳖灵族群获得蜀国的统治权，开创了一个新时代。传说中鳖灵开创的蜀国开明朝代经历了十一代或十二代，大约三百五十年，最后被秦国所灭[2]。那么，按照每代蜀王25至30年计算，从秦灭巴蜀的公元前316年向上推，开明朝代的建立就应该在公元前591至公元前676年之间，也就是春秋中期。这个时间段正是楚文化铜器因素影响四川盆地的时代，从巴蜀文化铜器楚文化因素出现的时间来看，荆人鳖灵称王蜀国的四川古史传说，应该具有一定的历史真实性。

春秋中期，正是楚国开始崛起于江汉地区的时期，楚文化的特色也是在春秋中期才真正形成。我们知道，楚国的强盛是以兼并江汉流域的众多小国及其附庸逐步实现的，在楚国强大的军事压力下，有些江汉地区西部的小国和族群，开始向西面的四川盆地迁徙。四川盆地在春秋早中期时，正是文化发展的一个低谷时期，应该也是当时蜀国力量最为薄弱的时期，这就为外来古国和族群入川发展提供了较好的时机。我早先曾经推测，开明王族可能是出自楚文王灭庸战役时庸国王族的一支，庸国灭亡的年代与开明氏蜀国的年代前后衔接，庸国的地域又在靠近四川盆地的巴山地区，亡国后逃窜至四川的成都平原是有可能的。就在蜀国开明王朝建立以后一段时间，另一个江汉古国巴国也在楚国的压力下进入了四川盆地东部地区。《春秋左传》关于巴国的记载到春秋战国之际就完全消失，以后巴人就活动在川东平行岭谷地区，与蜀国发生了联系。如果重庆云阳李家坝墓地、开县余家坝墓地等属于巴人墓地的话，这些墓地开始于春秋战国之际，墓葬中巴蜀文化与楚文化因素并存，楚文化因素远比盆西平原的蜀地因素浓厚，这也正与巴人进入四川盆地的时间、方向以及与巴楚关系的历史记载相吻合，巴蜀文化铜器正从一个方面印证了巴人入川这段历史。

在开明氏蜀国的历史发展过程中，第五代蜀王开明尚是值得注意的一位。开明尚将都城从郫邑迁到了成都，并实施了一系列变革，使得开明氏蜀国从此进入了繁盛时代。开明氏首位国王鳖灵取代蒲卑氏杜宇之后，蜀国的都城还是蒲卑氏旧都郫邑（其都城遗址现在还没有发现，具体位置可能就在秦汉时期郫县的范围内），直到开明尚才将都城从郫邑迁到成都。《华阳国志·蜀志》这样记载这次迁都："开明立，号曰丛帝。……九世有开明帝，始立宗庙，以酒曰醴，乐曰荆，人尚赤，帝称王。……未有谥列，但以五色为主，故其庙称青、赤、黑、黄、白帝也。开明王自梦廓移，乃徙治成都。"这段文字中的"九世又开明帝"的"九"字，应该为"五"字之误[3]。从大致相当于开明五世前后的春秋战国之际，成都旧城附近的墓地和铜器数量也大大增加，这些就是五世开明尚迁都成都的物质证据。关于开明尚的王世及迁都成都的大致时间，已经有学者做过专门的论述，这里不再重复[4]，我们这里关心的是开明尚迁都成都后的一系列改革。按照前引文献，开明尚迁都成都前后开始设立宗庙，制定礼乐制度，庙祀青、红、黑、黄、白五帝，乐以"荆"为名。从文献的这些文字叙述来看，

---

[1] 《太平御览》卷八八八引《蜀王本纪》说："荆有一人名鳖灵，其尸亡去，荆人求之不得。鳖灵尸随水上，至郫遂活，与望帝相见。望帝以鳖灵为相……（望帝）自以德薄不如鳖灵，乃委国授之而去，如尧之禅舜。"
[2] （宋）罗泌《路史》卷三八："望帝远记周襄王，至鳖令王蜀，十一代三百五十年。"（晋）常璩《华阳国志·蜀志》："周慎王五年秋，秦大夫张仪、司马错、都尉墨等从石牛道伐蜀。……开明氏遂亡。凡王蜀十二世。"
[3] 传汉扬雄《蜀王本纪》："蜀王据有巴蜀之地，本治广都樊乡，徙居成都。"（《太平寰宇记》卷七二引）又："（开明帝）下至五代，有开明尚，始去帝号，复称王。"（《后汉书·张衡传》注引）可知迁都成都的蜀王应为五世开明尚。
[4] 温少峰、陈光表：《成都建城史研究二题》，《成都文物》1989年第1期，第15～19页。

似乎在开明尚以前的蜀国并没有宗庙的设置，开明尚采用蜀地尚五的传统和楚地礼乐制度创制了蜀国的礼仪制度，蜀国从此在某些方面开始呈现与中原列国制度靠拢的趋势。四川的考古学家早在发掘新都马家大墓时就已注意到，该墓腰坑内的铜器呈现2件一组和5件一组的现象，后者可能与开明尚礼制改革有关（尽管他们将开明尚定为开明九世）[1]。现在看来，这些推断是有道理的。

（二）巴蜀文化早中期铜器集中于成都一带的历史背景

在前面巴蜀文化铜器的分期一节中，我们已经提到，巴蜀文化铜器的数量迅速增加是在中期早段即战国前期，铜器的分布地域仍然是前期即春秋中晚期铜器的出土区域，战国前期巴蜀文化铜器集中出土地区显然是基于先前的一个延续和发展。值得注意的是，中期早段巴蜀文化铜器出土地点绝大多数都集中于今成都旧城区及其附近，也就是古蜀国最后一个都城成都城的周边，距离成都旧城区越远，出土铜器的地点越少，且主要都是战国中后期的遗存。只有在巴国的主要区域，也就是长江沿岸的重庆云阳李家坝、开县余家坝等不多的地点，还有中期早段的巴蜀文化铜器出土。迄今为止，除了位于盆东岭谷地区的四川宣汉罗家坝遗址中年代最早的M33等墓出土铜器外，在四川盆地广阔的盆中丘陵地区都尚未见中期早段即战国前期铜器出土的报道。成都旧城附近出土中期早段的巴蜀文化铜器地点与四川其他地区的地点[2]（图七）比较如下：

1. 盆西平原

1）青羊区商业街 2）青羊小区 3）无线电机械学校 4）枣子巷（此墓可能早一些） 5）中医学院 6）罗家碾 7）青羊宫 8）百花潭中学 9）京川饭店 10）金沙巷 11）文庙西街 12）白果林 13）石人小区 14）凉水井 15）南门外 16）青白江区双元村 17）什邡县城关等

2. 盆中丘陵

无

3. 盆东岭谷

1）宣汉罗家坝
2）云阳李家坝
3）开县余家坝
4）万州大坪等

显而易见，在巴蜀文化铜器分布区中，除了盆东岭谷地区有几处墓地出土这一时期的铜器外，铜器出土的墓地都集中在成都平原。在成都平原中，除了成都以北的青白江和

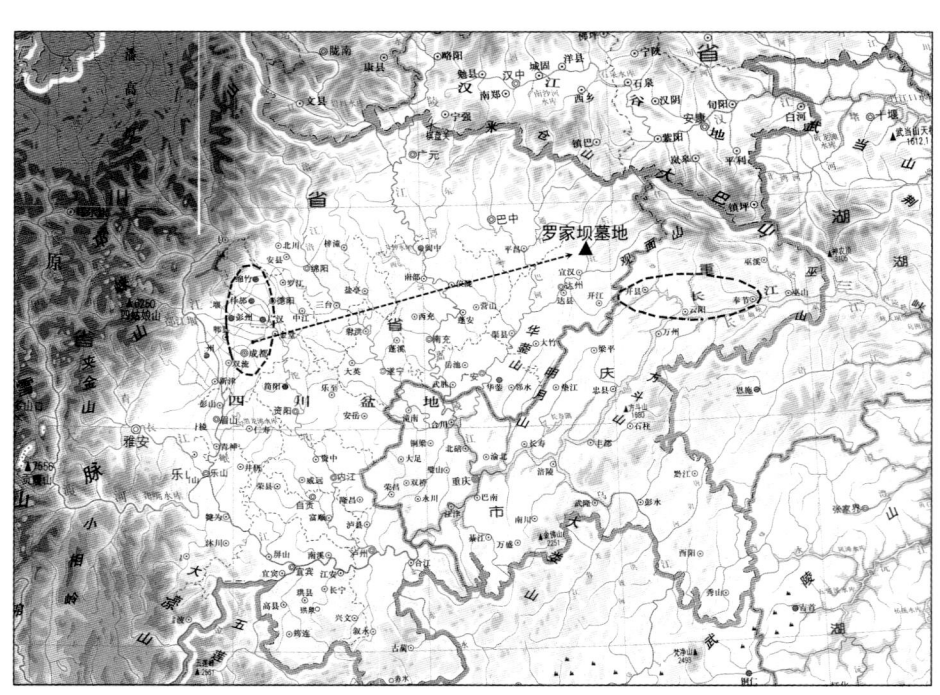

图七　巴蜀文化中期早段铜器的分布

---

[1] 四川省博物馆、新都县文物管理所：《四川新都战国木椁墓》，《文物》1981年第6期，第11、12页。
[2] 关于巴蜀文化墓葬的年代分期、分布信息和资料出处，参看向明文论文（向明文：《巴蜀古史的考古学观察——以东周秦汉时期巴蜀文化墓葬为中心》，吉林大学博士学位论文，2017年），此不再列举。

绵竹两个地点外，其余出土铜器的墓地仍然都集中在成都旧城一带，也就是金牛区、青羊区和武侯区的区域。而在成都旧城出土铜器墓地中，除了商业街大墓一处外，其他墓地又都位于旧城的西郊和南郊偏西一带，紧靠城区。关于成都出土铜器墓葬的地点位于当时成都城的西南，这很好理解，因为成都地势西北高而东南低，当时成都城东面（唐末以后成都城即今成都旧城西南部）是两条江汇合的低洼地带，不是当时人们选择埋葬死者的地方，自然也就没有铜器出土。成都平原其他两处出土过巴蜀文化早中期铜器的地方，都位于成都平原北部，是古成都通往关中地区的古蜀道所经地点沿线，古蜀国重视经营成都平原北部及其以北地区，也在情理之中。在巴蜀文化中期早段铜器的地理分布中，最值得关注的问题是，为什么这些铜器以及随葬铜器墓葬基本上都集中在成都附近，而应该属于蜀国疆域的成都平原南部和盆中丘陵西部却很少有这一时期的墓葬和铜器出土呢？我们知道，巴蜀文化墓葬基本上都出土有成套的铜武器，反映了这些铜器的拥有者都兼有军事作战的职责。这样的一个个能够参与作战的族群或社群成员，他们死后都埋葬在都城成都附近，这说明他们生前的常住地应该就在成都或成都近郊，所以死后也才埋葬在成都附近。古蜀国的武装力量在秦灭巴蜀前的相当长一段时间都集中在都城一带，说明古蜀国是权力高度集中于蜀王的国家政体。蜀王依靠的专业化武装力量，应该主要就是使用船棺葬俗的族群，蜀王通过该族群控制着国内的非武装族群或社群。蜀王使用这支集中管控的武装力量，可以与同处四川盆地的巴国争夺土地和人民的控制权，甚至北上与秦国争夺汉中地区，东向与楚国争夺峡江地区[1]，蜀国的国力曾经一度到达空前的高度。

由于开明氏蜀国的军事力量平时都集中在成都及其附近，遇有重大战事时就体现为蜀王亲自领军外出作战，战役完毕后又返回成都驻地[2]。因而古蜀国对属民的控制主要体现为军事力量的威慑，就如同西汉时期对巴蜀徼外西南夷的控制一样。《华阳国志·蜀志》记开明氏蜀王有五丁力士，开路修路等重大工程，甚至到秦国迎娶秦国赠送的美女，都由五丁力士承担[3]。五丁力士很可能是蜀国五只主力军队的名称，就如同当时齐国的"技击"、魏国的"武卒"、秦国的"锐士"一样[4]。不过，除了蜀王亲自统领的军事力量外，也还有少量驻扎在要地和边地的军事力量。最先在远离蜀国中心地区出现的蜀国船棺墓和巴蜀文化铜器，是深入巴地的四川宣汉罗家坝遗址，该遗址最早也是最大的M33号墓，其年代属于中期早段偏晚，以后墓地延绵不绝，但都不如最早的这一代墓主的地位显赫[5]。由此可知，早在古蜀国最强盛的时期，古蜀国就有一个军事群体深入到了巴地，在接近四川盆地的东部边缘山地建立了一个邑聚。宣汉的区位看似偏远，在历史时期却位于成都通往三峡西口的一条陆路交通线附近，这条交通线在明清称之为"小川北路"[6]。这条从四川成都经南充、渠县和重庆梁平、万州至奉节的道路，尽管不经过宣汉，却也距离宣汉不远，并且古代从涪陵往西京长安的荔枝道的一条还要经

---

[1] 关于蜀与秦国争夺汉中，《史记·秦本纪》说："躁公二年（前411），南郑反。""（惠公）十三年（前387），伐蜀，取南郑。"说明了蜀国长期与秦国争夺汉中。（晋）常璩《华阳国志·蜀志》说："周显王之世，蜀王有褒汉之地。""蜀王别封弟葭萌于汉中，号苴侯。"都说明了战国时期的蜀国直到灭亡前夕都还能够管控汉中一带。《史记·楚世家》："蜀伐楚，取兹方。于是楚为扞关以距之。"按照传统的解释，兹方在湖北松滋，扞关在重庆奉节，蜀国最强盛时还可能曾经越巴攻楚，最远处到达三峡地区。
[2] 《华阳国志·蜀志》："周慎王五年秋，秦大夫张仪、司马错、都尉墨等从石牛道伐蜀。蜀王自于葭萌拒之，败绩。"可知蜀国的重大战事，应该是蜀王亲自统兵。
[3] 《华阳国志·蜀志》："（开明尚）时蜀有五丁力士，能移山，举万钧。每王薨，辄立大石，长三丈，重千钧，为墓志。""（蜀王妃死）蜀王哀之，乃遣五丁之武都担土，为妃作冢，盖地数亩，高七丈，上有石镜。""惠王知蜀王好色，许嫁五女于蜀。蜀遣五丁迎之。"《蜀王本纪》记蜀王发五丁为妃作墓为"蜀王发卒之武都担土，于成都郭中葬之"，古人也认为"五丁"是士卒名称。
[4] 《荀子·议兵》："故齐之技击不可以遇魏氏之武卒，魏氏之武卒不可以遇秦之锐士。"《汉书·刑法志》："齐愍以技击强，魏惠以武卒奋，秦昭以锐士胜。"
[5] 四川省文物考古研究院编著：《宣汉罗家坝》，北京：文物出版社，2015年。
[6] 严耕望：《唐代交通图考》卷四"嘉陵江中江水流域纵横交通线"（篇30），"中央研究院"历史语言研究所，1986年，第1172～1174页。金生阳：《小川北路纪行文献述论》，《地方文化研究辑刊》第六辑，成都：巴蜀书社，2013年，第222～230页。

过宣汉[1]。宣汉在战国时期作为蜀国扼制巴地的一处军事要地，东南而下可夺夔门，东北而上可入安康。在安康的紫阳县白马石遗址曾经发现过巴蜀文化墓地及铜器，其年代在战国早中期，或许就是两地间在先秦时期存在联系的证据。

（三）从巴蜀文化中晚期铜器的扩散谈秦国统治巴蜀的政治措施

大约从战国后期开始，尤其是在秦灭巴蜀以后，古蜀国特有的船棺墓地和铜器开始从成都附近向四川盆地其他地区扩散。如果说，巴蜀文化铜器中早期富有蜀人特征的船棺墓及其铜器几乎都集中在古蜀国都城成都一带的话，中期晚段就逐渐散布到了四川盆地的许多地方，甚至在巴国旧都附近的重庆九龙坡区的冬笋坝（原属巴县）也发现了典型的蜀人船棺墓地。这种扩散现象从战国中期晚段一直延续到晚期，也就是统一后的秦王朝时期，直到西汉初期才发生变化。随着这种扩散，典型的巴蜀文化铜器分布在了整个四川盆地，北至四川广元，南至云南水富，东至夔峡，西至犍为，都有战国后期和秦代前后的巴蜀文化墓地和铜器出土。主要出土铜器的地点如下：

1. 盆西平原

1）金牛区圣灯十队　2）金牛区金鱼村　3）青羊区省水利勘察设计院　4）青羊区新一村　5）新都区马家二队　6）广汉青关山　7）绵竹清道三队（M1）　8）什邡城关　9）彭州太平二队　10）浦江城东北等

2. 盆中丘陵

1）芦山县思延乡　2）峨眉县柏香林　3）犍为县金井乡万年村　4）荥经县南罗坝　5）荥经县同心村　6）水富张滩等

3. 盆东岭谷

1）巴县冬笋坝　2）北碚庙嘴　3）涪陵小田溪　4）涪陵镇安　5）万州大坪　6）万州中坝子　7）云阳李家坝　8）开县余家坝　9）奉节风箱　8）秭归庙坪等

从战国中期偏晚阶段，尤其是秦灭巴蜀后，巴蜀文化中富有蜀人族别特征的船棺墓和窄长方形土坑墓，连同墓葬中的铜器，从成都附近迅速散布到整个成都平原、盆中丘陵甚至盆东岭谷地区西端的现象来看，当时蜀国的武装力量应该分散到了四川盆地各地。结合历史文献反映的秦国三封蜀侯及其对巴蜀土著族群的怀柔措施，可以推知，秦国灭掉巴蜀后，考虑到"蜀伯尚强"，采取了多种措施加强秦国在四川的治权。除了逐渐变封建制为郡县制并向蜀地派驻较大规模的军队外，最主要的措施有三个：其一是保留了蜀国原有的军事组织，将这种军事组织分解成若干小的单位纳入了秦国的"蜀相""蜀守"的直接管辖之下，派驻在先前巴蜀的重要地区。成群随葬铜兵器的船棺墓群散布在四川蜀国故地的许多地方，其年代为战国晚期至西汉初期，而不是古蜀国存在的战国晚期以前时期，就是这种措施的反映。其二是对巴蜀地区土著人群采取怀柔政策，减轻他们的赋税，在秦民和原住民出现冲突时偏袒原住民。文献记载的"秦犯夷，输黄龙一双；夷犯秦，输清酒一锺"[2]，前者罚重而后者罚轻，应该就是这种措施的体现。其三就是从关中秦国故地和以后占领的东方六国移民充实巴蜀地区，改变这一地区的人口构成。这些移民主要有两类：一类是秦国犯了法遭到流放惩处的贵族和平民，如吕不韦之属；一类是秦国占领东方六国土地后的六国贵族和平民，如流放到四川青川县边缘地区的楚国郢都的

---

[1]　《元和郡县志》卷三十"涪州"："从万州北开、通（州）宣（汉）县至上都二千三百四十里。"《太平寰宇记》卷一二〇"涪州"："（涪州）东至万州取开州、通州宣汉县及洋州路至长安，二千三百四十里。"
[2]　（晋）常璩著，任乃强校注：《华阳国志校补图注》，上海：上海古籍出版社，1987年，第14页。

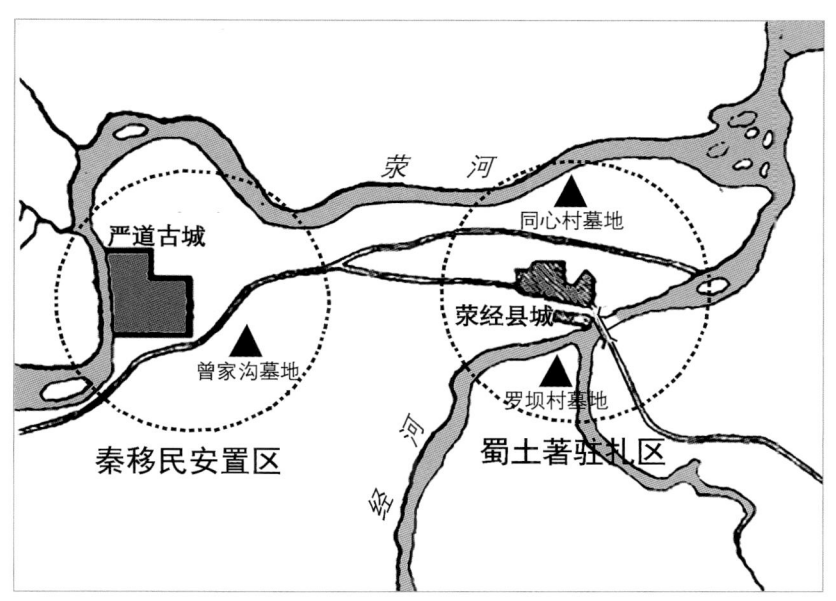

图八　四川荥经战国晚期至秦统一时期的墓地

人民[1]。为了管控这些强制迁徙到四川的遗民，秦国及以后的秦王朝利用巴蜀原有的武装力量，使之驻扎在外来移民的邑聚附近，既监视和管控这些遗民，又使得这些巴蜀土著武装得到一定的心理满足，保证了巴蜀地区这片新获土地的社会稳定。四川荥经出土这一时期墓葬和铜器材料，就是一个非常典型的例子（图八）。

四川荥经县城西郊，也就是古严道城故址"古城坪"附近，汉晋时期从成都通往云南的牦牛道就从这里经过。这里有大小两座秦汉城址，1977年至1986年，在古城外发现了6个墓地，先后发掘了30多座墓葬，如古城坪和曾家沟木椁墓、水井坎沟和高粱湾东汉岩墓、烈太石棺墓等。除去年代较晚的东汉崖墓以及当地土著的石棺墓外，其余墓葬都是战国晚期至西汉前期的土坑木椁墓。古城坪和曾家沟木椁墓的形制均为无墓道的竖穴土坑类型，葬具有一棺一椁、单棺、单椁三类，在葬具外普遍填充白膏泥。随葬器物主要是漆器和陶器，却没有铜武器。这些墓地的墓主经研究都属于秦国移民[2]。不过就在荥经县，除了移民的墓地外，还有两处规模可观的巴蜀文化即蜀地土著的墓地，这就是"城关镇"旁的同心村墓地和罗坝村墓地。同心村墓地位于荥经县城北面荥河的南岸，西距严道古城遗址仅1千米，1984年、1987年在这里连续发现12座战国晚期巴蜀文化的墓葬。罗坝村墓地位于荥经县城南面的经河南岸，与同心村墓地隔荥经县城相望，1988年在这里清理了11座战国晚期墓葬。这些墓葬形制为狭长方形，随葬器物为典型的巴蜀文化的器物，并出土有巴蜀符号的印章，为蜀人墓葬无疑。对比荥经古城坪和城关镇两个区域的两个墓地集群，二者除了文化面貌显著不同外，还有一个不同点就是移民墓几乎不随葬铜兵器，而土著墓几乎都随葬铜兵器。荥经两类同时期且距离很近的墓地，其文化属性可能与族别完全不同，且由铜兵器反映出的社会地位和政治职能也不相同。我推测，严道古城原先只是安置移民的城堡，而今荥经县城所在才是代表秦政府在这里行使治权的驻地。秦国及秦王朝的严道管理机构，以及他们掌握的蜀

---

[1]　[日]间濑收芳：《秦帝国形成过程的一个考察——四川青川县战国墓的研究》，《史林》67卷1号，1984年1月。译文《四川省青川战国墓的研究》，见《南方民族考古》第三辑。
[2]　简报发表7座墓葬材料，并将第11～16号定为战国早期、21号墓为战国中期。宋治民先生将它们的时代改定在战国晚期，这是正确的。关于该墓地墓主的文化属性，原简报将其归属为楚，并有学者将其与楚庄王之族联系起来。宋治民先生根据墓葬形制，所出陶器、铜器和漆器的分析，认为该墓地为一秦文化墓地。见宋治民《略论四川的秦人墓》，《考古与文物》1984年第2期。

地土著武装，都驻扎在今荥经县城内，监督管理着西面不远处另一古城的移民。

这里尤其要讨论的有两个巴蜀文化铜器出土地点。

第一个是距离成都平原并不很远的岷江上游茂县牟托一号石棺墓铜器群或集群[1]。该墓（包括三个陪葬坑）出土的铜器较多，出土铜器的种类、时代和文化因素也多样，年代早的可以早到春秋中晚期，晚的可至战国中期[2]。茂县牟托一号墓位于成都平原西北的岷江上游，墓葬形制、随葬陶器和一些铜武器及饰件都属于当地石棺葬传统，也有一些铜器来源于更北面的甘青宁地区，但墓内及陪葬坑出土的铜容器、铜乐器和部分铜武器等高等级外来铜器都属于巴蜀文化，应该来自下游方向的成都平原地区。这些高等级的器物早晚皆有，以战国早中期的铜器最多。拥有这些铜器的墓主，他的生活年代不可能跨越从春秋中期至战国中期这么长时间段，如果认为他将家族长期积累的东西葬入自己的墓葬，这也有点不大合情理。由于牟托一号墓是岷江上游目前发现的等级最高的石棺墓，其墓主应该是岷江上游茂县及其周围地区的族群首领一类人物。这个首脑人物的最后活动年代应该经历秦灭巴蜀这样的四川巨变过程，或许秦灭巴蜀后，为了笼络紧靠蜀地中心的岷江上游的族群，秦人将巴蜀地区缴获的部分战利品馈赠给了这位首领，以便通过他稳定岷江上游地区。由于这些馈赠品对于这个首脑的家庭或族群来说没有多大实用价值，故当这位首领死后，他的家庭就将代表荣耀的这些物品都埋在墓中或墓旁了。

第二个是位于长江以南的最大支流乌江下游的重庆涪陵小田溪墓地铜器集群。这个墓地位于乌江东岸，距离乌江汇入长江处的涪陵城区不很远。川渝两地的考古学家先后进行了七次发掘，发掘墓葬数十座。这些墓葬的年代跨度都在战国晚期至西汉早期，墓葬规模普遍较大，随葬器物较丰富，最大的一座还随葬有错金铜编钟等重要器物。由于涪陵古称"枳"，而《华阳国志·巴志》又有巴"先王陵多在枳"的记载，故研究者多将该墓地与巴王室联系起来，认为小田溪墓地是巴国王室或王室后裔的遗存。小田溪墓地的墓葬都是宽长方形土坑墓，未见蜀人常见的船棺墓或狭长方形墓；规模大些的墓随葬铜錞于、铜钲和编钟，这些都少见于蜀地；随葬陶器中也不见或极少蜀地常见的矮柄豆等陶器。小田溪墓地属于巴人系统应该问题不大。不过，小田溪墓地的出现已经在秦灭巴蜀后一段时间，墓地唯一反映国族信息的文字资料是秦始皇二十六年"蜀守武"主持制造铜戈上的铭文。小田溪墓地的墓主有可能是被秦国安置在乌江流域的一支巴人上层贵族（甚至可能是作为蜀郡郡守），但是否是巴王室的后裔，目前还缺乏足够的证据来证明。

---

[1] 茂县羌族博物馆、阿坝藏族羌族自治州文物管理所：《四川茂县牟托一号石棺墓及陪葬坑清理简报》，《文物》1994年第3期，第4～40页。

[2] 牟托一号石棺墓的年代，当初发掘者即考古简报认为是战国中晚期之际，以后的研究者主要有两种意见：一种意见认为原简报的年代判断偏早，其年代应该在战国晚期至西汉早期之间，霍巍、李先登等先生持这种观点（霍巍：《关于岷江上游牟托石棺墓几个问题的探讨》，《四川文物》1997年第5期，第6～10页；李先登、杨英：《四川茂县牟托石棺墓的初步研究》，《中国历史博物馆馆刊》1998年第1期，第49～57页）。另一种意见认为原简报的年代判断偏晚，其年代应该在春秋晚期至战国早期之间，施劲松、江章华、陈小山先生都持这种意见（施劲松：《关于四川牟托一号石棺墓及器物坑的两个问题》，《考古》1996年第5期，第77～82页；江章华：《关于岷江上游石棺墓的两个问题》，《南方民族考古》第七辑，北京：科学出版社，2011年，第201～210页）。关于牟托一号石棺墓铜乐器的年代，江章华、陈小山先生都做过讨论，都认为其年代早于战国早期（陈小山：《牟托一号石棺墓中的铜錞和编钟的文化来源》，《三代考古》第八辑，第344～358页）。

巴蜀印章出土统计表

黄家祥

四川省文物考古研究院研究员

四川地区战国、秦至西汉之际的墓葬中常常出土一类非汉字的图符印，一般约定俗成地称之为"巴蜀印章"。这类地域特征极其鲜明的印章，晚清以来屡有发现和著录，《瞻麓斋古印征》《宾虹藏印》《古图形印》《渴斋藏印》等印谱中均收有巴蜀印章。考古发掘出土巴蜀印章始于20世纪50年代，当时在昭化宝轮院、巴县冬笋坝发掘的战国秦汉墓葬中出土了一批巴蜀印章。之后在巴蜀文化分布的广大区域陆续出土了大量此类印章，主要出土地点有成都百花潭、成都商业街、新都马家乡、青白江双元村、蒲江东北乡、大邑五龙乡、什邡城关镇、罗江周家坝、犍为金井乡、峨眉符溪、越西华阳村、屏山沙坝、昭化宝轮院、宣汉罗家坝、芦山仁加乡、宝兴五龙乡和荥经同心村、南罗坝、烈太乡、曾家沟，以及今重庆涪陵小田溪等地。与巴蜀文化毗邻的云南、贵州、湖北等地也有少量巴蜀印章出土。巴蜀印章是巴蜀符号的重要实物载体，作为一种有别于文字印的图符印，对研究巴蜀符号的文化内涵、艺术表达、印章发展等具有重要意义。笔者曾撰文对其进行分析[1]，限于篇幅，在此仅将巴蜀印章出土情况简要列表介绍如下。

出土时间	出土地点	时代	出土单位及编号	形状 规格 尺寸（厘米）	质地	数量（枚）	资料来源
1954年6月	巴县冬笋坝	战国晚期至西汉汉初	M53:11	圆形，直径2.6	铜	1	《四川船棺葬发掘报告》，文物出版社，1960年，第61页。
		战国晚期至西汉初	M64:17	方形，边长2		1	
		战国晚期至西汉	M32:3 M32:4	圆形，直径0.8 圆形，直径1.2		2	
		战国晚期至西汉初	M1:6	圆形，直径1.8		1	
		战国晚期至西汉初	M50:17 M50:39 M50:16	长方形，长1.6、宽1 长方形，长1.9、宽1 方形		3	
		战国晚期至西汉初	M24	圆形，直径1.8		1	
			M2:11	汉字印		1	

[1] 黄家祥：《个性光鲜的巴蜀印》，西泠印社编：《篆物铭形——图形印与非汉字系统印章国际学术研讨会论文集》，杭州：西泠印社出版社，2016年，第604~620页。

出土时间	出土地点	时代	出土单位及编号	形状 规格 尺寸（厘米）	质地	数量（枚）	资料来源
1954年6月	广元昭化宝轮院	战国晚期至汉初	M16:7	圆形，直径3.2	铜	1	《四川船棺葬发掘报告》，文物出版社，1960年，第61页。
			M6:1	方形，边长2.5		1	
1958年8月	雅安芦山仁加乡	战国秦汉	出土1 出土2 出土3 出土4 出土5	圆形，直径3.6、厚0.5 圆形，直径3.3、厚0.3 圆形，直径3.3、厚0.3 圆形，直径3.2、厚0.3 方形，边长1.2、通高1.1	铜	5	《四川芦山出土巴蜀符号及秦汉私印》，《考古》1990年1期，第32～34页。
			出土6-27	肖形印，汉字印	铜	22	
1964年	成都百花潭	战国	出土	圆形，直径1.6、通高1.6	铜	1	《天府藏珍》，四川科技出版社，2009年，第68页。
1974年	乐山峨眉符溪乡	战国	柏香林二号墓	八边形，直径2.8、通高1	铜	1	
1977年10至11月	乐山犍为五联公社	战国至西汉	M1:4 M2:9	圆形，无尺寸	琉璃	2	《四川犍为县巴蜀土坑墓》，《考古》1983年9期，第783页。
			M5:2 M5:3 M5:6	圆形，直径3.7 圆形，直径4.2 圆形，直径4.5	铜	3	
1978年9月	绵竹清道公社	西汉初	M1:20	月牙形，无尺寸	铜	1	《四川绵竹县西汉木板墓发掘简报》《考古》1983年4期，第299～300页。
1979年3月	凉山越西华阳村	西汉初	收集	圆形，直径3.2、厚0.4、钮径1	铜	1	《四川越西华阳村发现蜀文物》，《文物资料丛刊7》，文物出版社，1983年，第26页。
1980年3月	新都马家公社	战国	出土	方形，边长3.5、通高1.4 圆形，直径3、通高1.5	铜	2	《四川新都战国木椁墓》，《文物》1981年6期，第4页。
1980年11月	乐山犍为金井公社	战国至西汉	M1:7 M1:8 M1:9	圆形，直径5、厚0.5 圆形，直径2.8、厚0.4 圆形，直径1.4	铜	3	《四川犍为巴蜀墓发掘简报》，《考古与文物》1984年3期，第18页。
1980年底	涪陵小田溪	战国	M5:7 M4:14	圆柱形，直径1.1、通高1.5 圆柱形，直径1、残高1.4	陶	2	《四川涪陵小田溪四座战国墓》，《考古》1985年1期，第17、32页。
1981年7月	雅安荥经烈太乡	战国	M1:22 M1:23 M1:24 M1:25 M1:27 M1:28 M1:29 M1:36	汉字印 圆形，直径1.9、通高2 圆形，直径2、通高0.5 圆形，直径2.4、通高0.6 圆形，直径2.6、通高0.5 圆形，直径2.6、通高0.5 圆形，直径2.6、通高0.8 圆形，直径2.7、通高0.7	铜	1 7	《四川荥经县烈太战国土坑墓清理简报》，《考古》1984年7期，第603～605页。
1981年10月和1982年3月	雅安荥经曾家沟	春秋战国	M21:26 M16:24	汉字印 方形，覆斗背，边长1、通高0.9	铜	2	《四川荥经曾家沟21号墓清理简报》，《文物》1989年5期，第28页；《四川荥经曾家沟第一、二次战国墓群发掘》，《考古》1984年12期，第1083页。
1982年4月	大邑五龙乡	战国	M4:16	长方形，长2.4、宽1.5、通高1.8	石	1	《四川大邑五龙战国巴蜀墓葬》，《文物》1985年5期，第38～39页。
1982年	蒲江东北公社	战国	M2:25	方形，边长2.8、通高0.5	铜	1	《蒲江县战国土坑墓》，《文物》1985年5期，第19页。

出土时间	出土地点	时　代	出土单位及编号	形状 规格 尺寸（厘米）	质地	数量（枚）	资料来源
1984年4月	乐山犍为金井公社	战国	M6:38 M6:39 M6:40 M6:41	圆形，直径3.8 圆形，直径3.2 圆形，直径3.8 方形，边长2.2	铜	4	《四川犍为金井乡巴蜀土坑墓清理简报》，《考古与文物》1990年5期，第75页。
1984年5至6月		秦	M18:35	长方形，长3.2、宽2.7、通高2	铜	1	《四川大邑县五龙乡土坑墓清理简报》，《考古》1987年7期，第608~609页。
1985年11月至1986年5月	雅安荥经同心村	战国至秦	M1:9	圆形，直径1.7、厚0.2、通高0.6	铜	1	《荥经县同心村巴蜀船棺葬发掘报告》，《四川考古报告集》，文物出版社，1998年，第259~266页。
			M11:5	圆形，直径2.5、厚0.2、通高0.7		1	
			M17:24 M17:27	圆形，直径1.2、通高1.75 圆形，直径1.4、厚0.25、通高1.6		2	
			M18:16	圆形，直径1.35、厚0.3、通高0.8		1	
			M19:22	圆形，直径3、厚0.55、通高1.3		1	
			M20:16 M20:21 M20:22 M20:23 M20:25	圆形，直径1.6、厚0.15、残高0.5 圆形，直径2.6、厚0.3、通高1 圆形，直径1.4、通高1.5 圆形，直径3.3、厚0.4、通高1 圆形，直径1.2、厚0.25、残高0.5		5	
			M21-A:36 M21-A:45 M21-A:46 M21-B:17 M21-B:18 M21-B:23 M21-B:24	圆形，直径1.6、厚0.6、通高1.1 圆形，直径2.7、厚0.3、通高1 圆形，直径3.3、厚0.3、通高1 圆形，直径2.7、厚0.2、通高0.7 圆形，直径2.1、厚0.15、残高0.6 圆形，直径2.7、厚0.2、通高0.6 圆形，直径2.3、厚0.2、通高0.6		7	
			M22:13 M22:14	圆形，直径1.8、厚0.2、通高0.8 圆形，直径1.4、厚0.3、通高0.7		2	
			M24:24	圆形，直径3、厚0.25、通高0.9		1	
			M25:22	圆形，直径2.6、厚0.5、通高2		1	
			M7:22	覆斗形，边长2.2、厚0.5、通高1.4		1	
			M18:28	台形覆斗状，边长1.2、厚0.5、通高1		1	
			M25:23	台形覆斗状，边长1.3、厚0.6、通高1		1	
			M6:21-2 M6:23 M6:35	覆斗状，汉字印，边长1、通高1.2 覆斗状，汉字印，边长1、通高1.3 覆斗状，汉字印，边长1、通高1.3		3	
			M18:22	覆斗状，汉字印，边长1.8，厚0.5		1	
			标本85	覆斗状，汉字印，边长1.2，通高1.1		1	
			M3:2	长方形，长2.1、宽1.7、厚0.4、通高1		1	
			M3:3	长方形，长1.6、宽1.2、厚0.4、通高1.1		1	
			M6:21-1	长方形，长1.6、宽1.1、厚0.4、通高1.1		1	
			M17:22 M17:28	长方形，长1.3、宽0.9、厚0.3、通高0.8 长方形，长1、宽0.8、厚0.3		2	
			M18:15 M18:18	长方形，长1.8、宽1.2、厚0.5、通高1 长方形，长1.7、宽1.1、厚0.5、通高1.1		2	
			M24:25	长方形，长2.2、宽1.9、厚0.3、通高2		1	
			M19:33	月牙形， 横径3.4、纵径2.1、厚0.25、通高1.1		1	
			M25:24	月牙形， 横径2.4、纵径1.4、厚0.3、通高0.8		1	

出土时间	出土地点	时代	出土单位及编号	形状 规格 尺寸（厘米）	质地	数量（枚）	资料来源
1988年1月	雅安荥经南罗坝	战国	M9:25	圆形，直径2.3、通高0.6	铜	1	《四川荥经南罗坝战国墓》，《考古学报》1994年3期，第392～393页。
			M5:22	方形，边长2.3、通高0.4	骨	1	
1995年1至3月	广元昭化宝轮院	战国晚期至汉初	M22:1 M23:1	圆形，直径1.8 椭圆形，残	铜	2	《广元昭化宝轮院船棺葬发掘简报》，《四川考古报告集》，文物出版社1998年，第210页。
			M19:18	长方形，无尺寸	陶	1	
			M21:3	长方形，汉字印，长1.7、宽0.8、厚0.9	石	1	
1998年1月	蒲江鹤山飞龙村	战国	出土	鱼形，长3、宽1.9、厚0.2	铜	1	《蒲江新出土巴蜀图语印章探索》，《四川文物》1999年6期，第4页。
1998年	雅安宝兴五龙乡	战国秦汉	土坑墓出土	圆形，直径2.3、厚0.2 圆形，直径2.4、厚0.3	铜	2	《四川宝兴县出土巴蜀符号印等文物》，《文物》1998年10期，第90页。
1998年8月至2002年12月	德阳什邡城关镇	战国秦汉	M33:4 M33:5	方形，边长3.6、厚0.45、残高0.65 方形，边长2.1、厚0.6、通高0.8	铜	2	《什邡城关战国秦汉墓地》，文物出版社，2006年，第50～52页。
			M54:18	圆形，直径2、厚0.4、通高0.8		1	同上，第174～175页。
			M95:5	长方形，长1.15、宽0.8、通高1.3		1	同上，第227～229页
			M103:6 M103:7	汉字印，长方形，长1.7、宽1、通高1.2 汉字印，长方形，长1.4、宽0.85、通高1		2	同上，第239～240页
			M10:6 M10:7	圆形，直径3.2、厚0.4、通高1 圆形，直径2.5、厚0.2、通高0.7		2	同上，第245～247页
2008年3月至2011年12月	达州宣汉罗家坝	东周	F1:39	长方形，长1.8、宽1、残高0.8	铜	1	《宣汉罗家坝》，文物出版社，2015年，第47页。
			M10:1 M10:4	圆形，直径2、通高0.7 圆形，直径1.2、通高1.4		2	同上，第74页。
			M12:1	蝶形，长2、宽2、通高0.6		1	同上，第75页。
			M21:1	圆形，直径2.4、通高1		1	同上，第94页。
			M24:5 M24:6 M24:7	圆形，直径3.8、通高1 圆形，直径3.2、通高1 方形，边长2.8、通高1		3	同上，第100页。
			M25:11	圆形，直径3.6、通高0.8		1	同上，第104页。
			M32:19	长方形，长1.5、宽0.8、通高1.2		1	同上，第132页。
			M51:3	圆形，直径2.3、通高0.8		1	同上，第228页。
			M57:3 M57:4	圆形，直径1.8、残高0.4 方形，边长2.6、通高1		2	同上，第248页。
2009年	宜宾屏山沙坝村	战国秦汉	M6:19	长方形，长1.9、宽1、通高1.7	铜	1	《四川宜宾沙坝墓地2009年发掘简报》，《文物》2013年9期，第22页。
			M10:11 M10:13	汉字印； 覆斗形，边长1.1、通高1.2		2	同上，第27页。
			M15:13 M15:30	覆斗形，边长1.3、通高0.9 汉字印		2	同上，第32页。
2011年12至2012年4月	德阳罗江周家坝	战国	M20:1	圆形，直径3、通高1.4	铜	1	现藏罗江县文物管理所
			M23:3	圆形，直径2、通高1.3		1	
			M22:2	圆形，直径2.1、通高0.6		1	
			M61:2	长方形，长3、宽1.4、通高1		1	
			M18:1	圆形，直径1		1	
		战国秦汉	M27:2 M32:7 M46:1 M2:10 M51:7 M74:3 M74:4	资料正在整理中			

后记
Postscript

　　《四川文物精品》丛书，在四川省文化和旅游厅、四川省文物局的支持和指导下，由国家文物出境鉴定四川站和四川大学博物馆联袂推出，编选在巴蜀大地文化发展史上具有重要价值和最具代表意义的重要文物，按文物种属分卷出版，系统反映四川文物的概貌和一些代表性的研究。

　　《青铜器》是丛书的第一卷。通过对四川地区馆藏及科学考古发掘出土青铜器的集中梳理，遴选出 300 余件文物精品，辑为图版，再结合不同角度的研究，力求呈现四川作为西南地区文化中心的历史面貌，展示巴蜀文化显著的地方特色和独特的艺术魅力。

　　本卷的编写，由四川大学博物馆馆长、历史文化学院院长霍巍教授和国家文物出境鉴定四川站站长贺晓东同志牵头组织专家团队，四川大学博物馆科创中心主任张苹负责协调落实全书各环节具体工作。美国旧金山亚洲艺术博物馆许杰馆长，北京大学考古文博学院孙华教授，中国社科院考古所施劲松研究员，四川省文物考古研究院陈德安研究员、黄家祥研究员，国家文物出境鉴定四川站贺晓东、郎俊彦、刘振宇、刘婵等同志作为专家组核心成员参与了相关研究和论文撰写；四川大学历史文化学院博士马伯垚、金弘翔、庞政等参与了条目的撰写；孙华教授、成都文物考古研究院江章华研究员担任学术顾问；四川博物院韦荃、成都金沙遗址博物馆王方、四川广汉三星堆博物馆朱亚蓉、四川省文物考古研究院陈卫东、成都文物考古研究院陈剑、王天佑、绵阳市博物馆钟治等领导和专家为书稿提供了宝贵资料和审稿等帮助。本书大部分文物照片、线图和拓片由各文物收藏单位提供，余下文物图片由江聪、张北、胡晓流等补拍。张苹、康燕负责全书的整体编排和设计。本书得到巴蜀书社林建社长和侯安国总编的关心和支持，童际鹏和马兰为本书的编辑付出大量心血。

　　由于涉及的单位和个人很多，在此我们向所有为本书的编写给予支持帮助的单位和人员一并表示感谢。本卷的不足之处，也诚请各方家指正。

编　者

2021 年 2 月 18 日

图书在版编目（CIP）数据

四川文物精品·青铜器／国家文物出境鉴定四川站　四川大学博物馆　编 .——成都：巴蜀书社，2021.3（2023年11月重印）

ISBN 978-7-5531-1079-0

I. ①四… II. ①国…②四… III. ①文物—介绍—四川　②青铜器（考古）—介绍—四川　IV. ①K872.71

中国版本图书馆CIP数据核字（2018）第282843号

四川文物精品
青铜器
si chuan wen wu jing pin
qing tong qi

国家文物出境鉴定四川站　四川大学博物馆　编

责任编辑	童际鹏
特约编审	张 苹
助理编辑	钟海芳　易 斌　侯茜蓉
整体设计	张 苹　康 燕
出　　版	巴蜀书社
	成都市锦江区三色路238号新华之星A座36层
	邮编 610023
	总编室电话：（028）86361843
网　　址	www.bsbook.com
发　　行	巴蜀书社
	发行科电话：（028）86361847
经　　销	新华书店
印　　刷	雅昌文化（集团）有限公司
版　　次	2021年3月第1版
印　　次	2023年11月第2次印刷
成品尺寸	230mm×300mm
印　　张	37.5
字　　数	300千字
书　　号	ISBN 978-7-5531-1079-0
定　　价	698.00元

著作权所有　违者必究

本书若出现印装质量问题，请与出版社联系